INFORMATIK

5/6

Nordrhein-Westfalen

Material online verfügbar unter
www.cornelsen.de/webcodes

Code: webasa

Die enthaltenen Links verweisen auf digitale Inhalte, die der Verlag bei verlagsseitigen Angeboten in eigener Verantwortung zur Verfügung stellt. Links auf Angebote Dritter wurden nach den gleichen Qualitätskriterien wie die verlagsseitigen Angebote ausgewählt und bei Erstellung des Lernmittels sorgfältig geprüft. Für spätere Änderungen der verknüpften Inhalte kann keine Verantwortung übernommen werden.

Cornelsen

INFORMATIK

5/6

Autoren: Markus Donderer, Dr. Lutz Engelmann, Uwe Geuder, Richard Scheglmann, Stefanie Schnorbus, Daniel Soldaczuk, Benjamin Vötterle

Redaktion: Dr. Lutz Engelmann, Dr. Ulf Rothkirch, Martin Unger

Rechteklärung: Kai Mehnert

Umschlaggestaltung: Studio SYBERG

Layoutkonzept: zweiband.media, Berlin

Grafik und technische Umsetzung: zweiband.media, Berlin

Begleitmaterialien für Lehrerinnen und Lehrer	
Unterrichtsmanager online mit E-Book	978-3-06-041788-9

www.cornelsen.de

1. Druck 2021

Alle Drucke dieser Auflage sind inhaltlich unverändert und können im Unterricht nebeneinander verwendet werden.

Druck: Mohn Media Mohndruck, Gütersloh

ISBN 978-3-06-041786-5 (Schülerbuch)
ISBN 978-3-06-041787-2 (E-Book)

PEFC
PEFC/04-31-1033

PEFC zertifiziert
Dieses Produkt stammt aus nachhaltig bewirtschafteten Wäldern und kontrollierten Quellen.
www.pefc.de

Kapitel 1

Digitaler Informationsaustausch

Informationsaustausch

Mit der 5. Klasse beginnt der Unterricht in Informatik. Informatik – was heißt das überhaupt? Du glaubst sicherlich, Informatik beschäftigt sich nur mit „Programmieren". Das stimmt zum Teil.

Im Fach Informatik lernst du aber auch, wie du Daten verwaltest und auf andere Computer überträgst, wie du Informationen im Internet suchst oder veröffentlichst und wie du Computerprogramme und das Internet z.B. für deine Schulaufgaben nutzen kannst.

Der Computer, die Programme und die Verbindungen für die Datenübertragung werden auch als **Informatiksystem** bezeichnet. In diesem Kapitel lernst du genauer, was das bedeutet, welche verschiedenen Arten von Computern im Alltag häufig genutzt werden und wie sie grundsätzlich funktionieren, wie du deine Daten speichern kannst und Programme benutzt, und was du beachten musst beim Umgang mit Daten und dem Internet.

Was du schon weißt

Du hattest sicher auch schon in den letzten Schuljahren so manche Arbeit in der Schule mit Computern zu erledigen. Auch zu Hause verwendest du Computer immer wieder – manchmal bewusst, manchmal unbewusst.

1. Schreibe auf, welche Arten von Computern du kennst.

2. Die verschiedenen Arten von Computern sind unterschiedlich gebaut. Beschreibe die Unterschiede der einzelnen Geräte.

Computer sind oftmals in alltäglich genutzten Geräten eingebaut.

Tipp: Denke dabei an Geräte, die bestimmte Abläufe automatisch durchführen. Du musst nur wenige Eingaben machen.

3. Notiert in der Gruppe technische Geräte aus eurem Alltag, in denen ihr einen Computer vermutet.

Mit den verschiedenen Computern lassen sich unterschiedliche Aufgaben erledigen:

- In der Schule hast du vielleicht schon einmal mit Lernsoftware geübt.
- Du hast mithilfe eines Computers gezeichnet oder Videos angesehen.
- Eine Architektin benutzt einen Computer, um Pläne zu entwickeln.
- Die Schreibkraft gibt Texte in den Computer ein.
- Und ein Fotograf bearbeitet seine Bilder und Videos digital.

Die verwendeten Programme oder Anwendungen sind oftmals mit dem Internet verbunden. Informationen werden so ausgetauscht.

4. Computer sind in vielen Berufen ein wichtiges Arbeitsmittel. Stelle Berufe und passende Tätigkeiten in einer Tabelle dar.

Beruf	Tätigkeit mit dem Computer
Architekt/in	erstellt Pläne
...	...

Teste dein Können

Der Computerraum – Lernen am Computer

Du lernst in Informatik ab diesem Schuljahr in einer neuen Lernumgebung, dem Computerraum oder im Klassenzimmer mit mobilen Geräten, z.B. Tablets.
Versuche nun, dich auf diesen Geräten zurechtzufinden:

1. Starte den Computer oder das Tablet und melde dich mit deinem Benutzernamen an.

2. Öffne folgende Programme und schreibe deren Namen auf:
- Ein Programm, mit dem du Texte schreiben kannst.
- Ein Programm, mit dem du Zeichnungen anfertigen kannst.
- Ein Programm, mit dem du im Internet recherchieren kannst.

3. Gib folgenden Text in ein Textverarbeitungsprogramm ein und drucke ihn aus:
Dein Name, deine Klasse Informatik Datum
In der 5. Klasse habe ich zum ersten Mal Informatik. Gerade lerne ich, mich im Computerraum an den Geräten zu orientieren.

Speichern – Meine Arbeit geht nicht verloren

Bei der Arbeit am Computer ist es wichtig, seine Arbeit zu sichern um daran später weiterarbeiten zu können. Daher solltest du deine Ergebnisse speichern.

4. Starte ein Zeichenprogramm auf deinem Schulcomputer. Zeichne das Bild eines Computers. Speichere diese Grafik.

5. Erstelle in einem Textverarbeitungsprogramm eine Liste, in der jedem Schulfach eine Lehrkraft zugeordnet wird. Speichere diese ab.

Das Internet – Nutzen von Informationen

Im Internet suchen wir nach vielen Informationen. Bestimmt hast auch du schon im Internet gesurft.

Tipp: Ein Browser ist deine „Tür" zum Internet. Es gibt verschiedene Browser.

6. Öffne einen Browser auf deinem Computer.

7. Finde im Internet geeignete Suchmaschinen für Kinder. Gib dazu den Begriff „Kindersuchmaschine" ein. Schreibe drei Ergebnisse auf. Öffne eine der gefundenen Suchmaschinen.

1 Computer als Informatiksysteme – Einheit von Hardware und Software

Du hast bereits einen ersten Eindruck vom Computerraum bekommen und kennst die Regeln für den Umgang mit den Geräten im Informatikunterricht. In diesem Kapitel wirst du Computer und andere elektronische Geräte, mit denen du arbeitest oder die du von zu Hause kennst, unter die Lupe nehmen.

Computer, Smartphone, Spielekonsole, ... alles fast das Gleiche?

???

Computer, Smartphones, Spielekonsolen und andere elektronische Geräte begegnen uns im Alltag. Wir schreiben E-Mails, surfen im Internet, chatten, spielen Spiele oder lassen uns den Weg zum gewünschten Ort zeigen.

1. Nenne elektronische Geräte, die du oder deine Familie regelmäßig nutzt, und beschreibe, was du/ihr damit macht.

Die Geräte aus Aufgabe 1 sind verschieden in Aussehen und Größe: von der kleinen Smartwatch über das hosentaschengroße Smartphone bis zum Computer unter dem Schreibtisch. Sie haben aber auch große Gemeinsamkeiten:

- Mit verschiedenen Programmen (auch Apps genannt) oder Spielen kannst du unterschiedliche Dinge mit einem Gerät machen (z. B. am Computer spielen, Fotos bearbeiten, Texte schreiben ...).
- Sehr viele der Geräte können Daten über das Internet empfangen oder versenden (E-Mails, Filme, Chat-Texte, Online-Gruppenspiele ...).

Solche Geräte werden auch als **Informatiksysteme** bezeichnet. Ein Informatiksystem soll bestimmte Aufgaben für die Nutzenden lösen und hat folgende Grundbestandteile:

Hardware: Das Gerät selbst mit allen Bestandteilen. Die Hardware wird durch die Programme gesteuert.

Software: Alle Programme, die auf dem Gerät laufen. Software ist meist speziell an das Gerät und die Aufgaben angepasst.

Netzwerkkomponenten: Hardware zum Verbinden mit dem Internet oder anderen Netzwerken, um Daten auszutauschen

> Die spezifische Zusammenstellung von Hardware, Software und Netzwerkkomponenten zur Lösung eines Anwenderproblems bezeichnet man auch als **Informatiksystem.**

Wortbedeutungen und Hinweise:

Hardware kommet aus dem Englischen und bedeutet ursprünglich „Eisenwaren", wird dort aber inzwischen auch für Geräte in der Informatik verwendet.

Software ist der allgemeine englische Begriff für alle Arten von Programmen, die auf Geräten laufen, und wird auch im Deutschen dafür verwendet.

Programme nennt man häufig auch **Apps.** Das kommt vom englischen **Application** und bedeutet u. a. Anwendung von Regeln – weil ein Programm größtenteils aus vielen Regeln besteht, was wann unter welchen Bedingungen zu tun ist.

Aufbau eines Computers

Weil Computer, Smartphones, Spielekonsolen usw. als Informatiksysteme mit Software funktionieren, sind sie trotz ihrer Unterschiede in Aussehen und Größe im Inneren sehr ähnlich aufgebaut. Als Beispiel für das Innenleben schauen wir uns hier den Aufbau eines Minicomputers an:

Vereinfachte Darstellung eines Minicomputers

So oder so ähnlich sieht es in einem Computer, in einer Spielekonsole oder in einem Smartphone aus.

1. Du kannst bestimmt schon einige Bauteile des Minicomputers erkennen. Wo könnten der Kopfhöreranschluss, die USB-Anschlüsse, der Stromanschluss oder der Prozessor sein?

Das wichtigste Bauteil aller bisher betrachteten Geräte ist der **Prozessor**, auch **CPU** (= **C**entral **P**rocessing **U**nit) genannt, also die Recheneinheit oder das Gehirn. Hier werden alle Vorgänge bearbeitet und auch alle anderen Bauteile des Gerätes angesteuert.

Prozessor

Der Prozessor kann zwar rechnen, aber sich nichts merken. Zum Merken für Zwischendurch gibt es eine Art Kurzzeitgedächtnis: den **Arbeitsspeicher**, auch **RAM** (= **R**andom **A**ccess **M**emory) genannt. Er speichert sehr schnell eine begrenzte Anzahl von Informationen die für Berechnungen des Prozessors. Bei Beginn einer neuen Aufgabe wird der Arbeitsspeicher gelöscht und neu belegt. Beim Ausschalten des Computers verliert er jedoch seinen Inhalt.

Arbeitsspeicher

Soll der Computer über längere Zeit etwas speichern, benötigt er deshalb ein Langzeitgedächtnis, also **Speicher** wie z. B. SD-Karten (SD-Karte = sichere digitale Speicherkarte), HDD- oder SSD-Festplatten (HDD = Hard Disk Drive, SSD = Solid State Drive). Was darauf gespeichert ist, bleibt auch nach dem Ausschalten bestehen. Auf diesem Speicher werden das Betriebssystem, Programme, Apps, Spiele oder deine persönlichen Daten gespeichert.

Speicherkarte

Ein Computer benötigt u. a. folgende Bauteile, um zu funktionieren:
- Prozessor / CPU
- Arbeitsspeicher / RAM
- Speicher

Achtung! Um die abgebildeten Bestandteile zu untersuchen, dürfen keine Computer geöffnet werden. Insbesondere bei stromführenden Geräten besteht Lebensgefahr!

Hier siehst du verschiedene Beispiele der oben genannten Bauteile:

2. Ordne die Bilder den drei Bauteilgruppen (Prozessor, Arbeitsspeicher, Speicher) zu.

Nur mit dem Minicomputer (der Platine) allein kannst du noch wenig anfangen. Du benötigst noch Zubehör, welches du an das Gerät anschließen kannst.

> Das Zubehör eines Computers nennt man auch Peripherie.

Hier siehst du einige Beispiele:

3. Benenne das oben abgebildete Zubehör und suche weiteres, welches du an Computern, Spielekonsolen, Smartphones oder anderen elektronischen Geräten anschließen kannst. Erstelle eine Liste.

4. Ordne dem genannten Zubehör eine Funktion zu: Wofür brauchst du dieses Zubehör? Notiere die Funktionen neben den Namen.

Das EVA-Prinzip

Nun hast du einiges an Zubehör zum Anschließen an Computern oder anderen Geräten gefunden. Doch warum benötigst du dieses Zubehör?
Im Allgemeinen kann man das Zubehör eines Computers in zwei Kategorien einteilen:

1. Um einem Gerät Befehle zu geben, benötigst du etwas zur Eingabe, wie z. B.: eine Tastatur oder eine Maus.
2. Damit der Computer dir etwas mitteilen kann, braucht dieser etwas zur Ausgabe, wie z. B.: einen Monitor oder Lautsprecher.

1. Teile dein Blatt in zwei Spalten und ordne das gefundene Zubehör aus Aufgabe 4 (▸ Seite 10) in „Zubehör für die Eingabe" und „Zubehör für die Ausgabe".

Nach der Eingabe passiert etwas im Inneren des Computers:

Wenn wir bei einem Computerspiel eine Taste auf dem Controller drücken, bewegt sich unsere Spielfigur oder sie springt über einen Abgrund.

Der Computer verarbeitet die Eingabe des Nutzers: „Wenn der Spieler den Knopf A drückt, lässt er die Spielfigur springen."
Diese Verarbeitung geschieht durch den Prozessor und den Arbeitsspeicher. Diesen Prozess können wir nicht sehen, wir sehen nur die veränderte Ausgabe.

E → V → A

EVA-Abfolge

Neben der Eingabe, Verarbeitung und Ausgabe kann man noch die Speicherung mit einbeziehen:

E V A
S

Die Speicherung ist ein Teil der Verarbeitung.

Tastatur, Maus und Touchscreen:
Die Tastatur ist immer noch das Haupteingabegerät eines Computers. Damit kann man Texte in einem Textverarbeitungsprogramm schreiben, Suchwörter in einen Internetbrowser eintippen oder mit Tastenkombinationen den Computer steuern:

Geräte mit einem Touchbildschirm haben eine virtuelle Tastatur, die sich automatisch öffnet, wenn man Text eingeben will.

Virtuelle Tastatur eines Smartphones

2. Öffne ein Textverarbeitungsprogramm und teste die verschiedenen Tasten und Tastenkombinationen. Wie kannst du
   - ein großes „A" schreiben?
   - ein „@" schreiben?
   - ein „?" schreiben?

Für die Steuerung eines Laptops wird zusätzlich eine Maus oder ein Trackpad bzw. Touchpad genutzt. Mit beiden zusammen kann man sehr gut arbeiten.

Im Folgenden bekommst du eine Übersicht über wichtige **Techniken bei der Arbeit mit der Maus:**

Aktion	Beschreibung
Linksklick	kurzes Drücken der linken Maustaste
Doppelklicken	zweifaches Drücken der Maustaste in kurzer Folge
Rechtsklick	kurzes Drücken der rechten Maustaste
Ziehen	Maustaste gedrückt halten, während die Maus bewegt wird

Laptop mit Trackpad

3. Teste die verschiedenen Aktionen mit einer Maus und einem Trackpad. Was bewirken die Aktionen?

Touchscreens werden meistens bei Smartphones und Tablets eingesetzt. Der Nutzer kann durch Gesten das Gerät steuern. Verschiedene Gesten rufen verschiedene Funktionen auf. Hier sind einige wichtige **Techniken bei der Arbeit mit dem Touchscreen** dargestellt:

Geste	Beschreibung
Tippen	mit dem Finger oder Stift den Bildschirm berühren
Ziehen	Finger oder Stift auf dem Touchscreen bewegen; mit zwei Fingern kann man Elemente drehen oder skalieren (vergrößern oder verkleinern)
Langes Drücken	mit dem Finger oder Stift den Bildschirm lange auf einer Stelle berühren

4. Kennst du noch weitere Gesten? Beschreibe, was welche Geste in einer App macht.

Sarah und ihr neues Smartphone:
Sarah hat ein neues Smartphone bekommen und will gleich ein Selfie von sich machen und dieses an ihre Freundinnen schicken.

Sarah und ihr neues Smartphone

Um ihr Gerät nutzen zu können, legt sie zuerst ihre SIM-Karte ein und schaltet dann das Smartphone an.

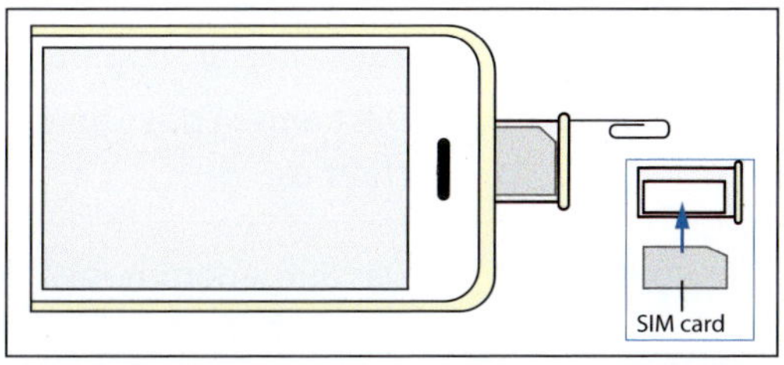

Einlegen der SIM-Karte bei einem Smartphone

Nach kurzer Zeit sieht sie folgenden Bildschirm:

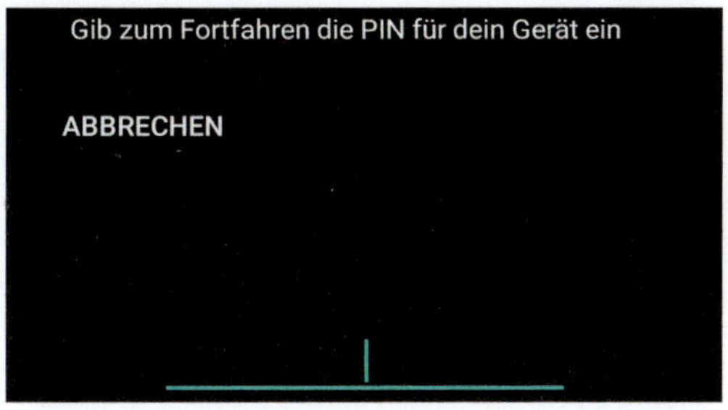

Sarah muss die PIN-Nummer ihrer SIM-Karte eingeben. Diese besteht meistens aus vier Zahlen und wird beim Abschluss eines Handyvertrags mitgeteilt. Nach der Eingabe vergleicht das Gerät die eingegebenen Zahlen mit den Zahlen auf der SIM-Karte.

SIM-Karte

Nach richtiger Eingabe erscheint der Home-Bildschirm des Smartphones:

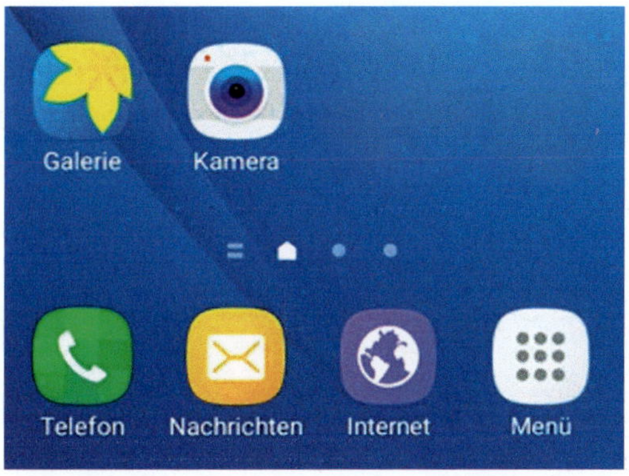

SIM-Karte: kleine Chipkarte, auf der Daten und eine PIN-Nummer des Besitzers gespeichert sind
PIN-Nummer: ein Passwort, welches aus Zahlen besteht

5. Ordne die einzelnen Schritte, die Sarah unternommen hat, dem EVA-Prinzip zu.

6. Ein Smartphone hat verschiedene Ein- und Ausgabemöglichkeiten. Notiere diese auf einem Blatt. Untersuche dazu ein Smartphone.

Sarah will nun ein Foto von sich machen. Dazu nutzt sie die Kamera-App ihres Smartphones.

Smartphone

Sie drückt mit einem Finger auf die App und es erscheint das Bild der Kamera mit einem Auslöseknopf am unteren Rand des Gerätes.

Sarah drückt den Auslöser, die Kamera des Geräts nimmt ein Bild auf und speichert es auf der Speicherkarte des Smartphones. Im Anschluss sieht Sarah das Bild auf dem Bildschirm.

Tipp: Es gibt viele verschiedene Apps, die verschiedene Funktionen haben.

Beispiel-Apps

Man könnte den Ablauf folgendermaßen darstellen:

Ablauf	Kamera-App
Eingabe	Mit dem Finger wird der Auslöser gedrückt.
Verarbeitung	Die Kamera des Smartphones nimmt ein Bild auf und speichert es.
Ausgabe	Das aufgenommene Bild wird auf dem Bildschirm des Smartphones angezeigt.

7. Suche dir eine App oder ein Programm und erkläre eine Funktion mit Hilfe des EVA-Prinzips. Erstelle eine Tabelle wie oben.

Das Betriebssystem und seine Anwendungen

Computer, Smartphones, Tablets, Smartwatches und einige weitere elektrische Geräte können Apps oder Programme ausführen und mit unterschiedlichem Zubehör erweitert werden.
Um diese Anwendungen nutzen zu können, benötigt das Gerät ein **Betriebssystem**, das die Hardware (z. B. Festplatte), das Zubehör (z. B. Mikrofon) und die Software (z. B. Foto-App) miteinander verbindet.

Tipp: Die bekanntesten Betriebssysteme sind:
- Windows
- Linux
- macOS
- iOS
- iPadOS
- Android

> Ein Betriebssystem wird auch **OS** (von englisch **o**perating **s**ystem) genannt.

Die meisten Betriebssysteme haben grafische Benutzeroberflächen:

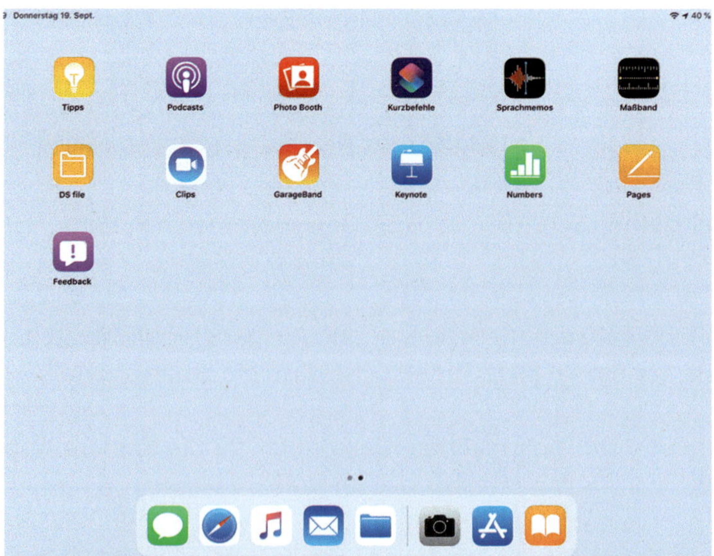

Benutzeroberfläche eines Tablets

1. Nenne Betriebssysteme und Geräte, mit denen du schon gearbeitet hast.

Wir werden uns beispielhaft zwei Betriebssysteme, eines auf einem Tablet und eines auf einem Laptop, genauer ansehen und Gemeinsamkeiten sowie Unterschiede herausfinden.

Du kannst die Aufgaben und Vorgehensweisen parallel auf einem anderen Betriebssystem (z.B. Android oder Linux) testen und einen Vergleich aufstellen.

Tablet und Laptop

Desktop und Home-Bildschirm:
Nach dem Hochfahren des Laptops oder nach dem Anschalten des Tablets kommen wir auf die Benutzeroberfläche des Gerätes. Wenn das Gerät mit einem Passwort geschützt ist, muss man sich erst daran anmelden!

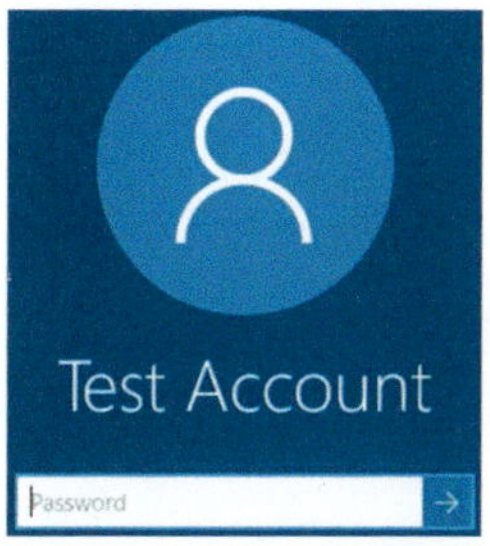

Nach dem Anschalten oder Hochfahren kann es sein, dass man sich mit seinem Benutzernamen und Passwort anmelden muss.

Diese Benutzeroberfläche könnte man auch als Schreibtisch bezeichnen, da von dort aus alle Aktionen ausgeführt werden und viele Anwendungen griffbereit zur Verfügung stehen.

Am unteren Ende des Bildschirmes findet man die Taskleiste oder das Dock des Tablets:

Dock eines Tablets

Taskleiste eines Laptops

2. Überlege, was die einzelnen Symbole zu bedeuten haben und welche Anwendungen sich dahinter verbergen.

Auf der Taskleiste oder dem Dock werden Anwendungen angezeigt, die oft benutzt werden, sodass man schnell darauf zugreifen kann. Auch wenn eine Software gerade benutzt wird, kann man immer auf die Taskleiste/das Dock zugreifen.

Streiche von der unteren Kante nach oben, um das Dock in einer App anzuzeigen.

3. Welche Anwendungen würdest du an die Taskleiste/das Dock anheften?

Programme und Apps:
Um ein Programm am PC zu öffnen, reicht ein einfacher Klick oder ein Doppel-Klick mit der linken Taste der Maus auf das Symbol der Anwendung. Bei einem Tablet tippt man mit einem Finger auf die App, die man nutzen möchte.
Einige Anwendungen befinden sich bereits auf dem Desktop deines Laptops beziehungsweise auf dem Home-Bildschirm deines Tablets. Wenn du weitere Programme/Apps nutzen möchtest, musst du diese erst installieren. Anwendungen findet man auf einem Tablet und auf einem Laptop in entsprechenden Stores oder man lädt sich diese im Internet herunter.
Nach der Installation wird das Symbol der Anwendung auf dem Desktop/dem Home-Bildschirm angezeigt. Dann kann sie genutzt werden.

Tipp: Die spezifische Zusammenstellung von Hardware, Software und Netzwerkkomponenten zur Lösung eines Anwenderproblems bezeichnet man auch als **Informatiksystem**.

4. Welche Anwendungen kennst du bereits? Erstelle eine Liste, die diese nach Betriebssystemen ordnet.

Es gibt eine große Anzahl von verschiedenen Anwendungen für die Betriebssysteme. Nun werden ein paar Programme/Apps vorgestellt, welche man häufig benutzt:

unterschiedliche Webbrowser

Webbrowser: Mit einem Browser kannst du im Internet surfen und Webseiten öffnen.
Textverarbeitung: In Textverarbeitungsprogrammen kannst du Texte schreiben und gestalten. Es gibt sowohl kostenlose Textverarbeitungsprogramme als auch solche, die du kaufen musst. Auf dem Tablet ist meist eine Textverarbeitungs-App kostenlos vorinstalliert.
Dateiverwaltung: Die Dateiverwaltung übernimmt eigentlich das Betriebssystem, doch nutzt man dafür auch Anwendungen, so genannte Dateimanager. Damit kannst du Dateien speichern, bearbeiten und löschen oder neue Ordner anlegen.

unterschiedliche Dateiverwaltungen

Es gibt folgende Arten von Anwendungen:
- käufliche Anwendungen
- kostenlose Anwendungen mit Zusatzkäufen
- kostenlose Anwendungen

Tipp: Im Kapitel Verwaltung von Dateien kannst du mehr über die Dateiverwaltung erfahren!

5. Finde Anwendungen, die
a) gekauft werden müssen.
b) kostenlos sind, aber in denen man Zusatzinhalte kaufen kann.
c) komplett kostenlos sind.

6. **Für Profis:** Im Internet werden je nach Anwendungsbereich Programme, Apps und auch Onlineanwendungen zur Verfügung gestellt. Wie in Aufgabe 5 dargestellt, gibt es unterschiedliche Bezugsmodelle.
Bewerte Software und Apps zur Textverarbeitung (Office) in Hinblick auf folgende Fragestellungen:
- Werden die Programme und Anwendungen langfristig weiterentwickelt?
- Sind Funktionen eingeschränkt und sind sogenannte In-App-Käufe nötig?
- Stehen die Programme langfristig zur Verfügung?

2 Verwaltung von Dateien

Miriam hatte wirklich Pech! Ihr Ablagekorb fiel herunter und alle ihre Arbeitsblätter lagen durcheinander am Boden. Miriam hat die Idee: „Ich will die einzelnen Blätter besser ordnen!“ Sie beginnt, die vielen Arbeitsblätter nach Schulfächern getrennt in einzelne leere Ordner einzusortieren.

Arbeitsblätter in verschiedene Ordner sortiert.

Dateien und Ordner

Computer (auch Smartphones usw.) speichern ihre Daten in sogenannten Dateien (meist z. B. auf der Festplatte). Eine Datei kann beispielsweise etwas wie ein Arbeitsblatt sein. Um eine große Anzahl Dateien besser zu ordnen, kannst du im Speicher Ordner erzeugen und die Dateien dort ablegen.
Das Betriebssystem verwaltet Ordner und Dateien mit dem Dateimanager.

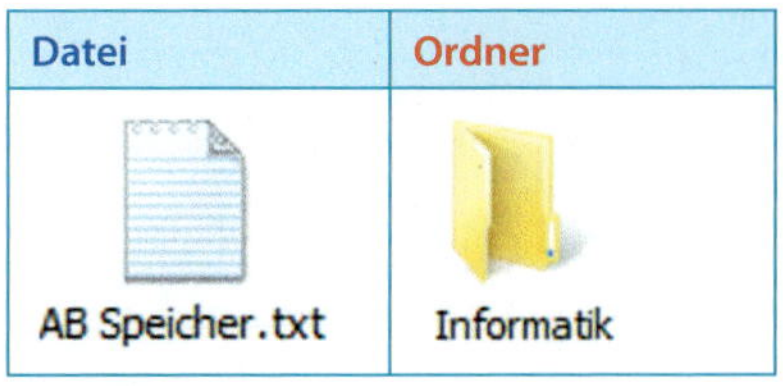

1. Öffne auf verschiedene Weise den Dateimanager.

2. Suche drei Dateien und drei Ordner. Schreibe deren Namen geordnet auf.

3. Klicke mit der rechten Maustaste in die rechte Spalte des Dateimanagers. Erstelle ein neues Textdokument (Datei) und einen neuen Ordner.

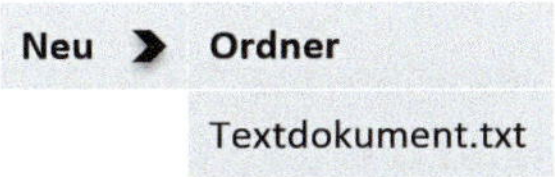

4. Gib der Datei einen neuen Namen (Umbenennen). Lege einen neuen Ordner an und kopiere eine Datei in diesen Ordner.

Tipp: Klicke mit der rechten Maustaste auf die Datei oder den Ordner. Es wird dir angezeigt, was du damit machen kannst: kopieren, ausschneiden, löschen, umbenennen.

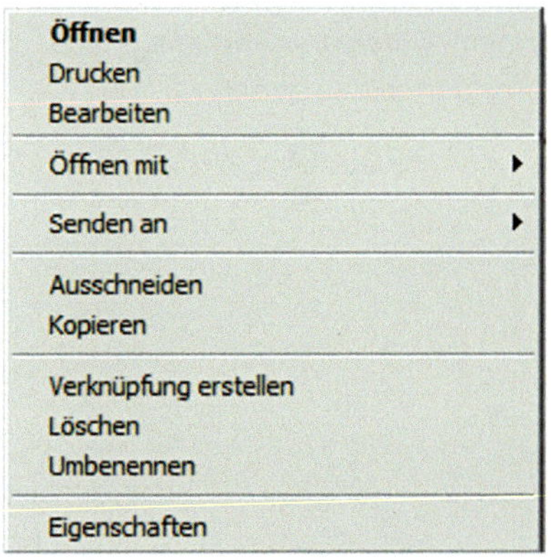

Für eine noch bessere Ordnung teilt Miriam die Arbeitsblätter in den einzelnen Ordnern mit Trennblättern. Das Fach Informatik gliedert sie in
- Informationsaustausch,
- Programmieren und
- Datenverarbeitung.

Das kannst du auch im Computer nachbilden. Das Betriebssystem kann in einem Ordner nicht nur Dateien anlegen, sondern auch Unterordner, in denen wiederum Dateien und weitere Unterordner sein können:

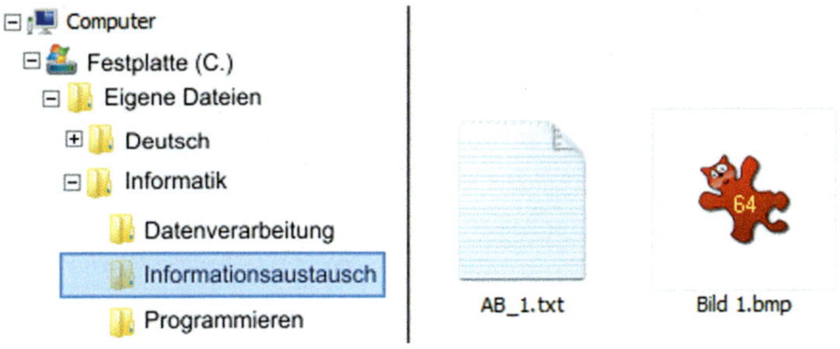

5. Beschreibe, wo sich in der Verzeichnisstruktur (oben) die Datei AB_1.txt befindet. Verwende dazu die Begriffe Ordner, Unterordner und Datei.

Hinweis: Ordner und Unterordner werden auch „Verzeichnisse“ genannt.

6. Öffne den Dateimanager. Lege im Ordner „Eigene Dateien“ die oben dargestellte Verzeichnisstruktur an.

7. Klicke mit der rechten Maustaste auf eine deiner Dateien. Kopiere sie. Wechsle dann in das neue Unterverzeichnis und füge die Datei ein.

8. Klicke links in der Spalte auf den Ordner Informatik. Kannst du die Datei rechts noch sehen? Überlege: Wenn du nur den Dateinamen wüsstest und nicht, in welchem Unterordner die Datei liegt, würdest du die Datei sofort finden?

9. Für das Fach Erdkunde hast du eine Textdatei über das Wattenmeer und passende Fotos erstellt. Tausche dich mit einer Partnerin oder einem Partner aus, welche Fragen ihr euch stellen müsst, um die Dateien später leicht wiederfinden zu können.

Wenn du viele Dateien in vielen verschiedenen Unterordnern hast, musst du den Weg zu einer Datei wissen, um sie schnell finden zu können. Dieser Weg heißt auch **Datei-Pfad** oder kurz nur **Pfad**. Die richtige Schreibweise eines Pfads sieht z. B. so aus:
C:\Eigene Dateien\Informatik\Informationsaustausch\AB_1.txt

Hinweis: Das Beispiel zeigt einen Pfad unter Windows. Das Trennzeichen zwischen den Unterordnern ist dort der sogenannte Backslash „\“. In anderen Betriebssystemen wie MacOS, iOS, Linux oder Android wird zur Trennung meist der Schrägstrich (Slash) „/“ genommen. Der Pfad hieße dort dann: *Eigene Dateien/Informatik/Informationsaustausch/AB_1.txt*

Der Pfad bis zum aktuell angezeigten Unterordner ist meist am oberen Rand des Dateimanagers zu sehen:

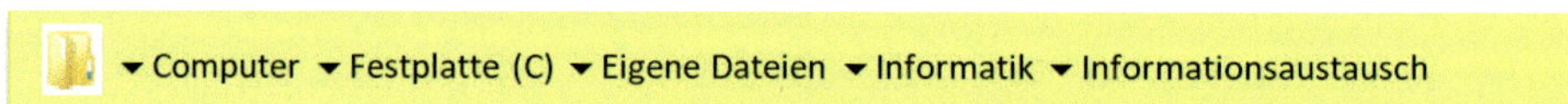

> Das Betriebssystem verwaltet Ordner, Unterordner und Dateien in einer Verzeichnisstruktur. Ein Ordner kann Unterordner und Dateien enthalten. Im Dateimanager können Dateien und Ordner organisiert werden. Aussagekräftige Namen für Dateien, Ordner und Unterordner helfen beim Wiederfinden.

Datei- und Speichergröße

Verschiedene Datei-Arten nehmen verschieden viel Platz im Speicher ein. Das kannst du selbst überprüfen:

1. Erzeuge ein Textdokument und schau die Dateigröße an:
   a) Lege eine neue Textdatei an oder verwende die Datei aus Aufgabe 3 aus dem vorigen Abschnitt.
   b) Öffne die Datei mit einem Doppelklick im Bearbeitungsprogramm (Text-Editor) und tippe das Wort „Dateigröße“ ein.
   c) Speichere die Datei und schließe das Bearbeitungsprogramm.
   d) Klicke mit der rechten Maustaste im Dateimanager auf die Datei und wähle „Eigenschaften“. Lies den Wert bei „Größe“ und notiere ihn.

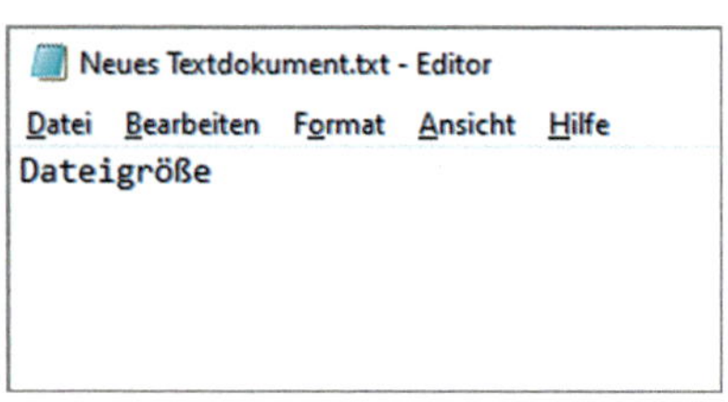

Du hast jetzt eine ziemlich kleine Datei erzeugt mit wenig Inhalt. Sie ist nur wenige Bytes groß. Ein **Byte** ist üblicherweise die kleinste Datenmenge, die ein Computer im Speicher speichern kann. Bei einer einfachen Textdatei wie in der Aufgabe oben entspricht ein Byte etwa einem Buchstaben. Ein paar Sonderzeichen wie das „ö" oder das „ß" brauchen 2 Byte.

2. Zum Vergleich schaust du dir jetzt eine Bilddatei an:

a) Lass dir die Datei „S019_Vorlage_Bilddatei_Groessenvergleich.jpg" von deiner Lehrkraft geben oder lade sie herunter (▸ S. 1, Webcode-Download).

b) Klicke nach dem Speichern mit der rechten Maustaste im Dateimanager auf die Datei und wähle „Eigenschaften". Lies den Wert bei „Größe" und notiere ihn.

c) Vergleiche mit der Größe der Textdatei. Was fällt dir auf?

d) **Für Profis:** Rechne aus, wie viel Mal du das Wort „Dateigröße" in die Textdatei schreiben müsstest, damit sie etwa so groß wird wie die Bilddatei.

Das Bild kennst Du schon vom Anfang dieses Unterkapitels …

Du konntest feststellen, dass die Bilddatei deutlich größer ist als die reine Textdatei. Die Anzahl der Bytes wird dabei so groß, dass man sie nicht mehr einzeln zählt, sondern in Tausender-Schritten zusammenfasst, ähnlich wie 1000 Gramm zu 1 Kilogramm zusammengefasst werden:

1 Gigabyte (GB) = 1 000 Megabyte (MB) = 1 000 000 Kilobyte (KB)
= 1 000 000 000 Byte

Mehr dazu findest du in Kapitel 3 (▸ S. 80).

Besonders groß werden Mediendateien (Bilder, Videos, Audio-Dateien). Deren Größe hängt jedoch von sehr vielen Dingen ab. Dazu gehört z. B. die Bild-größe, bei Videos und Audios auch die Dauer (je länger, je größer die Datei). Bei gleicher Dauer können verschiedene Dateiformate und Qualitäts-Stufen die Dateigröße beeinflussen. Die Größenangaben in der folgenden Tabelle sind daher nur sehr ungefähr zum Vergleich der Größenordnung:

Hinweis: Die Größenangaben berücksichtigen typische Dateien bei der alltäglichen privaten Nutzung. Abweichungen nach oben oder unten sind in Einzelfällen möglich.

Art der Datei	Größenbereich	Endung	Anmerkungen
Nur Text	Byte bis mehrere KB	.txt	
Text formatiert	KB bis < 1 MB	.docx, .odt	ohne Bilder
Audio	ca. 1 MB bis ca. 20 MB	.mp3, .ogg	datenreduzierte Formate
Bild, Foto	ca. 1 MB bis ca. 20 MB	.jpg	Smartphone, Kompaktkamera
Video	wenige MB bis mehrere GB	.mp4, .mov	Smartphone, Kamera, Mediathek

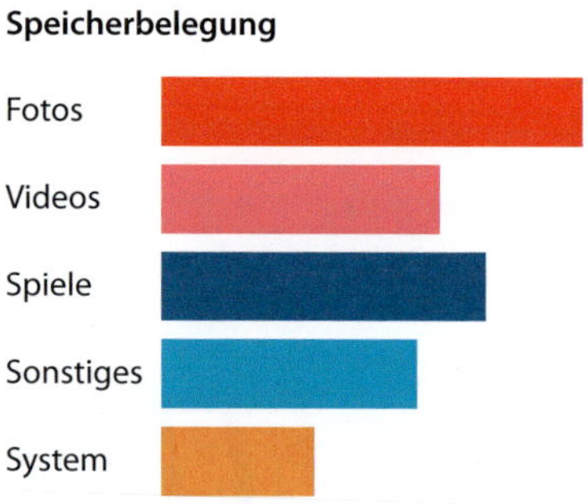

3. Versucht auf euren Computern zuhause herauszufinden, wie viel Speicherplatz die einzelnen Datei-Arten belegen, und notiert euch die Werte. Schaut auch auf eure Smartphones – unter Einstellungen > Speicher wird oft der Speicherbedarf verschiedener Dateien angezeigt. Besprecht die Ergebnisse in eurer Klasse und stellt fest, ob es Unterschiede gibt.

4. Pablo hat im Urlaub mit seinen Eltern in Italien ganz viele Fotos gemacht und auch sehr viele Videos. Jetzt trifft er sich mit Mitgliedern seiner Klasse, um die besten Urlaubsfotos und -videos von allen gemeinsam auf einem großen Fernseher zu schauen. Dafür kopiert er alles auf einen älteren USB-Stick, den ihm seine Eltern überlassen haben. Der Kopiervorgang bricht jedoch mit einer Fehlermeldung ab. Pablo schaut mit dem Dateimanager auf dem Stick nach – es sind nicht alle Dateien kopiert worden und ein Video lässt sich nicht abspielen. Zur Sicherheit prüft er noch einmal die Anzahl der Dateien im Ordner auf dem Computer:

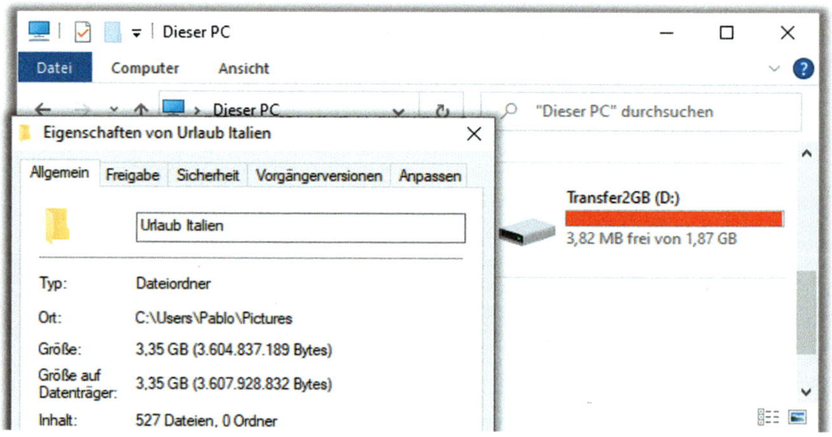

a) Schau dir den Screenshot von Pablos Computer an. Wenn du genau hinsiehst, kannst du erklären, warum er nicht alle Dateien auf den USB-Stick kopieren konnte.

b) Besprecht in der Klasse, was Pablo machen könnte, um dennoch alle Dateien zu dem Treffen mitnehmen zu können.

Die Größe des Speichers von Computern und anderen Informatiksystemen ist begrenzt. Man bezeichnet sie auch als **Speicherkapazität**.
Speicher in Smartphones, USB-Sticks und Speicherkarten ist meist etwas teurer als Speicher in stationären Computern und deshalb nicht ganz so groß. Wer sehr viele große Dateien speichern will (z. B. viele Fotos und Videos), kann schnell an die Grenze stoßen.
Durch die rasche technische Entwicklung in der Informatik werden die Speicherkapazitäten fast jedes Jahr größer. Das heißt umgekehrt, dass ältere Geräte häufig eine geringere Speicherkapazität haben.

Dateien können sehr unterschiedliche Größen haben. Insbesondere Foto- und Videodateien können sehr groß werden. Bei Geräten mit geringer Speicherkapazität ist der Speicher dann schnell voll, und es können keine weiteren Dateien mehr gespeichert werden.

Datei- und Ordnerverwaltung auf dem Tablet

Miriam hat zum Geburtstag ein Tablet geschenkt bekommen. Auch auf diesem Gerät will sie die Dateien übersichtlich abspeichern. Sie denkt daran, ein Ablagesystem mit Ordnern und Unterordnern anzulegen.
Miriam möchte aus dem Internet ein Bild herunterladen, findet aber keinen geeigneten Speicherplatz.

Ein Betriebssystem kann die Dateien und Ordner auf unterschiedliche Weise speichern und organisieren.

1. Suche im Internet das Bild eines Tieres. Öffne dazu eine Suchmaschine und gib in die Suchmaschine den Suchbegriff ein. Speichere das Bild auf deinem Tablet.

2. Du hast das Tierbild gespeichert. Wo findest du es auf deinem Tablet nun wieder? Denke daran, es handelt sich um ein Foto!

Tipp: Drücke mit dem Finger lange auf das Bild.

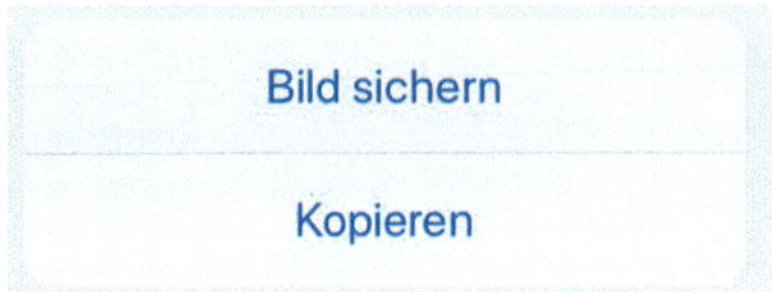

> Im Betriebssystem werden Dateien meist automatisch in einem Ordner des passenden Programms gespeichert. Du findest die Dateien, wenn du dieses Programm startest oder in der Dateien-App.

Symbol für die Dateien-App

Auf dem Tablet werden Dateien nach einem eigenen System organisiert. Auch hier gibt es ein Programm (Dateien-App), mit deren Hilfe Dateien verwaltet werden können.

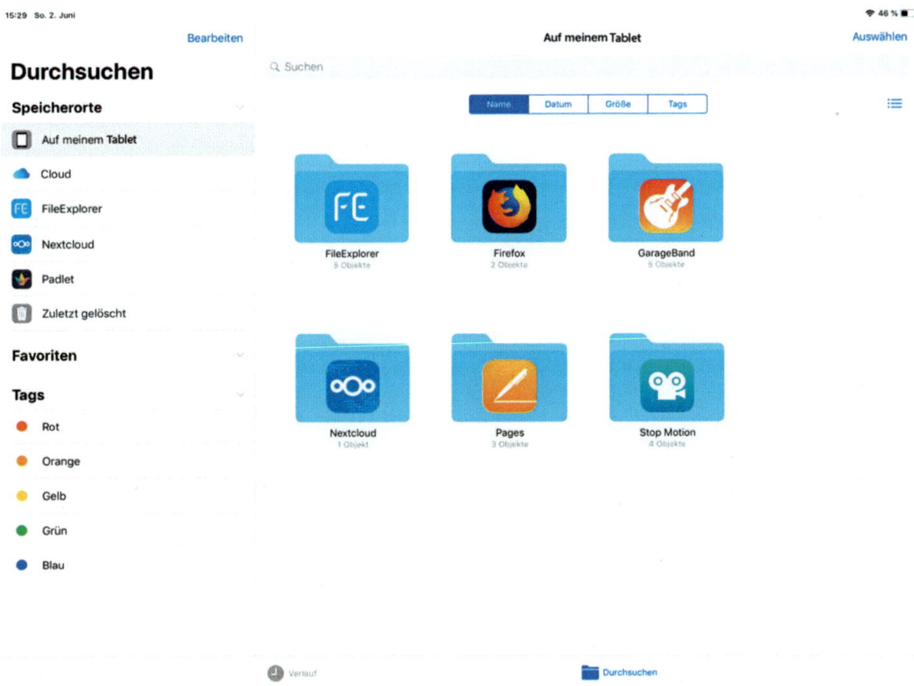

In der Dateien-App werden keine Verzeichnisbäume dargestellt. Dateien werden in Ordnern gespeichert, die nach den passenden Programmen benannt sind (Programmordner).

Die Dateien-App gliedert sich in eine linke und rechte Spalte.

Linke Spalte	Rechte Spalte
Speicherort	Programmordner, in denen Dateien gespeichert werden
Der Speicherort kann • auf dem Gerät selbst liegen, • im Internet liegen (z. B. Cloud).	Für dasselbe Programm kann sowohl auf dem Gerät als auch in der Cloud ein Programmordner vorhanden sein.

Tipp: Innerhalb und außerhalb eines Programmordners können eigene Ordner und Unterordner erstellt werden. Unterordner lassen sich kopieren, umbenennen oder auch löschen.

3. Welche Speicherorte liegen auf dem Tablet, welche im Internet? Besprich das mit deiner Partnerin oder deinem Partner.

4. Findest du im Speicherort deines Tablets und im Cloudspeicher Ordner mit den gleichen Namen? Schreibe sie auf.

Du kannst einen Programmordner durch Antippen öffnen. In ihm befinden sich Dateien und Ordner.

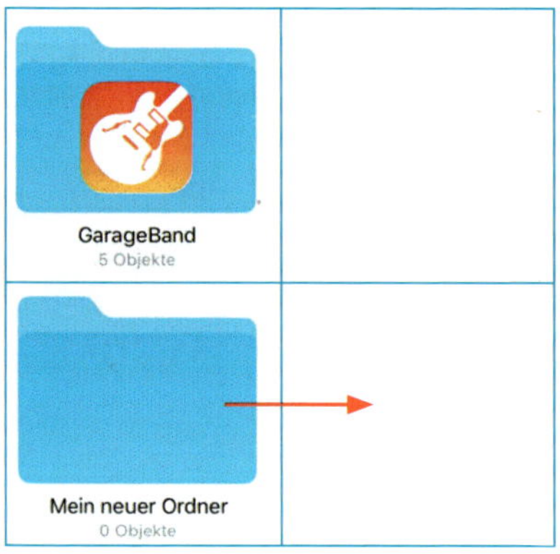

5. Erstelle im Speicherort „Auf meinem Tablet“ einen eigenen Ordner. Drücke dazu längere Zeit auf eine freie Fläche in der rechten Spalte. Gib dem Ordner den Namen „Mein neuer Ordner“.

6. Drücke längere Zeit auf deinen neu erstellten Ordner. Kopiere den Ordner. Öffne den Programmordner „GarageBand“, drücke längere Zeit auf eine freie Fläche in der rechten Spalte. Betätige den Befehl „Einsetzen“.

In einer App (Programm) können neue Dateien erstellt werden. Dazu muss die App, z. B. Fotos, geöffnet werden und die Datei bearbeitet werden.

Tipp: Über die Funktionen „Teilen“ oder „Exportieren“ können Dateien an einem bestimmten Ort abgespeichert werden:

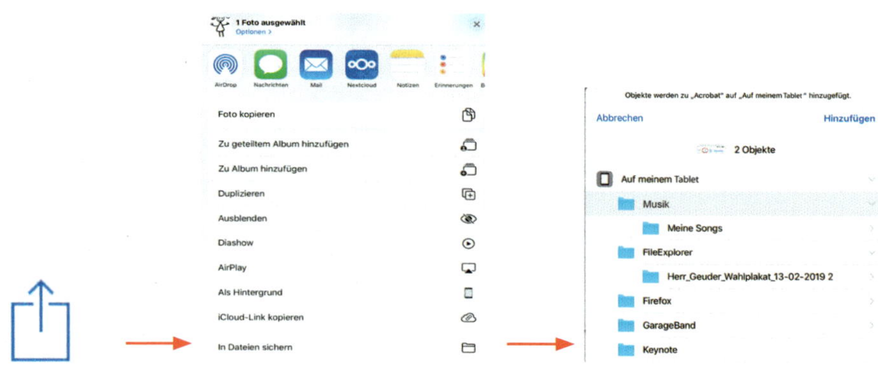

Senden/Teilen in Dateien sichern Ordner wählen

7. Öffne ein Foto und verändere die Farben. Wähle dazu die Funktion „Bearbeiten“. Speichere diese neue Grafik-Datei in deinem neu erstellten Ordner ab.

> Unter dem Betriebssystem können Dateien auch in eigenen Ordnern gespeichert werden. Wichtig ist dabei die Funktion „Teilen“.

Datenschutz und Datensicherheit

Die Geschichte von zwei verlorenen Handys:
Can hat sein Handy verloren und ist sehr traurig. Alle Bilder vom letzten Ausflug in den Vergnügungspark sind weg! Jetzt kann er nicht mehr beweisen, dass er sich auf die neue Achterbahn getraut hat. Erst war ihm sehr mulmig zumute, aber nachdem er in die Bahn gestiegen ist, hat es viel Spaß gemacht. Und die Bilder vom kleinen Eichhörnchen im Park sind jetzt auch weg. Er hat so lange gebraucht, um Bilder zu machen, die nicht verwackelt waren. Wie soll er jetzt das Biologie-Projekt zu Ende bringen? Jetzt bekommt er bestimmt eine schlechte Note, denn ohne Fotos ist das Projekt nicht mehr so schön.

Miray hat ebenfalls ihr Handy verloren. Auch sie ist traurig. Aber sie denkt darüber nach, ob sie zum Geburtstag ein neues Handy geschenkt bekommen wird. Sie zählt die Tage bis zu ihrem Geburtstag. Zum letzten Geburtstag hat sie einen programmierbaren Roboter geschenkt bekommen. Ihre Oma ist immer sehr großzügig und sehr technikbegeistert. Sie war mal Programmiererin! Bestimmt wird Oma das verlorene Handy durch ein neues ersetzen. Vielleicht bekommt sie sogar das neueste Modell.

Can sortiert seine Bilder sehr sorgfältig in einer Verzeichnisstruktur: Ordner 2021, Unterordner Klassenfahrt, Unterordner Freizeitpark April, Unterordner Urlaub Sommer, Unterordner Freizeitpark Oktober. In jedem Unterordner befinden sich die jeweiligen Bilder. Sie haben alle die passenden Dateinamen. (► S. 17 Verwaltung von Dateien)

Miray nutzt eine Cloud und speichert alle Daten und Bilder nicht nur auf ihrem Handy, sondern direkt auch in der Cloud. Ihre Familie hat eine gemeinsame Cloud und auch ihre Eltern speichern dort regelmäßig ihre Daten und Bilder. Aber so genau weiß Miray eigentlich nicht, was eine Cloud ist.

> Eine Cloud ist ein externer Datenspeicher. Extern bedeutet hier, dass sich der Speicher nicht zuhause befindet, sondern außerhalb.

Wortherkunft: Das Wort „extern" leitet sich vom lateinischen Wort „externus" ab und steht für „außen" bzw. „draußen".

1. Übertrage die Tabelle in dein Heft und vervollständige sie.

	Miray	Can
Gefühl nach Handyverlust		
Erster Gedanke		
Wird eine Cloud benutzt?		

2. Erkläre, was Can unter „passende Dateinamen" für seine Bilder versteht. Gib ein Beispiel für unpassende Dateinamen an.

3. Benenne die Vorteile von „passenden Datei- und Ordnernamen".

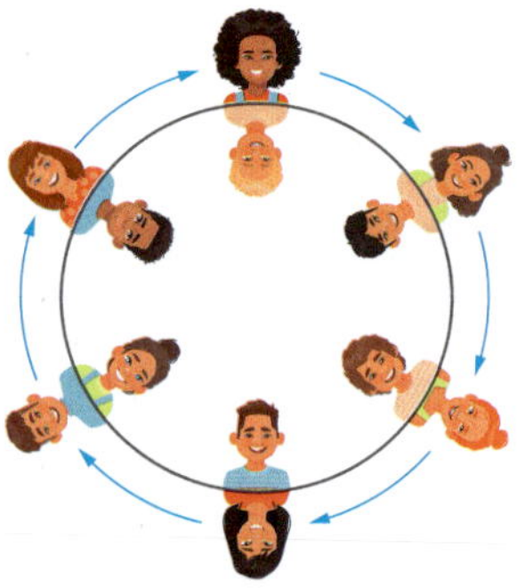

4. Diskutiert zum folgenden Thema: „Wie gehst du mit deinen Handydaten um? Wie Miray oder Can oder … ?“
Teilt euch in zwei gleich große Gruppen auf. Eine Gruppe bildet einen Außenkreis, die andere Gruppe stellt sich in den Kreis hinein und schaut nach außen. Jeder hat nun einen Gesprächspartner oder eine Gesprächspartnerin. Diskutiert mit eurem Gegenüber bis eure Lehrkraft ein Signal gibt. Alle im Außenkreis gehen nun so weit nach links, bis sie ein anderes Gegenüber haben. Nun wird wieder diskutiert. Wiederholt das Verfahren.

5. Auf dem Schulhof wurde ein Handy gefunden. Die Schulleiterin schaltet es ein. Sie sieht die Bilder am Rand und versucht herauszufinden, wem das Handy gehört. Kannst du ihr helfen?

6. Welche Bilder hätten auf das andere Kind gedeutet?

7. **Für Profis:** Yaman muss für ein Schulprojekt einen USB-Stick zu jeder Unterrichtsstunde mitbringen. Er legt den USB-Stick in seine Federmappe. Aber die Federmappe hat er schon mehrmals verloren. Und wenn er nun wieder die Federmappe verliert und jemand seinen USB-Stick findet? Vielleicht wird sich der Finder alle gespeicherten Daten ansehen oder sie sogar im Internet verbreiten? Wie kann man die Daten auf Yamans USB-Stick schützen? Recherchiere im Internet nach Möglichkeiten und erstelle eine Präsentation / Plakat / Stop Motion Film zum Thema „USB-Stick sichern“.

Mit einer Handy-PIN sorgst du schon für ein wenig Schutz: keiner kann einfach dein Handy anschalten und alle Bilder ansehen. Aber nicht nur die Bilder, die auf deinem Handy gespeichert sind, brauchen besonderen Schutz: auch Telefonnummern und Adressen müssen geschützt werden.

Wortherkunft: Die Abkürzung „PIN“ stammt aus der englischen Sprache und steht für personal identification number.

Beachte für das Speichern von Daten in einer Cloud die folgende Checkliste:
- Werden die Daten verschlüsselt?
- Ist die Cloud kostenpflichtig?
- Wie schützt sie die Daten?
- Wer kann meine Daten sehen?

Tipp: In Kapitel 3 wirst du vieles zum Thema Verschlüsseln erfahren (► S. 81 ff. Klassische Kryptologie)

3 Das Internet

In diesem Abschnitt wirst du etwas über ein besonderes Thema lernen: das Internet. Du hast bestimmt schon viel davon gehört, wahrscheinlich hast du dich auch im Internet aufgehalten, indem du nach Musik gesucht oder Spiele gespielt hast. Nun geht es aber darum, dass du zu einem Internet-Experten wirst. Dabei wirst du verschiedene Techniken erlernen, um dich im World Wide Web sicher zu bewegen und Informationen zu finden, die du benötigst.

Was ist das Internet?

Du kannst dir das Internet wie ein großes Mehrfamilienhaus vorstellen. Auf den Klingelschildern an der Haustüre findest du alle Familiennamen: WWW, E-Mail, Chat, Fernsehen, Radio, Datei usw. Da alle Familien in einem Haus leben, sind sie alle miteinander verbunden – sie bilden ein großes (Haus-) Netzwerk.

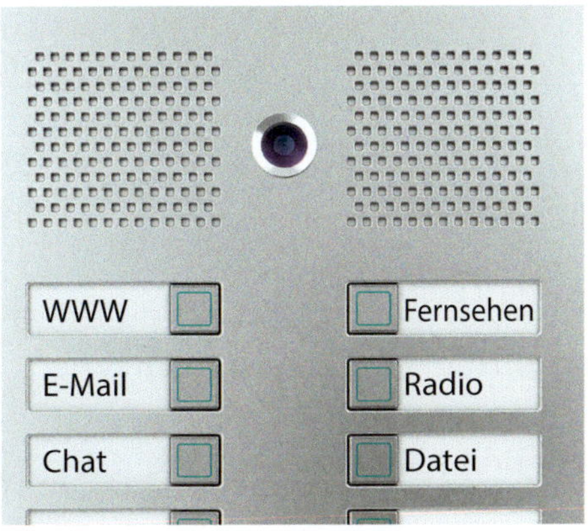

Ganz ähnlich sieht das Internet aus. Allerdings leben die Familien nicht mehr in einem Mehrfamilienhaus, sondern sie sind auf der ganzen Welt verteilt.
Um eine Verbindung zu diesem *weltweiten Netzwerk* aufbauen zu können, benötigst du z. B. einen Computer, ein Smartphone oder ein Tablet. Jede Familie entspricht einem bestimmten **Internetdienst,** der sich wiederum in kleinere **Internetanwendungen** aufteilen lässt.
Ein gutes Beispiel dafür ist die Familie „WWW" – das **World Wide Web.** Innerhalb dieses Internetdienstes kannst du verschiedene Aktionen durchführen. Du kannst z. B. eine Internetsuche mit einer Suchmaschine durchführen. Wenn du eine Lernplattform besuchst, kannst du dort verschiedene Themen bearbeiten und so im World Wide Web lernen. Mit diesen neuen Informationen kannst du nun sogar eine Präsentation erstellen und diese im Internet speichern.

Jeder Internetdienst hat eine bestimmte Funktion.
- WWW: Webseiten
- E-Mail: elektronische Post
- Chat: Unterhaltung

Tipp: Pass auf, welche Daten du im Internet speicherst. Je weniger Daten du von dir hinterlässt, desto sicherer ist es für dich!

1. Wir und das Internet:
   a) Nenne alle Aktivitäten, die du am letzten Wochenende im Internet unternommen hast.
   b) Tausche dich mit deinem Nachbarn oder deiner Nachbarin aus. Wo findest du Unterschiede? Wo gibt es Gemeinsamkeiten?
   c) Sprecht in der Klasse über eure verbrachte Zeit im Internet.

Die Internetnutzung in deiner Klasse: Das **Ich-Du-Wir-Prinzip**

> Das **Internet** ist ein weltweites Netzwerk aus verschiedenen Computern, die miteinander verbunden sind. Es wird zwischen verschiedenen Internetdiensten und Internetanwendungen unterschieden.

2. Ordne die in Aufgabe 1 zusammengetragenen Aktivitäten den verschiedenen Internetdiensten („Familien“) zu.

3. Erstelle eine Tabelle mit verschiedenen Internetdiensten und dazu passenden Internetanwendungen.

So wie jedes Haus und jede Familie hat auch jede Internetseite im World Wide Web eine genaue **Internet-Adresse.** Sie heißt **URL** (**U**niform **R**esource **L**ocator) und hat eine besondere Form:

www.mundo.schule

Internetdienst.Adresse.Domainabkürzung

MUNDO ist ein Medienportal für Schülerinnen und Schüler, Eltern und Lehrkräfte.

4. Tippe in einem Browser die URL *www.mundo.schule* ein. Beschreibe, was passiert, wenn du auf <ENTER> drückst.

5. Erstelle eine Liste mit verschiedenen Internetadressen, die du regelmäßig besuchst. Achte dabei vor allem auf die Domainabkürzung.

6. Rufe das Medienportal MUNDO auf und suche nach Inhalten, die dich besonders interessieren.

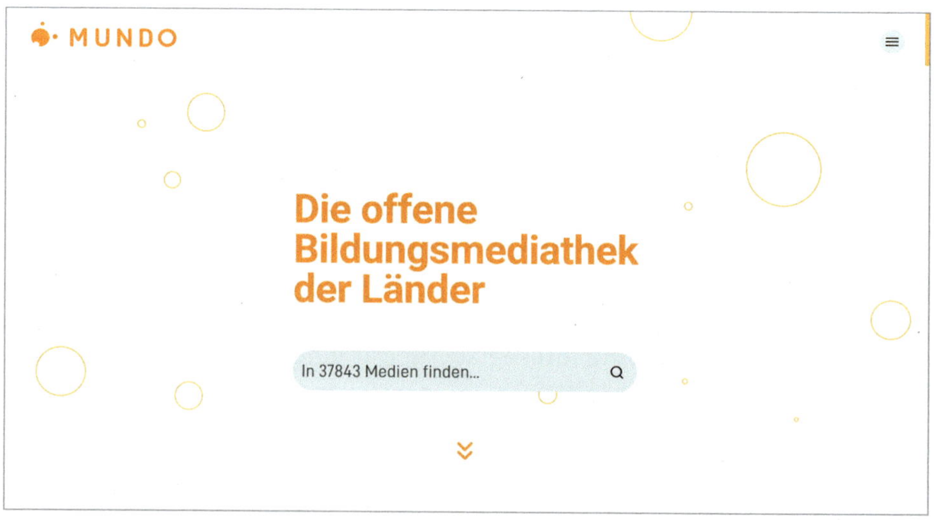

Homepage des Medienportals MUNDO

Der Browser – der Weg ins Internet

Das Internet kannst du dir ja wie ein Mehrfamilienhaus vorstellen. Dort sind Unmengen an Musik, Videos, Spielen und Informationen gespeichert. Dieses Haus ist aber mit einem großen Schloss an der Haustüre abgesperrt, so dass du nur mit einem passenden Schlüssel dort eintreten darfst.

Dieser Schlüssel ist ein spezielles Programm, der sogenannte **Browser.** Hier gibt es viele verschiedene Anbieter, die dir diesen Schlüssel und damit den Weg ins Internet öffnen. Jedes Programm sieht zwar unterschiedlich aus, aber die wesentlichen **Grundfunktionen des Browsers** sind sehr ähnlich:

- Internetadresse eingeben und aufrufen
- eine Seite zurück und vorwärts
- aktuelle Seite neu laden
- neuen Tab öffnen

Das Verb *browse* kommt aus der englischen Sprache und bedeutet *stöbern, durchblättern, schmökern.*

Hinweis: Eine Seite „zurück" oder „vorwärts" bedeutet, dass du auf die zuvor von dir geöffnete Seite zugreifst.

Tipp: Es gibt viele verschiedene Internetbrowser wie:

- Mozilla Firefox
- Microsoft Edge
- Google Chrome
- Apple Safari
- Opera Webbrowser
- …

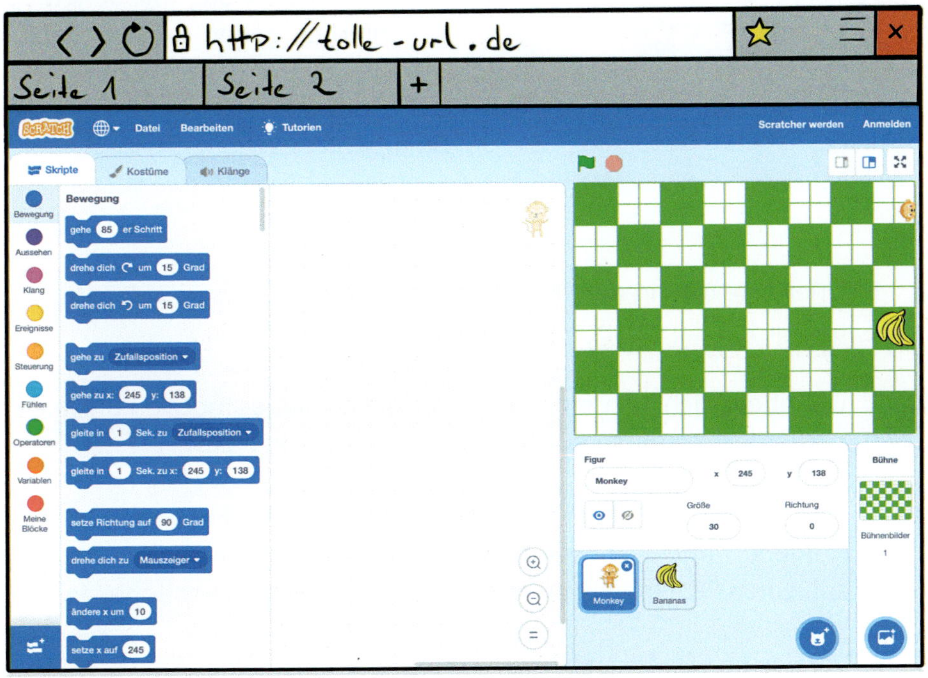

Skizze eines beliebigen Browsers in der Standard-Ansicht

> Ein **Browser** ist ein spezielles Programm, um mit einem bestimmten Endgerät, z. B. Computer oder Smartphone, in das Internet zu kommen.

Die Abbildung oben zeigt eine Darstellung eines Browsers für einen PC oder Laptop in der **Standard-Ansicht** (= Desktop-Ansicht).

Wenn du aber mit einem Smartphone oder Tablet einen Browser öffnest, dann sieht der Browser meist anders aus. Mittlerweile verwenden viele Browser auch eine Version mit einer sogenannten mobilen Ansicht (siehe Abbildung auf der nächsten Seite oben).

Screenshot eines Browsers in der mobilen Ansicht

Die **mobile Ansicht** ist so gestaltet, dass du einerseits alle wichtigen Grundfunktionen eines Browsers auch auf dem kleineren Bildschirm eines Smartphones oder Tablets aufrufen kannst.

Viele Internetseiten werden in einer mobilen Version geladen. Diese Webseite ist dann eine sogenannte „responsive Webseite“, d.h., sie erkennt, dass du mit einem Smartphone oder Tablet surfst, und sie gestaltet die Inhalte so, dass du sie dennoch gut lesen und die Funktionen anwählen kannst.

Das Wort *responsive* kommt aus der englischen Sprache und bedeutet *reagierend*.

Auch andere Geräte, mit denen du ins Internet gehen kannst, haben oftmals einen Browser integriert. Dies trifft z.B. auf Smart TVs oder Smartwatches zu.

1. Orientiere dich in der Skizze eines beliebigen Browsers auf Seite 23 und ordne die entsprechenden Grundfunktionen zu.
2. Orientiere dich auf dem obigen Beispielbild eines mobilen Browsers und ordne die entsprechenden Grundfunktionen zu.
3. Öffne einen Browser deiner Wahl und erprobe die Funktionen aus Aufgabe 1 und 2. Verwende dafür auch verschiedene Endgeräte wie z.B. einen PC, einen Laptop, ein Tablet oder ein Smartphone.
4. Vergleiche die verschiedenen Grundfunktionen eines Browsers in der Standard-Ansicht mit der mobilen Ansicht. Erstelle eine Tabelle.
5. Erkundige dich nach weiteren Geräten, die mit Hilfe eines Browsers ins Internet gehen können.

Sicherlich kennst du diese Situation: Du suchst nach einer Information und surfst sehr lange. Endlich hast du die passende Webseite gefunden. Aber dann musst du aufhören, weil du zum Abendessen gerufen wirst. Du schaltest deinen Computer aus und beim Neustart ist die Webseite verschwunden.

Da viele Menschen dieses Problem haben, dachten sich schlaue Leute etwas aus, die sogenannten **„Lesezeichen“ oder „Favoriten“.**

Tipp: Oftmals kannst du Lesezeichen setzen, indem du im Browser auf das Symbol mit dem „Sternchen“ klickst. ★

Du kennst Lesezeichen bereits, wenn du ein Buch gelesen hast. Bevor du das Buch zuschlägst, legst du noch ein Lesezeichen zwischen die Buchseiten, damit du am nächsten Tag weißt, wo du aufgehört hast zu lesen. Ganz ähnlich funktionieren auch Lesezeichen im Browser. Wenn du die Seite aufgerufen hast, dann kannst du ein Lesezeichen setzen, damit du beim nächsten Neustart genau diese Seite wiederfindest.

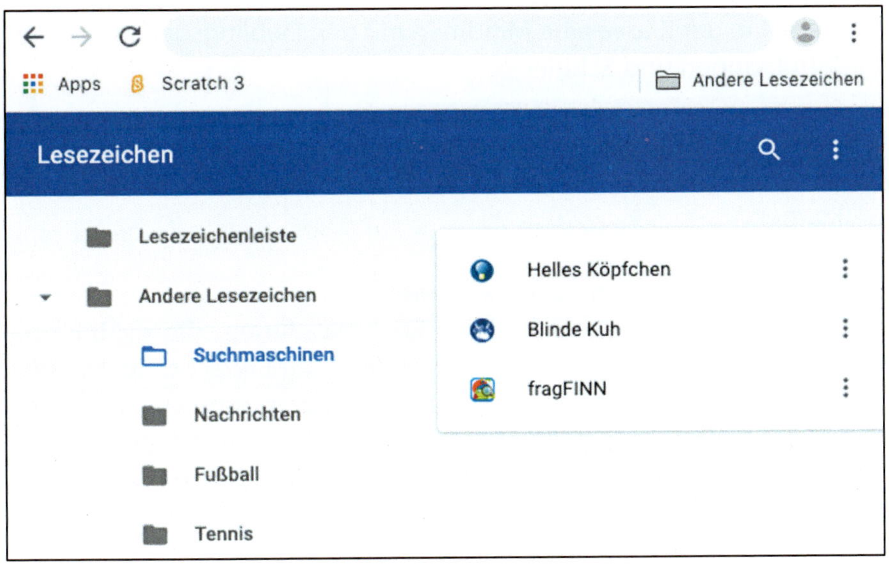

Lesezeichen-Ordner eines Browsers

Viele Browser haben zwei verschiedene Ansichten für die Lesezeichen.

- Zum einen kannst du Lesezeichen direkt in der **Lesezeichenleiste** speichern. Diese lassen sich dann schnell und direkt von der Oberfläche des Browsers anwählen.
- Zum anderen lassen sich aber auch **Lesezeichen-Ordner** anlegen. Diese sind vor allem dann sinnvoll, wenn du mehrere Seiten zu einem Thema gefunden hast. Dies können z. B. deine Lieblingssport-Seiten oder Nachrichten sein. In der Abbildung oben siehst du einen Ordner für verschiedene Suchmaschinen, die besonders für Kinder und Jugendliche geeignet sind.

Tipp: Ordne deine Lesezeichen nach Oberbegriffen, damit kein Chaos entsteht!

Die **Lesezeichen** oder **Favoriten** helfen dir eine bestimmte Webseite zu speichern und zu einem beliebigen Zeitpunkt wieder aufzurufen. Dabei ist es empfehlenswert, dass du für die gleichen Themen einzelne Lesezeichen-Ordner verwendest.

6. Erstelle eine Liste mit Webseiten, die du oft benutzt. Begründe, ob es sich für dich lohnen würde ein Lesezeichen zu erstellen.

7. In der mobilen Ansicht eines Browsers können die Lesezeichen meist nicht mit einem Klick erstellt werden. Wähle einen mobilen Browser deiner Wahl aus und erkläre deiner Partnerin oder deinem Partner, wie man ein Lesezeichen erstellen kann.

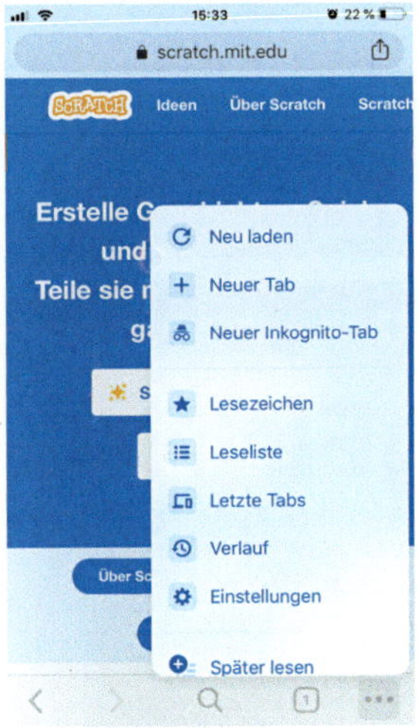

Lesezeichen setzen mit einem mobilen Browser (Untermenü)

Beispiel für eine Mindmap zum Thema „Lieblingsessen“

Suchen im Internet

Du hast bestimmt ein Lieblingsessen, bei dem dir das Wasser im Mund zusammenläuft. Aber kennst du dafür auch ein gutes Rezept, damit du es selbst kochen kannst? Das Internet hat dafür sicherlich die passenden Informationen, die du „nur“ finden musst.

1. Erstellt in der Klasse eine Mindmap mit den Lieblingsgerichten aller Schülerinnen und Schüler.

2. Nenne alle dir bekannten Suchmaschinen, die dir bei der Suche nach einem passenden Rezept für dein Lieblingsessen helfen können.

Die Wahl einer geeigneten Suchmaschine:
Es gibt im Internet viele verschiedene **Suchmaschinen,** die dir Informationen liefern können. Sie richten sich vor allem an Erwachsene. Dadurch erstellen sie Ergebnislisten, die für Kinder und Jugendliche viele – manchmal auch zu viele – Informationen bieten. Zudem sind diese Suchmaschinen oftmals mit Werbung überladen. Manchmal passen die Suchergebnisse dann gar nicht zu deiner Suchanfrage, sondern sie zeigen nur eine Werbeanzeige, die dich zum Kauf verführen soll.

Mittlerweile wurden auch **Kindersuchmaschinen** entwickelt, die sich vor allem an Kinder und Jugendliche richten. Sie haben den Vorteil, dass die Ergebnisliste keine Werbung beinhaltet. Außerdem werden weniger Suchergebnisse angezeigt, damit du den Überblick behältst.

Suchmaschine	Zielgruppe	URL
DuckDuckGo	vor allem für Erwachsene	www.duckduckgo.com
Bing	vor allem für Erwachsene	www.bing.com
Google	vor allem für Erwachsene	www.google.com
Yahoo	vor allem für Erwachsene	www.yahoo.com
Helles Köpfchen	vor allem für Kinder und Jugendliche	www.helles-koepfchen.de
Blinde Kuh	vor allem für Kinder und Jugendliche	www.blinde-kuh.de
FragFinn	vor allem für Kinder und Jugendliche	www.fragfinn.de
...	...	...

Überblick über verschiedene Suchmaschinen

Helles Köpfchen.de mach' dich schlau!
BLINDE KUH
fragFINN.de

Logos der Suchmaschinen für Kinder und Jugendliche

> Die **Kindersuchmaschinen** helfen vor allem Kindern und Jugendlichen, die wichtigen Informationen im Internet für die jeweilige Altersgruppe zu finden.

3. Welche weiteren Suchmaschinen kennst du?
Ergänze die Tabelle auf Seite 30.

4. Betrachte die Domainabkürzung der Suchmaschinen in der Tabelle auf Seite 30. Was fällt dir auf?

5. Wähle zwei Suchmaschinen für Erwachsene und zwei für Kinder und Jugendliche aus und suche nach dem Begriff „Wetter". Welche Gemeinsamkeiten oder Unterschiede fallen dir auf?

Hinweis: In vielen Browsern kannst du mittlerweile auch in der Adresszeile eine Suche mit der voreingestellten Standard-Suchmaschine ausführen.

Die Eingabe eines geeigneten Suchbegriffs:
Jetzt stellt sich aber endlich die Frage:
„Wie lautet das beste Rezept für mein Lieblingsessen – eine Pizza Margherita?"

Wenn du den ganzen Fragesatz in die Suchmaschine eintippst, dann wirst du nicht immer zu einem passenden Ergebnis kommen. Das liegt daran, dass jede Suchmaschine mit bestimmten Suchbegriffen arbeitet. Wenn du geeignete Suchbegriffe eingibst, dann wirst du sehr schnell zu brauchbaren Ergebnissen kommen. Daher solltest du ein paar Grundregeln beachten:

Regeln	Suchbegriff
1. Schreibe so genau wie möglich, z. B. warum du danach suchst.	Rezept
2. Verwende einfache Suchbegriffe, z. B. einen Oberbegriff für dein Lieblingsessen.	Rezept Pizza
3. Verwende eindeutige Suchbegriffe, z. B. den genauen Namen deiner Lieblingspizza.	Rezept Pizza Margherita
4. Achte auf die korrekte Rechtschreibung.	

Tipp: In der Frage sind oftmals schon die passenden Suchbegriffe für die Suchanfrage enthalten: „Wie lautet das beste **Rezept** für mein Lieblingsessen – eine **Pizza Margherita?**"

Bei der Suche im Internet solltest du einfache, eindeutige und genaue **Suchbegriffe** verwenden, damit du schnell zu einem passenden Suchergebnis kommst.

6. Das Rezept für mein Lieblingsessen:
a) Benutze die gleichen Suchmaschinen wie in Aufgabe 5.
b) Suche mit jeder Suchmaschine nach einem Rezept für dein Lieblingsessen.
Erstelle dafür geeignete Suchbegriffe.
c) Entscheide, welche Suchmaschine das für dich beste Suchergebnis geliefert hat.
Begründe deine Entscheidung.

Mögliche Gründe für die Auswahl des Suchergebnisses

Mein, dein, unser – Recherche zum Urheberrecht

Miriam hat in der Schule mit dem Computer einen Herbstbaum gemalt. Ihr Mitschüler Toni denkt sich: „Der Baum gefällt mir. Der passt sehr gut in meine Herbstcollage!" Er kopiert Miriams Bild, druckt es aus und klebt den Baum auf sein Plakat.

1. Was sagt Miriam wohl dazu, dass Toni ihr Bild kopiert und in seiner Collage präsentiert hat. Spielt in der Gruppe das Gespräch zwischen den beiden.

Hat jemand selbst einen Text, ein Bild, ein Video oder auch Musik geschaffen, ist er der Urheber dieses Werks. Das Werk ist durch das Urheberrechtsgesetz geschützt.
Der Urheber gibt normalerweise stets seinen Namen oder ein sogenanntes Pseudonym und das Erstellungsdatum an.

2. Suche in diesem Buch die Autorinnen und Autoren. Wer besitzt die Urheberrechte an diesem Schulbuch? Du findest die Angaben auf den ersten Seiten.

Nach dem Urheberrechtsgesetz (§ 1 Allgemeines) sind alle Werke eines Menschen aus Literatur, Wissenschaft und Kunst geschützt.

3. Finde verschiedene Beispiele von Werken, die urheberrechtlich geschützt sind. Schreibe sie auf.

Das Urheberrecht auf ein Werk erlischt erst 70 Jahre nach dem Tod des Urhebers.

> Der **Urheber** zeigt unmissverständlich, dass ihm ein Werk gehört, indem er seinen Namen und das Entstehungsdatum angibt.

Wortherkunft, Wortbedeutung:
Das Substantiv „Recherche (die)" leitet sich aus der französischen Sprache ab. „re" steht für „wieder" und „chercher" für „suchen". Mit „Recherche" ist also eine Forschung oder Nachforschung gemeint.

Wortherkunft, Wortbedeutung:
Das Substantiv „Collage (die)" leitet sich aus der französischen Sprache ab. Das Verb „coller" steht für „kleben" oder „leimen". Eine Collage entsteht also durch das Zusammenfügen mehrerer Motive zu einem Bild.

Der Urheber eines Werkes hat dieses selbst geschaffen. Er besitzt das absolute Recht an seinem geistigen Eigentum. Dieses Recht auf Eigentum ist auch im Grundgesetz geregelt (Art. 14 GG).

Wortherkunft, Wortbedeutung:
Das Substantiv „Pseudonym (das)" leitet sich aus der griechischen Sprache ab. „pseudos" steht für „Täuschung" oder „Lüge", „onyma" für „Name".

Das Copyright-Zeichen © gibt oft an, dass jemand das Urheberrecht auf ein Werk hat. In Deutschland muss dieses Zeichen nicht angegeben werden.

Beispiele von geschützten Werken

Da Inhalte aus dem Internet immer einfacher genutzt werden können, verletzen die Nutzerinnen und Nutzer immer häufiger das Urheberrecht. Sie kopieren Musik, speichern Bilder und Videos auf dem eigenen Computer und geben diese Dateien auch an befreundete Personen weiter.

In der Schule hast du die Aufgabe, eine Präsentation zu gestalten. Dazu möchtest du Texte und Bilder von verschiedenen Internetseiten verwenden. Das Diagramm zeigt dir, wie du dabei richtig vorgehst:

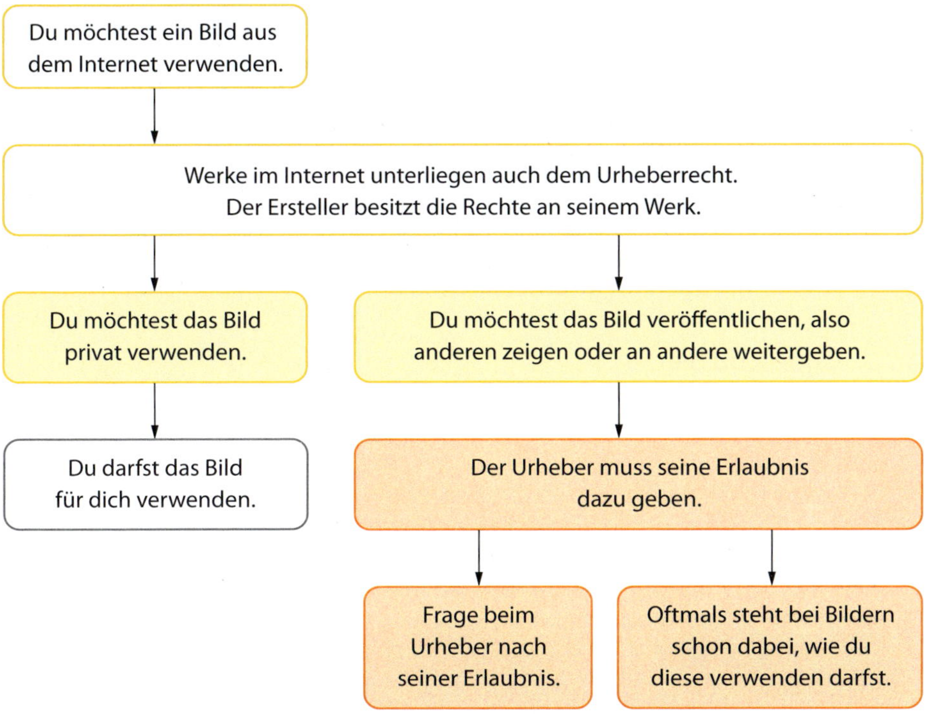

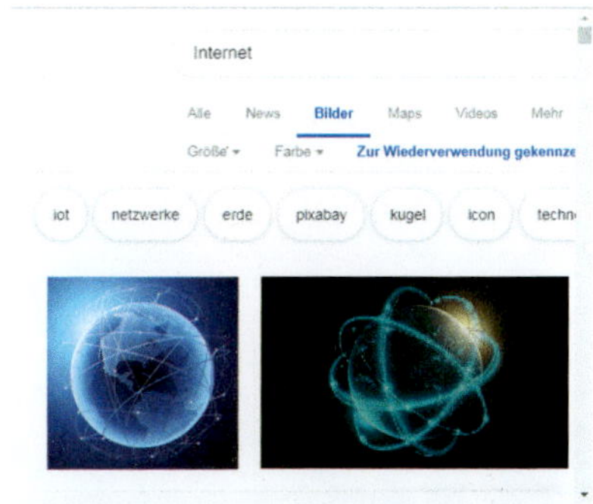

Bildauswahl in einer Suchmaschine

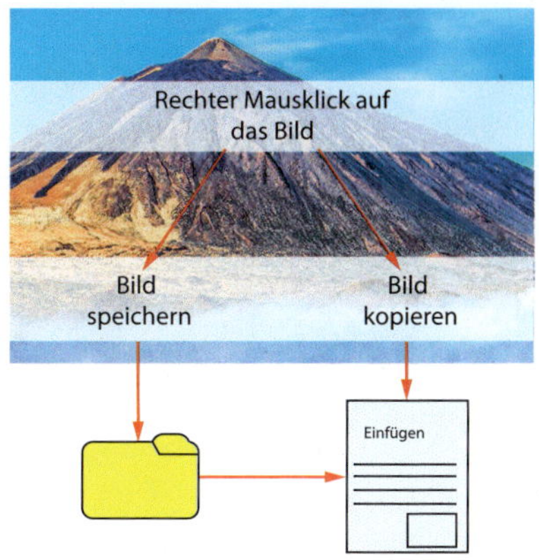

Herunterladen eines Bildes aus dem Internet und Einbindung in ein Dokument

4. Erklärt euch gegenseitig den Ablauf des Diagramms.

Wenn du ein fremdes Bild aus dem Internet selbst veröffentlichst, musst du immer mit angeben, woher du das Bild hast. Man nennt dies **Quellenangabe.** Diese ist so aufgebaut:

Name des Urhebers	Titel	URL / Internetadresse	Datum
unbekannt	Blauer Mond	https://pxhere.com/de/photo/604759	05.06.2019

5. Suche in einer Suchmaschine ein Bild und speichere es sinnvoll ab.

6. Findest du Hinweise des Urhebers, ob du das Bild veröffentlichen darfst? Erstelle schriftlich eine Quellenangabe zu dem Bild.

Speichere Bilder immer sinnvoll ab und vergib eindeutige Dateinamen. Erstelle dazu immer eine passende Quellenangabe.

Wenn du ein Bild, ein Video, Musik oder einen Text eines anderen Urhebers veröffentlichst, muss dieser Urheber seine Erlaubnis dazu geben. Achte auf die Quellenangabe.

Veröffentlichst du ohne Erlaubnis des Urhebers dessen Werke, kann dieser Schadensersatz in Höhe von mehreren tausend Euro fordern!

Speichern von personenbezogenen Daten

Ob mit einer Digitalkamera, dem Smartphone oder Tablet: Menschen machen immer mehr Bilder und Videos von sich und von anderen. Oftmals schreiben sie noch Texte zu den Aufnahmen. Diese werden entweder auf dem eigenen Computer gespeichert oder veröffentlicht – manchmal als ausgedrucktes Bild, manchmal auch im Internet.

- Darf man überhaupt andere Personen fotografieren oder filmen?
- Darf man diese Aufnahmen speichern oder veröffentlichen?
- Wie gehst du mit Bildern von dir um?

Hierfür bestehen Gesetze, die vieles regeln. Aber auch du selbst kannst dich und deine Daten absichern!

Persönliche Daten sind geschützt!

1. Sammelt in der Gruppe, was „personenbezogene Daten" sind. Du kannst auch im Internet suchen.

2. Findest du hier personenbezogene Daten?

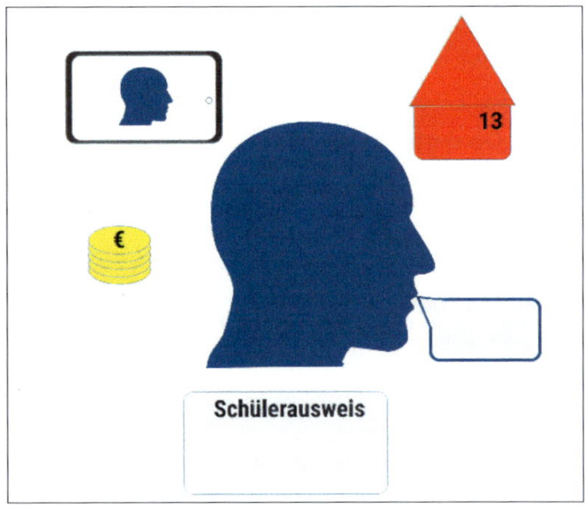

Gesetze:

Das Grundgesetz ist das wichtigste aller Gesetze. Es schützt die Grundrechte des Menschen. Alle anderen Gesetze dürfen dem Grundgesetz nicht widersprechen.

Grundgesetz (GG), Artikel 1 (Abs. 1):
Die Würde des Menschen ist unantastbar. Sie zu achten und zu schützen ist Verpflichtung aller staatlichen Gewalt.

Kunsturheberrechtsgesetz, § 22:

Bildnisse dürfen nur mit Einwilligung des Abgebildeten verbreitet oder öffentlich zur Schau gestellt werden.

3. Schreibe auf, welches Grundrecht des Menschen durch den Artikel 1, Absatz 1, des Grundgesetzes geschützt wird. Beschreibe die Bedeutung.

4. Findet Situationen, wodurch der Artikel 1, GG, verletzt werden könnte.

5. Überlege, warum du eine Einwilligung brauchst, um ein Bild einer befreundeten Person zu speichern und zu teilen.

Nach dem Kunsturheberrechtsgesetz § 23 gibt es jedoch auch **Ausnahmen.** In folgenden Fällen dürfen Bilder, Videos und Audios von Personen auch ohne deren Erlaubnis gespeichert und auch geteilt werden:

Bilder aus dem Bereich der Zeitgeschichte	In Abbildungen, auf denen besondere Landschaften oder Bauwerke im Vordergrund stehen	Bilder, z. B. von Versammlungen oder Demonstrationen

Datenschutz und Datenverarbeitung

Neben der privaten Weitergabe und Veröffentlichung von Bildern und anderen persönlichen Daten gibt es viele Vorgänge im Alltag, bei denen persönliche Daten weitergegeben werden, zum Beispiel:

- Beim Antrag für einen Personalausweis braucht das Bürgeramt Name, Geburtsdatum und -ort, Wohnadresse, Augenfarbe, Köpergröße und ein geeignetes Foto.
- Wer im Buchladen ein Buch bestellt, muss seinen Namen angeben.
- Wer im Internet etwas bestellt, muss Name, E-Mail-Adresse, Wohnadresse und eine Zahlungsmethode angeben, manchmal auch eine abweichende Lieferadresse.

6. Überlegt gemeinsam, ob euch noch andere Situationen einfallen, in denen ihr oder eure Eltern persönliche Daten an andere weitergeben.

Wer persönliche Daten eines Menschen hat, könnte allerdings damit auch Sachen machen, die dieser Mensch gar nicht will, beispielsweise Werbung an seine Adresse schicken oder Geld von seinem Bankkonto abbuchen, ohne dass etwas verkauft wurde. Damit das nicht passiert, gibt es Datenschutz-Gesetze. Sie regeln, wie mit persönlichen Daten umgegangen werden muss. In Deutschland gelten dabei die Vorgaben der europäischen **Datenschutz-Grundverordnung (DSGVO)** mit den wichtigen Grundsätzen:

- *Einverständnis:* Die betroffene Person muss mit der Erfassung und Verarbeitung ihrer Daten einverstanden sein.
- *Zweckbindung:* Die Daten dürfen nur für den vereinbarten Zweck verwendet werden (z. B. nur für den Versand einer Bestellung und nicht für Werbung).
- *Datensparsamkeit:* Es dürfen nur die Daten erhoben und verwendet werden, die für den vereinbarten Zweck nötig sind (z. B. bei einer Bestellung nur die Lieferadresse, aber nicht die Augenfarbe und Körpergröße).

Nairas Großeltern schenken ihr zum neuen Schuljahr einen neuen Schulrucksack, den ihr Opa im Internet bestellt. Beim Internet-Versandhaus gibt er dafür diverse persönliche Daten von sich und Naira an. Damit Lieferung und Bezahlung funktionieren, brauchen verschiedene beteiligte Personen und Firmen jeweils einen Teil dieser Daten.

7. Überlegt zu zweit: Welche der in der Tabelle aufgelisteten Beteiligten brauchen welche Daten, damit Naira ihren Rucksack bekommt? Wurden unnötige Daten erfasst?

Daten der Bestellung	Beteiligte (Lieferung/Abrechnung)
Opas persönliche Daten: • Name • Adresse • E-Mail-Adresse • Kontonummer (IBAN) Nairas persönliche Daten: • Name • Adresse Daten Internet-Versandhaus: • Artikelnummer Rucksack • Auftragsnummer Bestellung	• Internet-Versandhaus • Arbeitende im Lager (Schulrucksack verpacken) • Lieferdienst (Paket an Naira liefern) • Bank des Internet-Versandhauses (Abbuchung der Kosten von Opas Konto) • Bank von Opa (Abbuchung der Kosten von Opas Konto)

8. Besprecht die Überlegungen und Ergebnisse der vorigen Aufgabe mit der ganzen Klasse.

Meine Checkliste zum Datenschutz:		
Ich habe die Kontrolle über meine Daten.	Frage immer nach, was mit deinen Daten geschieht. Gib vor allem nicht zu viel von dir bekannt. Niemand darf ungefragt deine Daten speichern oder verwenden.	
Ich speichere meine Daten sicher.	Wenn du deine Bilder oder andere Daten speicherst, sichere diese in einem „Tresor" oder gib den Dateien ein Kennwort.	
Ich nehme keine Bilder, Audios oder Filme von anderen auf – außer sie geben mir ihre Erlaubnis.	Niemand darf die Daten anderer, ohne dass diese zustimmen, speichern.	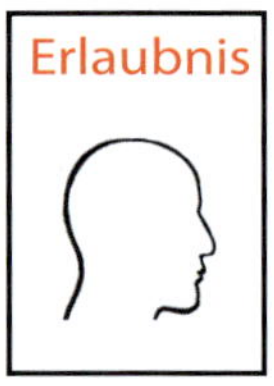
Ich produziere keine falschen Daten über andere.	Beleidige keine anderen Personen, indem du Bilder, Videos oder Audios veränderst.	
Ich melde Datenmissbrauch.	Wenn deine Daten von anderen unrechtmäßig verwendet werden oder wenn du dadurch beleidigt wirst, wende dich an deine Eltern, Lehrer oder auch an die Polizei.	

Kollaborative Plattformen

Frieda und Simon lernen gerne zusammen. Sie wollen Texte gemeinsam verfassen oder auch Ideen zu einem Thema gegenseitig austauschen. Außerdem möchten sie gemeinsam auf „ihre" Dateien und ihr Material zugreifen können. Dafür nutzen Sie gerne den Computer und arbeiten mithilfe derselben Anwendungen im Internet.

Kollaboratives Arbeiten mit digitalen Mitteln bedeutet allerdings nicht, dass die Gruppenmitglieder immer örtlich getrennt arbeiten. Es kann durchaus sinnvoll sein, diese Arbeitsmittel auch in einem Raum zu nutzen, um z. B. an einer Datei gemeinsam und gleichzeitig zu arbeiten.

Die geeignete Software steht meist nicht auf dem eigenen Endgerät zur Verfügung. Sie wird auf einem Server im Netzwerk oder im Internet bereitgestellt. Damit du effektiv mit anderen gemeinsam an einem Projekt arbeiten kannst, muss die kollaborative Umgebung passend gestaltet sein:

Die technische Umgebung

- In einer **Cloud** werden gemeinsam genutzte und erstellte Dateien so gespeichert, dass sie für alle nutzbar sind.
- Es sollte eine **Teilnehmer- und Gruppenverwaltung** möglich sein. Damit wird der Zugriff auf die Dateien geregelt. Teilnehmer erhalten dabei unterschiedliche Rechte. Ein Mitglied darf z. B. Dateien erstellen, ein anderes diese nur lesen.
- **Sinnvolle Anwendungen** sollten zur Verfügung stehen. Alle Gruppenmitglieder können zeitversetzt oder zeitgleich an einem Text, einer Tabelle oder in einem Planungstool arbeiten. Diese Arbeiten sollten einfach zu sichern sein.
- Zudem ist es trotz gemeinsam nutzbarer Anwendungen nötig, sich innerhalb der Gruppe abzustimmen. Dafür können **Kommunikationsmittel** wie Chat, E-Mail, Telefon oder Videokonferenzen genutzt werden.

1. Suche mithilfe einer Suchmaschine nach kollaborativen Tools. Sammle deren Internetadresse und deren Hauptfunktion in einer Tabelle.

• Textverarbeitung	https://www.zumpad.de
• mindmap	…
• …	…

Kollaborativ heißt, gemeinsam an einer Aufgabe zu arbeiten. Diese Arbeit kann zeitgleich (synchron) und zeitversetzt (asynchron) stattfinden.

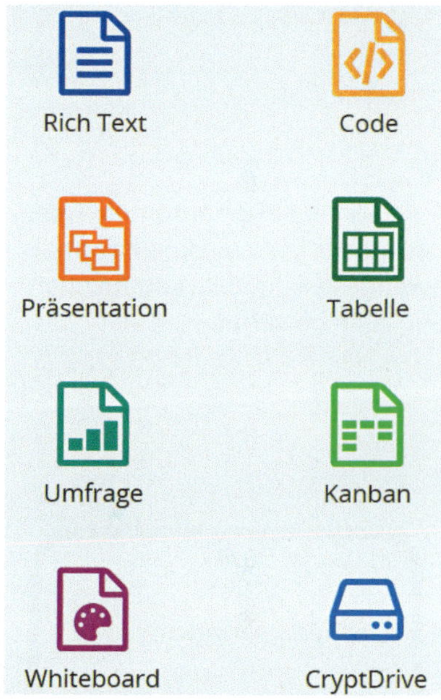

Beispiele von kollaborativen Umgebungen mit verschiedenen Funktionen: https://www.cryptpad.fr, https://www.zumpad.de

Tipp: Alle Gruppenmitglieder erhalten den Link auf die gemeinsame Datei. Sie melden sich mit ihrem Namen an. Auf vielen Plattformen werden Nutzer angelegt. Diese erhalten den Zugang durch eine E-Mail zugesandt. So kommen keine unerwünschten Gäste auf die Plattform.

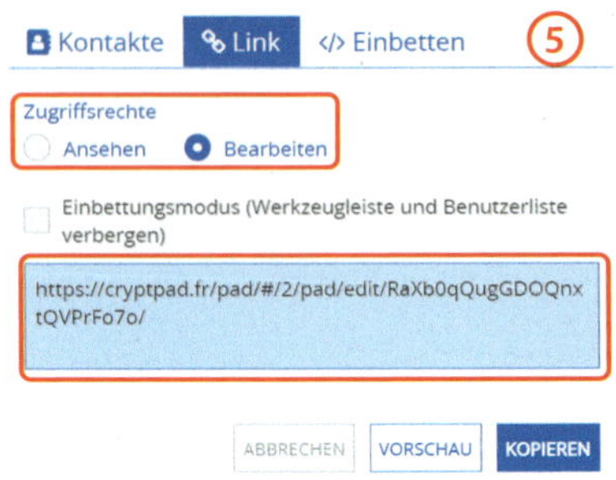

Auf Social-Media-Plattformen werden Inhalte verschiedenen Formats bereitgestellt, geteilt, kommentiert und auch bewertet.

2. Bildet eine Gruppe. Ein Gruppenmitglied startet eine kollaborative Textverarbeitungsanwendung.
Die Oberfläche einer kollaborativen Anwendung:

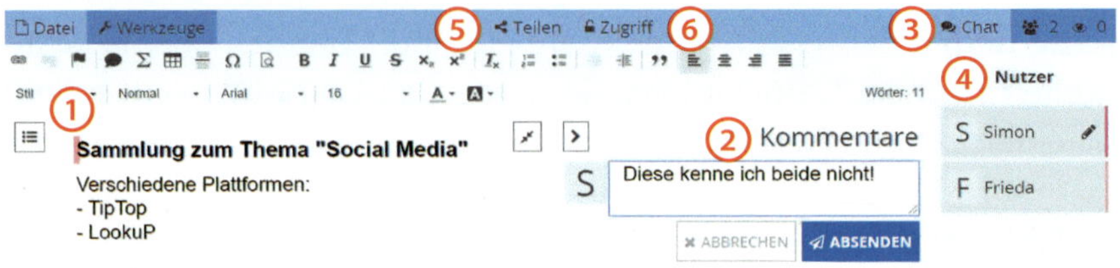

a) Beschreibe zu den einzelnen Markierungspunkten die passende Funktion in der Anwendung. Erstelle die Beschreibung in der kollaborativen Anwendung und speichere sie als Datei auf der Plattform.

b) Teile die Datei mit deinen Gruppenmitgliedern. Sende diesen den angegebenen Link zu. Lege die Zugriffsrechte so an, dass alle das Dokument bearbeiten können.

c) Gebt einen eindeutigen Nutzernamen ein. Dies muss nicht euer richtiger Name sein.

d) Erstellt gemeinsam eine Liste von möglichst vielen „Social-Media-Plattformen".

e) Kommentiert die Einträge der anderen Gruppenmitglieder.

f) Verwendet auch die Chat-Funktion zum Austausch.

g) Exportiert die Datei und speichert sie als Datei für ein Textverarbeitungsprogramm auf eurem Rechner.

Die organisatorische Umgebung

Kollaborative Arbeit muss gut organisiert sein. Eine Arbeitsgruppe muss konkrete Aufgaben festlegen und den Mitgliedern zuweisen. Die Mitglieder müssen Regeln festlegen zu Arbeitsweise, Kommunikation und regelmäßiger Prüfung der Zwischenergebnisse.

3. Für Profis: Im Fach Erdkunde beschäftigt ihr euch mit dem Tourismus in Küsten- und Gebirgslandschaften.
Stellt in einer kollaborativen Arbeit solche Landschaften vor. Sammelt zu jeder Landschaft Besonderheiten (Land, Verkehrsverbindungen, räumliche Lage, touristische Angebote, …).

Kollaborativ zu arbeiten heißt gemeinsam an einem Produkt zu arbeiten. Dies kann sowohl synchron als auch asynchron stattfinden. Beim digitalen Arbeiten bist du dabei nicht ortsgebunden. Um effektiv kollaborativ Projekte zu erstellen, muss eine geeignete technische und organisatorische Umgebung geschaffen werden.

Grundwissen

Computer als Informatiksysteme – Einheit von Hardware und Software

- Die spezifische Zusammenstellung von Hardware, Software und Netzwerkkomponenten zur Lösung eines Anwenderproblems bezeichnet man auch als Informatiksystem.
  Computer, Smartphones, Spielekonsolen u. ä. sind daher Informatiksysteme.

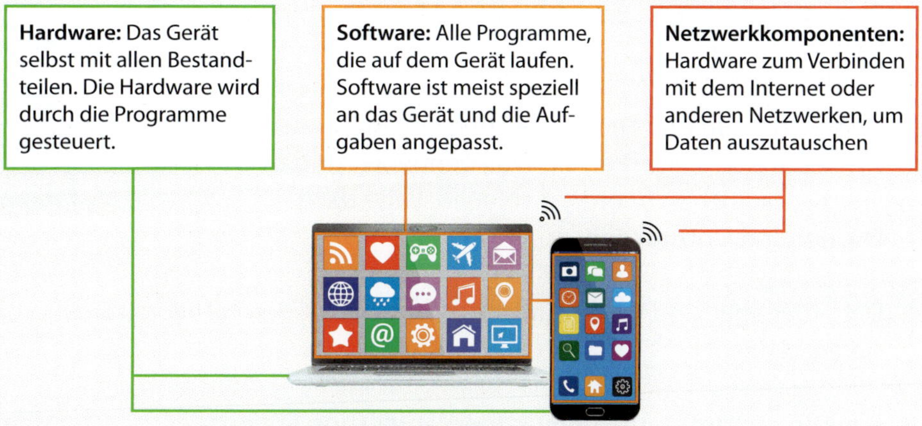

- Computer, Smartphones, Spielekonsolen u. ä. benötigen folgende Grundbauteile, um zu funktionieren:

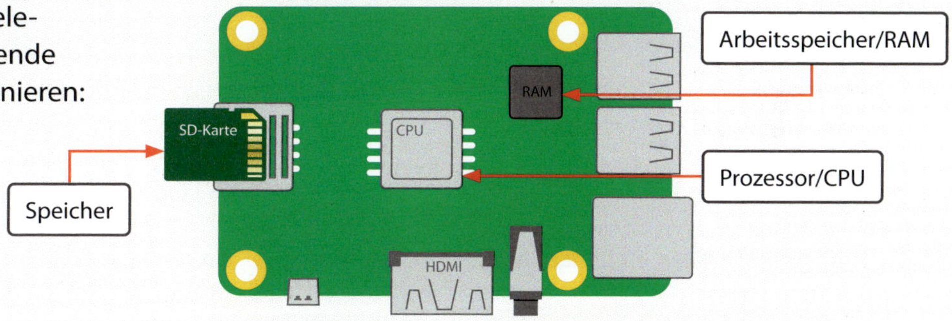

- **EVA-Prinzip** (Eingabe, Verarbeitung (Speicherung) und die Ausgabe mit Beispielen von verschiedenen Geräten):

E → **V** **S** → **A**

E:
- Tastatur
- Controller
- Mikrofon
- Scanner
- Touchscreen

V:
- CPU
- Arbeitsspeicher

S:
- Speicher (Festplatte, SD-Karte, USB Stick, …)

A:
- Monitor
- Lautsprecher
- Beamer
- Drucker
- Vibration eines Controllers

- **Betriebssystem und seine Anwendungen:**

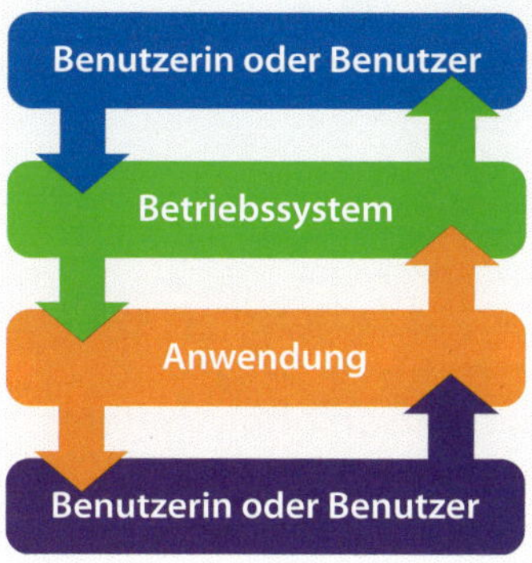

Der Benutzer oder die Benutzerin nutzt eine Anwendung, die Anwendung wird vom Betriebssystem ausgeführt, das Betriebssystem arbeitet mit der Hardware zusammen.
Über diese Ebenen kann der Benutzer oder die Benutzerin z. B. mit einer Tastatur (Hardware), die an einem Windows (Betriebssystem) Computer angeschlossen ist, z. B. einen Brief in Word (Anwendung) schreiben.
Es gibt viele verschiedene Betriebssysteme (OS), die bekanntesten sind: Windows, Android, iOS und Linux.

Verwaltung von Dateien

- Das Betriebssystem verwaltet **Dateien** und **Ordner**. Es stellt den nötigen Speicherplatz auf der Festplatte zur Verfügung.
- Deine Arbeiten und Daten speicherst du in Dateien. Diese Dateien solltest du sinnvoll bennenen und nach Themenbereichen geordnet ablegen. Lege dazu **Ordner** und **Unterordner** an.

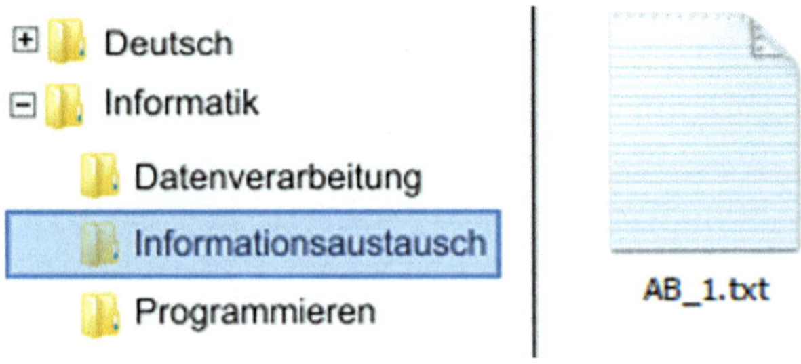

- Dateimanager sind Verwaltungsprogramme mit deren Hilfe du Dateien, Unterordner und Ordner organisieren kannst.
- **Funktionen der Datei- und Ordnerverwaltung** auf dem PC und auf dem Tablet:

PC	Tablet
Ordner anlegen: → rechter Klick in rechtes Fenster → „Neu" → Ordner	Eigenen Ordner anlegen: → Speicherort wählen → Programmordner öffnen → lange auf Hintergrund drücken
Ordner oder Dateien umbenennen, kopieren, löschen, ausschneiden: → rechter Mausklick auf den Ordner oder die Datei	Ordner oder Dateien umbenennen, kopieren, löschen, bewegen: → lange auf eine Datei oder einen Ordner drücken

- Die Dateien können im Speicher eine sehr unterschiedliche **Dateigröße** haben. Während Textdateien und E-Mails ohne Bilder oft nur wenige KB (Kilobyte) groß sind, können Fotos und Audiodateien mehrere MB (Megabyte) groß sein. Videos können sogar in den Größenbereich von GB (Gigabyte) kommen. Die Vorsätze „Giga", „Mega" und „Kilo" stehen für jeweils 1000-mal mehr bei der Größe:
  1 Gigabyte (GB) = 1 000 Megabyte (MB) = 1 000 000 Kilobyte (KB) = 1 000 000 000 Byte
- Smartphones, Tablets, USB-Sticks und Speicherkarten haben meist einen etwas kleineren Speicher als Computer. Wenn du sehr viele Videos und Fotos machst, kann der Speicher voll werden, dann lassen sich keine weiteren Aufnahmen mehr machen.
- Du kannst deine Dateien sowohl auf dem Gerät als auch in der Cloud speichern (externer Speicher, verbunden über das Internet). Die Cloud hat der Vorteil, dass die Daten weiter zugreifbar sind, auch wenn du das Gerät verlierst.

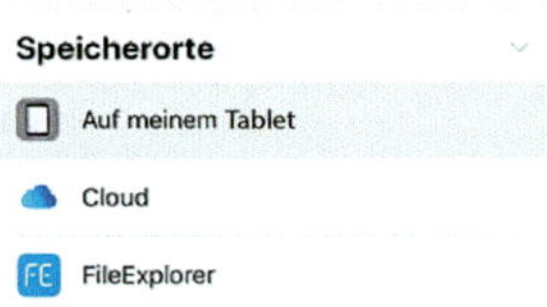

- Beachte für das Speichern von Daten in einer Cloud die folgende Checkliste:
  - Werden die Daten verschlüsselt?
  - Ist die Cloud kostenpflichtig?
  - Wie schützt sie die Daten?
  - Wer kann meine Daten sehen?
- Vergib eine PIN für dein Smartphone. Wenn du es verlierst, kann dann nicht jede Person ohne weiteres deine Bilder und Daten anschauen.

Das Internet

- **Das Internet und seine Dienste**
  Das Internet ist ein weltweites Netzwerk aus sehr vielen Computern.

  Dieses Netzwerk besteht aus unterschiedlichen Internetdiensten.

  Die Internetdienste sind wiederum in verschiedene Internetanwendungen aufgeteilt.

  Jede Internetseite hat eine besondere Struktur:
  www.meine-startseite.de
  Internetdienst.Adresse.Domainabkürzung

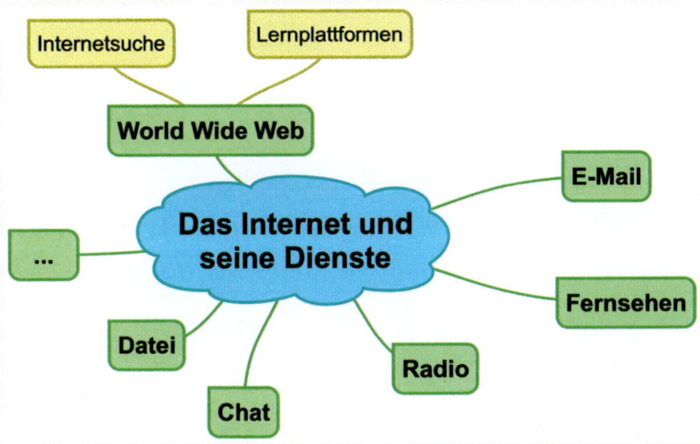

- **Der Browser**
  Der Browser ist ein Programm, mit dem du in das Internet gehen kannst.
  Die einzelnen Browser unterscheiden sich vom Aussehen, aber die Grundfunktionen sind nahezu identisch:

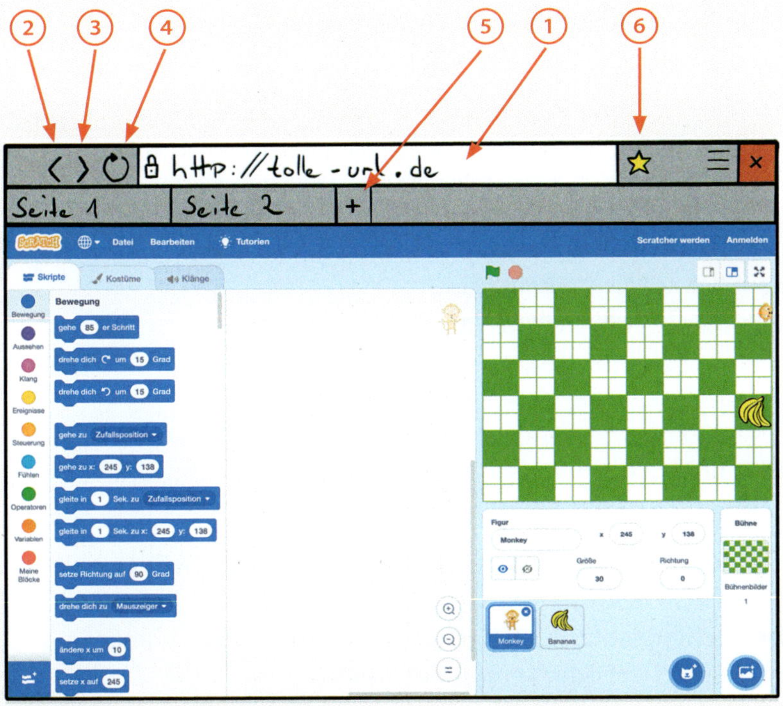

Browser in der Desktop-Ansicht

① Internetadresse eingeben und aufrufen
② eine Seite zurück
③ eine Seite vorwärts
④ aktuelle Seite neu laden
⑤ neuen Tab öffnen
⑥ Lesezeichen bzw. Favoriten öffnen und bearbeiten

- **Kollaborative Plattformen** ermöglichen vielen Nutzern gemeinsam an einem Projekt zu arbeiten. Auf der Plattform werden den Teilnehmern verschiedene Anwendungen bereitgestellt. Damit könnt ihr in einer Arbeitsgruppe z. B. gleichzeitig einen Text verfassen, diesen kommentieren oder neue Ideen im Chat mit einbringen. Kollaborative Arbeitsumgebungen machen die Arbeit schneller und ideenreicher. Allerdings solltet ihr die technischen und organisatorischen Abläufe genau planen, damit ihr zu einem brauchbaren Ergebnis kommt.

Die Internetsuche

Schritt 1: **Wähle eine geeignete Suchmaschine aus.**	**Schritt 2:** **Erstelle einen geeigneten Suchbegriff.**	**Schritt 3:** **Überprüfe, ob die Ergebnisse zu deiner Suchanfrage passen.**
Suchmaschine für Kinder und Jugendliche oder Suchmaschine für Erwachsene	einfach eindeutig genau Beispiel: Pizza Margherita Rezept	☐ Einfache Sprache? ☐ Verständlicher Text? ☐ Wenig Text? ☐ Keine Werbung? ☐ Passende Bilder? ☐ Klarer Aufbau der Webseite?

Urheberrecht

Der Urheber eines Werks es ist Eigentümer im Sinne des geistigen Eigentums.

Privat darfst du das fremde Werk nutzen.

Willst du es weitergeben oder veröffentlichen, legt der Urheber die Bedingungen fest.

Achte auf eine richtige Quellenangabe:
Name des Urhebers, Titel, Internetadresse, Datum

Speichern von personenbezogenen Daten

- Die einzelne Person ist in Deutschland durch das **Grundgesetz** geschützt. Ein wichtiger Schutz im Internet ist der **Artikel 1.** Hier wird beschrieben, dass die Würde des Menschen unantastbar ist.
  Darauf bezieht sich auch das **Kunsturheberrechtsgesetz, § 22.** Danach muss eine Person immer einwilligen, wenn ihre Daten von anderen gespeichert oder verwendet werden.

- In Deutschland gelten dabei die Vorgaben der europäischen **Datenschutz-Grundverordnung (DSGVO)** mit den wichtigen Grundsätzen:
  - *Einverständnis:* Die betroffene Person muss mit der Erfassung und Verarbeitung ihrer Daten einverstanden sein.
  - *Zweckbindung:* Die Daten dürfen nur für den vereinbarten Zweck verwendet werden (z. B. nur für den Versand einer Bestellung und nicht für Werbung).
  - *Datensparsamkeit:* Es dürfen nur die Daten erhoben und verwendet werden, die für den vereinbarten Zweck nötig sind (z. B. bei einer Bestellung nur die Lieferadresse, aber nicht die Augenfarbe und Körpergröße).

Zeig was du kannst

1. Fritz hat folgende Hardware bei sich zu Hause gefunden. Kannst du jeder Abbildung den passenden Namen zuordnen?

2. Wähle ein Gerät aus Aufgabe 1 aus und erstelle einen Steckbrief darüber (Name, Benutzung, Aufgabe, Hersteller, Kosten).

3. Suche im Internet nach verschiedenen Prozessoren, die für Smartphones, Computer, Konsolen verwendet werden. Erstelle eine Liste.

4. Schaue die folgenden Geräte an:

a) Beantworte die Frage: Welche davon erfüllen alle Kriterien für ein Informatiksystem, welche nur zum Teil und welche nicht? Begründe!

b) Beschreibe kurz: Was ist und macht die Hardware, was macht die Software und wozu wird eine Netzwerkverbindung genutzt?

Eine Virtual-Reality-Brille ist ein Ausgabegerät.

5. Fritz hat seine Hausaufgaben besonders ordentlich gemacht. Als seine Lehrkraft das bemerkt, ist sie sehr erfreut und lobt Fritz. Fritz ist sofort sehr stolz und strahlt über das ganze Gesicht. Gliedere diesen Vorgang nach Eingabe – Verarbeitung – Ausgabe.

6. Suche zu Hause nach verschiedenen Ein- und Ausgabegeräten. Mache mit deinem Smartphone ein Bild davon und bringe die Bilder auf einem USB-Stick mit in die Schule.

7. Erstelle eine dreispaltige Tabelle und beschrifte die Spalten mit Eingabe, Verarbeitung und Ausgabe. Versuche die Geräte aus Aufgabe 6 in die richtigen Spalten einzusortieren.

8. Sprachassistenten können auch nach dem EVA-Prinzip erklärt werden. Beschreibe die Funktion eines Sprachassistenten mit Hilfe des EVA-Prinzips.

9. Das EVA-Prinzip am Beispiel eines Programms in Scratch: Erkläre den Ablauf des Programms anhand der Tabelle.

Eingabe	frage Gib die erste Zahl ein! und warte frage Gib die zweite Zahl ein! und warte	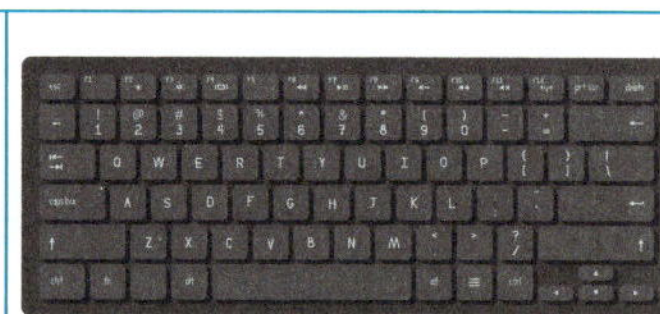
Verarbeitung	Zahl 1 + Zahl 2	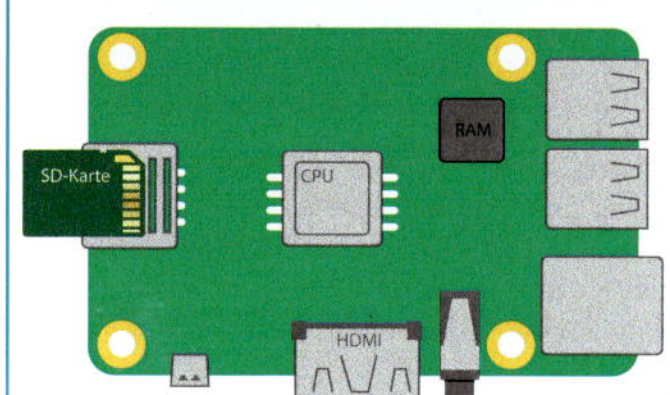 SD-Karte, CPU, RAM, HDMI
Ausgabe	sage Ergebnis	

Tipp: Die Ausgabe eines Programms kann man sehen, hören oder sogar fühlen.

10. Erfinde ein eigenes Programm in Scratch, welches eine Eingabe erfordert, dann etwas verarbeitet und am Schluss eine Ausgabe erstellt.

11. Erstelle einen Steckbrief deiner Lieblings-App/deines Lieblings-Programms mit folgenden Informationen:
- Name
- Art der Anwendung
- Was macht die Anwendung so besonders?
- Auf welchen Betriebssystemen kann man die Anwendung nutzen?
- Ist sie kostenlos, teils kostenlos oder kostenpflichtig?

12. Nenne Vor- bzw. Nachteile kostenloser, käuflicher und kostenloser Anwendungen mit Zusatzkäufen. Überlege dir je zwei Punkte und diskutiert anschließend das Thema in der Klasse.

13. Vergleiche zwei Textverarbeitungsprogramme miteinander. Erstelle ein Dokument in zwei verschiedenen Anwendungen mit folgenden Inhalten:
- Überschrift → dein Name
- Tabelle → die letzten 5 Geburtstage mit Datum in der ersten Spalte und das schönste Geschenk in der zweiten Spalte
- Bild → von dir oder suche ein passendes Geburtstagsbild im Internet

Diskutiert, welches Textverarbeitungsprogramm ihr bevorzugt habt und warum.

14. Vergleiche zwei unterschiedliche Smartphone-Betriebssysteme anhand folgender Punkte:
- Datum der Erstveröffentlichung
- Welche Smartphones nutzen das Betriebssystem?
- Auf wie vielen Geräten ist das Betriebssystem weltweit installiert?

15. Ein Betriebssystem verwaltet deine Dateien. Nenne eine Möglichkeit, diese zu ordnen.

16. In der Grafik ist eine Ordnerstruktur dargestellt.
a) Beschreibe die Ordnerstruktur.
b) Lege nach dem nebenstehenden Beispiel eine Ordnerstruktur mit Ordnern und Unterordnern auf deinem Rechner an.
c) Füge noch das Schulfach „Wirtschaft“ mit den Unterordnern „Texte“, „Referate“ und „Audios“ ein.
d) Benenne den entsprechenden Ordnernamen „Mathe“ in „Mathematik“ um.

17. In Ordnern werden Dateien gespeichert. Im Windows-Explorer kannst du Eigenschaften von Dateien verändern.
a) Erstelle im Ordner „Deutsch“ eine Textdatei „D_Übung.txt“.
b) Benenne die Datei in „D Text 1.txt“ um.
c) Schneide die Datei „D Text 1.txt“ aus und füge sie in den Ordner „Texte“ ein.

18. Für den Deutschunterricht hat Anna am Computer bereits verschiedene Texte geschrieben und systematisch in den Dateien „D Text 1.txt“, „D Text 2.txt“, „D Text 3.txt“ usw. gespeichert. Jetzt schreibt sie gerade „D Text 14.txt“ und sucht in den vorigen Texten nach einer guten Formulierung, die sie in der Zusammenfassung eines Zeitungsartikels zu Fahrrädern benutzt hat.
a) Überlege: Hilft die Dateibenennung bei der Suche? Was hätte sie anders machen können?
b) Notiere eventuelle Nachteile der bisherigen Benennung.
c) Schreibe ein paar Beispiele für bessere Dateinamen auf.

Open Source Software ist Software, die meistens kostenlos ist und deren Programmcode für jeden einsehund bearbeitbar ist. Das Betriebssystem Linux ist z. B. Open Source.

Tux, der Linux-Pinguin

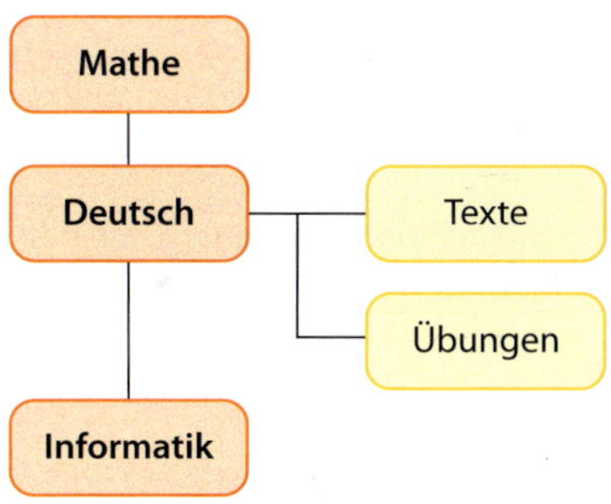

19. Die folgende Grafik stellt eine sogenannte Baumstruktur dar.

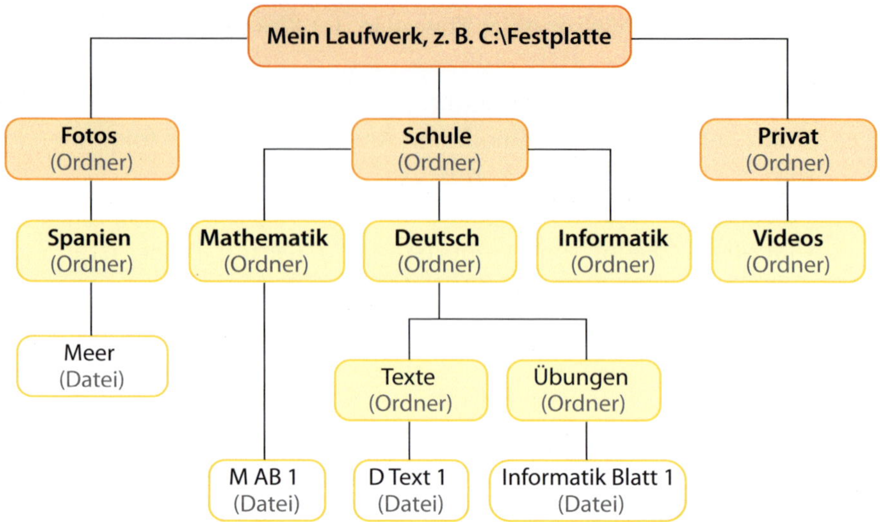

a) Zeichne diese Ordnerstruktur. Füge zusätzlich das Fach Wirtschaft mit seinen Unterordnern ein (vergleiche Aufgabe 16c).

b) Ergänze in deiner Zeichnung folgende Dateien:
C:\Privat\Videos\Übersicht.txt
C:\Fotos\Spanien\Freund.jpg
C:\Fotos\Kroatien\Haus.jpg

c) Die Datei „Informatik Blatt 1" liegt im falschen Ordner. Füge die Datei dem passenden Ordner zu. Schreibe dann den richtigen Pfad auf.

Tipp: Auch beim Speichern in einem Programm kannst du neue Ordner anlegen.

20. Öffne ein Textverarbeitungsprogramm. Gib deinen Namen und die Klasse ein.
Speichere diese Datei z. B. unter: C:\Schule\Musik\Text 2.txt

21. Amir hat zum Geburtstag ein Smartphone bekommen – das alte Gerät von seinem Bruder. Jetzt möchte er am liebsten seinen ganzen Geburtstag auf Video aufnehmen. Nach der ersten Aufnahme von ca. 6 Minuten brechen die weiteren Aufnahmen immer ab. Amir ist sehr enttäuscht.

a) Was könnte die Ursache sein? Notiere deine Überlegungen, auch wie du die Ursache ermitteln kannst.

b) Wie könntest du Amir eventuell helfen?

22. Ricarda hat ihr Smartphone verloren. Sie ärgert sich und hat gleichzeitig Angst: sie will die Fotos mit den lustigen Grimassen wieder haben, die ihre Freundin von ihr gemacht hat – und fürchtet sich davor, dass jemand das Gerät findet und die Fotos im Internet veröffentlicht. Denn in der Öffentlichkeit wären ihr die Grimassen zu peinlich. Nenne Möglichkeiten, wie Ricarda ihr Smartphone und die Fotos vor fremdem Zugriff schützen könnte und wie sie trotz Verlust des Geräts noch an die Fotos kommen könnte.

23. Umfrage: Welche Geräte werden bei uns in der Klasse verwendet?
a) Erstellt eine Umfrage, um die Ausstattung an verschiedenen Geräten (Computer, Peripherie, Konsolen, Telefone, Smartphones) bei euch zu Hause zu erfragen.
b) Führt die Umfrage bei euch zu Hause durch.
c) Veranschaulicht die Ergebnisse in einer ansprechenden Weise, z. B. in einer Collage oder einem Plakat. Nutzt dazu auch Bilder der wichtigsten Geräte.

Tipp: Ihr könnt für die Erstellung des Fragebogens und die Veranschaulichung der Ergebnisse eine kollaborative Plattform nutzen.

24. Alle Browser sind unterschiedlich, aber doch gleich.
a) Erstelle von einem Browser deiner Wahl einen Screenshot.
b) Beschrifte den Screenshot mit den Grundfunktionen.
c) Vergleiche mit einer Mitschülerin oder einem Mitschüler die anderen Ergebnisse. Benennt Gemeinsamkeiten und Unterschiede.

Tipp: Wenn dich die Werbung im Browser ärgert, dann kannst du auch sog. Werbeblocker installieren. Sie blocken die Werbung und du wirst nicht mehr damit belästigt.

25. Suche dir einen Browser deiner Wahl aus und entdecke weitere Funktionen. Erstelle eine Tabelle als Übersicht:

Funktion/Symbol	Beschreibung
...	...

26. Du kannst im Browser eine Startseite festlegen, die immer geöffnet wird, sobald du den Browser startest.
a) Erstelle als Startseite die URL *www.meine-startseite.de*.
b) Passe die Startseite so an, dass sie zu „deiner Startseite" wird. Füge Widgets hinzu oder entferne ungewollte Inhalte.
c) Begründe, ob du deine erstellte Startseite auch zu Hause verwenden würdest.

27. Das Internet ist ein weltweites Netzwerk. Deswegen gibt es auch unglaublich viele Domainabkürzungen. Erstelle eine tabellarische Übersicht über verschiedene Abkürzungen:

Domainabkürzung	Land/Region/Funktion
.de	Deutschland
...	...

Hinweis: Es gibt auch sog. „top level domains". Hast du diese in deiner Auflistung berücksichtigt?

28. Suche im Internet nach lizenzfreien Bildern. Das sind Bilder, für die du nichts bezahlen musst. Rufe die Bilder auf und recherchiere Folgendes:
a) Wer ist der Urheber des Bilds?
b) Darfst du es weitergeben oder veröffentlichen?

29. Suche im Internet mit einer Kindersuchmaschine ein Bild und einen Text zum Thema „Programmieren". Erstelle dazu jeweils eine richtige Quellenangabe.

30. Das Lesezeichen-Archiv für die Klasse.

a) Erstelle eine Sammlung von Webseiten, die du mit einem Lesezeichen versehen willst.

b) Tausche dich mit deiner Partnerin/deinem Partner über eure Listen aus.

c) Tragt in der Klasse eine Sammlung zusammen, die aus euren Lieblingswebseiten besteht. Gleicher Suchbegriff – unterschiedliche Ergebnisse?

d) Erstellt in der Klasse eine Liste mit unterschiedlichen Suchanfragen, z. B. Wetter, Zoo in Nürnberg, erster Zug der Welt.

e) Führt eine Internetsuche mit verschiedenen Suchmaschinen durch.

f) Vergleicht die gelieferten Ergebnisse nach verschiedenen Kriterien, z. B. Werbung, Textlänge, Textverständlichkeit, Anzahl der Suchergebnisse.

g) Begründet, welche Suchmaschine euch die passendsten Ergebnisse geliefert hat.

31. „Das Urheberrecht soll abgeschafft werden", fordern viele Internetnutzerinnen und -nutzer. Viele Künstlerinnen und Künstler möchten, dass es erhalten bleibt.
Findet in der Gruppe Gründe für und gegen das Urheberrecht.

32. Sven hat sich eine große Festplatte gekauft. Er sichert seine Bilder und hat noch genügend Speicherplatz, um Dateien aus der Schule zu speichern. Er soll eine Datei bei der Lehrkraft abgeben. Soll er einfach die Festplatte abgeben? Empfiehl ihm Möglichkeiten seine Bilder zu schützen, damit er die Festplatte weitergeben kann.

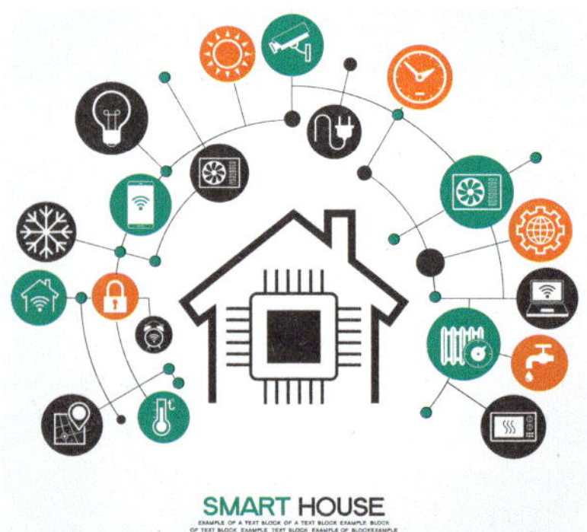

33. Mit modernen digitalen Steuerungssystemen des Haushalts (Smart Home) hast du auf Heizung, Steckdosen, Kameras, Fensterverdunkelungen bis hin zum Telefon und der Speicherung von Daten der Unterhaltungselektronik weltweiten Zugriff. Daten werden dabei über Funk oder kabelgebunden an zentrale Systeme im Internet übertragen.

a) Informiere dich im Internet zu Smart Home.

b) Fertige eine Skizze, wie du dir deine Wunschwohnung mit Smart Home, gesteuert über das Smartphone, vorstellst.

c) Überlege, welche Daten von dir bei der Firma, von der das System „Smart Home" ist, gespeichert werden könnten.

d) **Für Profis:** Bewerte „Smart Home" in Bezug auf Sicherheit, Einfachheit der Steuerungen, Störungsanfälligkeit und Schutz von persönlichen Daten.

34. Ein KI-Kühlschrank wird von mehreren Firmen angeboten. Er bietet viele Möglichkeiten, die eine Haushaltsorganisation erleichtern. Dazu gleicht sich der Kühlschrank mit Terminkalendern der Familie ab, bietet Rezepte an und ein „Mahlzeiten Planer" erstellt die Einkaufsliste oder organisiert den Einkauf automatisiert im Internet.

a) Informiere dich über solche Produkte.

b) **Für Profis:** Bewertet die Nützlichkeit solcher Produkte.

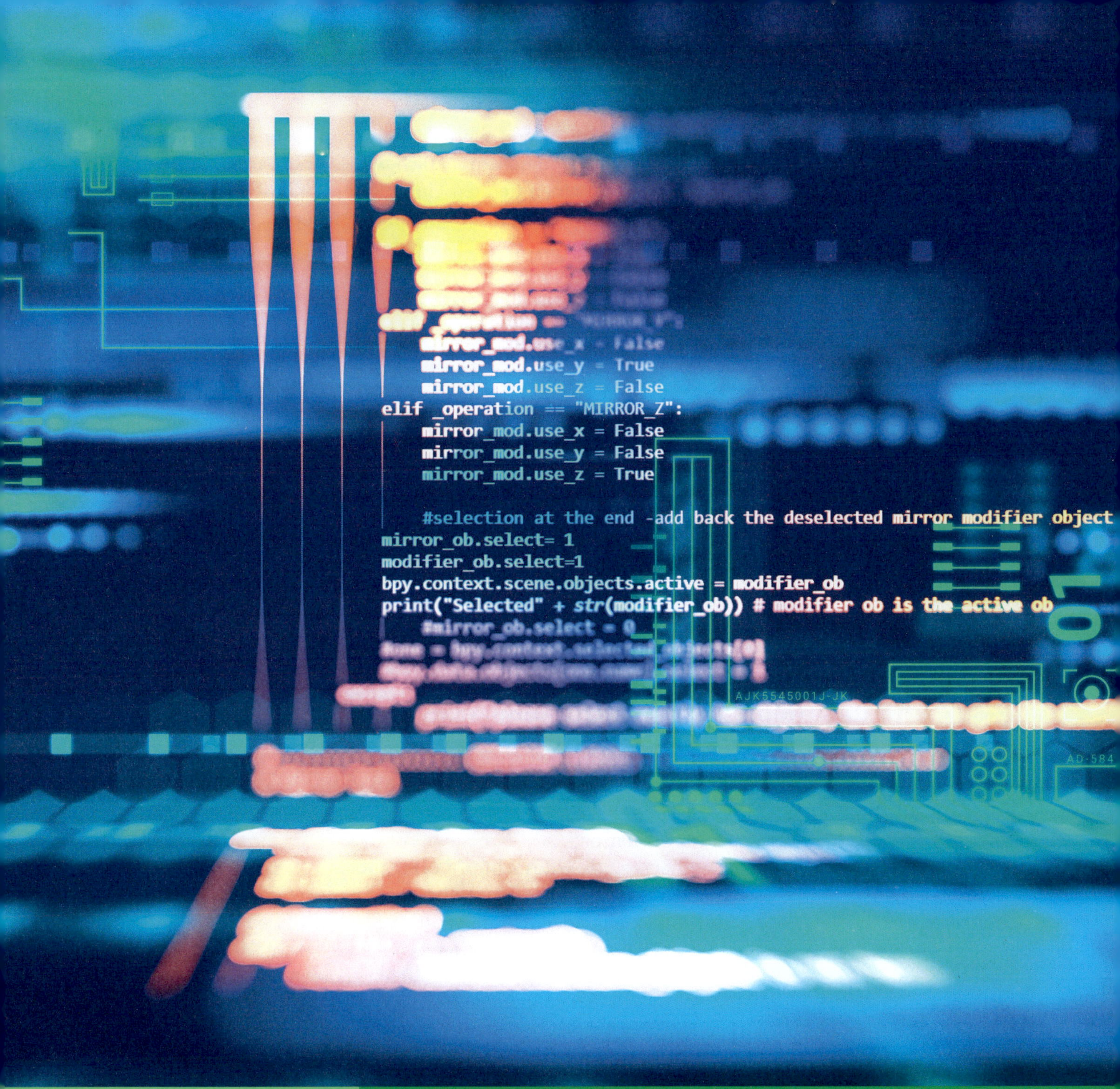

Kapitel 2

Programmieren I

Sicherlich hast du schon einmal etwas programmiert. Vielleicht deinen Wecker, damit du morgens pünktlich in die Schule kommst. Im folgenden Kapitel wirst du einen tieferen Einblick in die Kunst des Programmierens bekommen und selbst erste Programme erstellen.

Was du schon weißt

In deinem Leben begegnen dir viele Gegenstände, die mit Programmen arbeiten. Bei manchen bist du vielleicht selbst überrascht, dass da auch ein Computerprogramm dahintersteckt.

verschiedene Geräte

1. Nenne drei Alltagsgegenstände, bei denen du sofort weißt, dass hier Programme am Werk sind.

2. Welche weiteren Alltagsgegenstände könnten noch mit Programmen arbeiten? Finde Beispiele und erkläre deiner Partnerin oder deinem Partner, warum dir gerade dieser Gegenstand eingefallen ist. *Tipp:* Denke an deinen Schulweg, an die Küche zuhause oder das Wohnzimmer. Wenn du unsicher bist, frage deine Eltern oder deine Lehrkraft.

3. Erkläre, in welchen der links dargestellten Geräte Programme laufen.

4. Erstelle eine Collage mit möglichst vielen „programmierten" Geräten.

5. Ein Rätsel:
Schreibe die gesuchten Wörter auf.
Markiere jeweils den in Klammern angegeben Buchstaben.
Nacheinander gelesen ergeben die Buchstaben ein Lösungswort.

a) Eingabegerät beim Computer jedoch nicht Tastatur
(4 Buchstaben, 4. Buchstaben markieren)
b) Fremdsprache für einen Programmhersteller
(18 Buchstaben, 16. Buchstaben markieren)
c) Ausgabegerät, aus dem Blätter kommen
(7 Buchstaben, 2. Buchstaben markieren)
d) Indonesische Insel und Programmiersprache
(4 Buchstaben, 4. Buchstaben markieren)
e) Gerät, das dir gekühlte Getränke gegen Münzeinwurf verkauft
(15 Buchstaben, 11. Buchstaben markieren)
f) Gerät, das Programme ausführt
(8 Buchstaben, 1. Buchstaben markieren)
g) Gegenstück zu Software, das benötigt wird, um Programme ablaufen zu lassen
(8 Buchstaben, 1. Buchstaben markieren)

Nenne das Lösungswort.
Erkunde, was es bedeutet.

6. Trage zusammen, was du bereits über die Gefahren der Bildschirmarbeit weißt (Dauer, Tageszeit, Sitzposition, …).

Teste dein Können

Du oder die Mitglieder deiner Familie programmieren immer wieder selbst Maschinen oder Geräte des Alltags. Ganz oft geschieht dies unbewusst, weil du die Computer nicht wahrnimmst, da sie im Gerät verbaut sind.

programmierbare Alltagsgeräte

1. Nenne Geräte des Alltags, die du programmieren kannst. Wie geht die Programmierung in diesen Fällen vor sich?

Immer wenn du vom Arbeiten mit Computern sprichst, meinst du eigentlich den Umgang mit Programmen.
In Kapitel 1 hast du schon erfahren, dass der Computer nur als Einheit von Software und Hardware funktionieren kann. Und bestimmt hast du schon einmal von verschiedenen Programmiersprachen gehört.

2. Frage deine Eltern, welche Programmiersprachen sie kennen.

Alle Computerprogramme sind in einer Programmiersprache verfasst. Auch Apps auf dem Smartphone oder Tablet sind so geschrieben.
In der Grundschule bist du schon mit dem Fach Englisch in Berührung gekommen. Diese Sprache hast du im Unterricht gelernt.

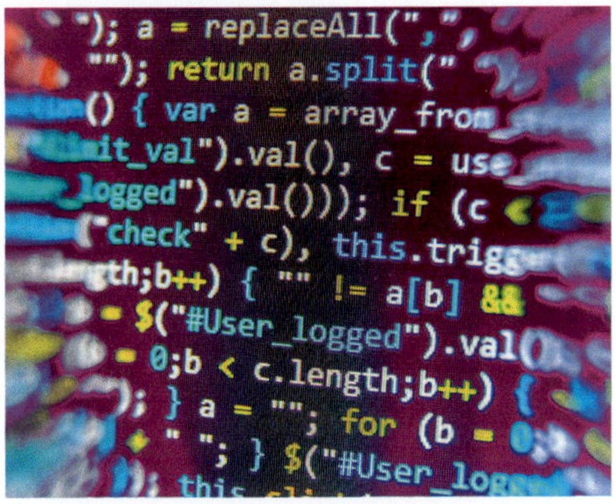

Ausschnitt aus einem Programm.

3. Worauf kommt es an, wenn du eine Sprache erlernen willst?
Besprich das mit deiner Lernpartnerin oder deinem Lernpartner.

Beim Erlernen einer Sprache kommt es auf
- Wörter
- Wortgruppen
- Sätze
- Grammatik

an.

Nichts anderes ist das Erlernen einer Programmiersprache. Doch keine Angst – bei uns geht es viel leichter!
Die Wörter und Wortbausteine findest du schon vor und die Grammatik kannst du wie beim Puzzeln zusammensetzen!

In diesem Kapitel wirst du die ersten Aufgaben in einer neuen Sprache, der Programmiersprache, erfüllen.

Freue dich, es macht Spaß!

1 Algorithmen im Alltag helfen Abläufe zu beschreiben

Steffi hat ein neues Handy bekommen und möchte es in Betrieb nehmen. Sie weiß aber nicht, wie und wo die SIM-Karte eingesetzt wird. Schnell schaut sie in der Anleitung nach und folgt nun den dort beschriebenen Schritten.

Abläufe im Alltag

Bestimmt hast du schon einmal nach einer Anleitung gehandelt und vielleicht sogar selbst eine Anleitung geschrieben. Dabei bist du in mehreren Einzelschritten einem Ablauf gefolgt und hast so dein Ziel erreicht.

1. Erstelle eine Mindmap mit Abläufen, denen du gefolgt bist oder die du schon selbst beschrieben hast.

2. Beschreibe den Ablauf „Füllerpatrone wechseln" („Bleistift spitzen", „Tafel putzen", etc.).

3. Gehe genau nach einer in deiner Klasse erstellten Beschreibung vor und versuche anhand dieser den beschriebenen Ablauf umzusetzen. Notiere Dinge, die gut funktioniert haben, und Schwierigkeiten dabei.

4. Finde Eigenschaften, die eine gute Anleitung ausmachen. Notiere sie.

Wortherkunft: Das Wort „Algorithmus" leitet sich vom Namen des arabischen Mathematikers MUHAMMAD IBN MUSA AL-CHWARIZMI (787 – um 850) ab.

Algorithmen und ihre Eigenschaften

Anleitungen, die genau beschreiben, was getan werden muss, heißen in der Informatik Algorithmen. Von einem **Algorithmus** spricht man dann, wenn folgende drei Anforderungen erfüllt sind:

Ausführbarkeit
Jede Anweisung muss für die Ausführenden verständlich und klar machbar sein.
Diejenigen, die nach deiner Anleitung handeln, sollen nicht überlegen müssen, wie sie einen Einzelschritt richtig ausführen.

Eindeutigkeit
Jede Anweisung gibt die nächste vor. Wird der Algorithmus unter gleichen Bedingungen ausgeführt, so erzeugt er die gleichen Ergebnisse.
Folgt jemand anderes deiner Anleitung, muss er zum gleichen Ergebnis kommen.

Endlichkeit
Die Anzahl der Anweisungen eines Algorithmus ist endlich. Das Ziel deiner Anleitung muss irgendwann erreicht werden können.

> Ein Algorithmus ist eine Anleitung, die aus einer endlichen Reihe von eindeutig ausführbaren Schritten besteht.

1. Überarbeite deine bereits erstellte Anleitung (► Aufgabe 2, Seite 52) so, dass sie zum Algorithmus wird.
2. Führe die überarbeitete Version der vorher ausgeführten Beschreibung aus. Erkennst du Unterschiede? Notiere sie.
3. Überlege dir Abläufe, die nicht als Algorithmus umgesetzt werden können. Begründe.
4. Überlege dir Abläufe, die sich gut als Algorithmus umsetzen lassen. Begründe.

Algorithmen erfahren und darstellen

Du fährst gerne mit dem Fahrrad zur Schule.
Deine Eltern sprechen mit dir über Sicherheit, da es zuletzt häufig schwere Fahrradunfälle gab.
Sie erinnern dich daran, dass du mit Helm fahren sollst und wenn es dunkel wird, das Vorder- und Rücklicht einschalten musst.

Was deine Eltern von dir wollen, das du vor dem Losfahren machst, lässt sich auch als Algorithmus abbilden. Es gibt mehrere Möglichkeiten Algorithmen darzustellen:

Pseudocode
Mit Hilfe von Pseudocode wird der Algorithmus schriftlich in der Art einer Programmiersprache beschrieben. Diese orientiert sich eher an der natürlichen Sprache als an einer reinen Programmiersprache.

Hier ist der Pseudocode für den Sicherheitshinweis deiner Eltern:

```
Setze Helm auf
Falls es dunkel ist
Dann
    Schalte Vorderlicht ein
    Schalte Rücklicht ein
Ende Falls
Fahre los
```

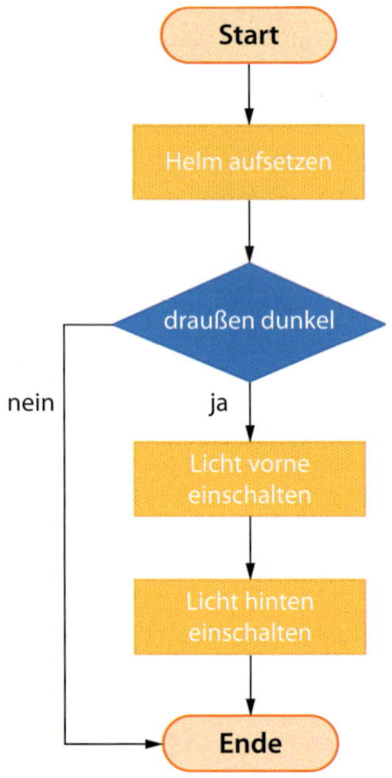

Flussdiagramm „Sicher Radfahren"

1. Beschreibe einen Ablauf aus deinem Alltag (z. B. „Zähne putzen", „Straße überqueren", „Brot streichen", etc.) mit Hilfe von Pseudocode.

Flussdiagramm

Mit Hilfe folgender Symbole lassen sich die Schritte eines Algorithmus beschreiben. Die Symbole stehen für Aktionen, Bedingungen, den Start und das Ende. Sie werden mit Pfeilen verbunden.

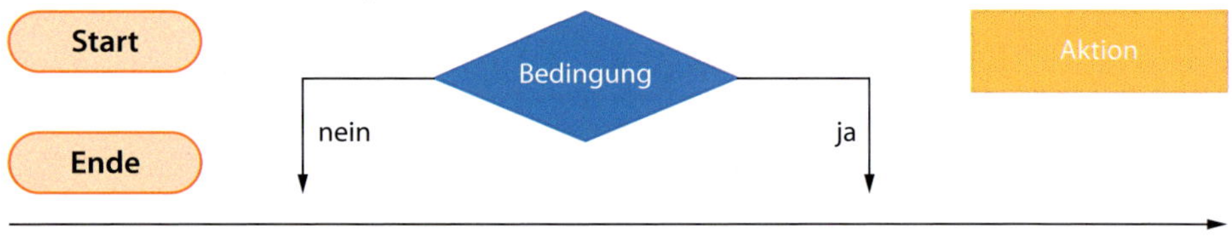

Die Abbildung „Sicher Radfahren" beschreibt den Sicherheitshinweis deiner Eltern als Flussdiagramm.

2. Setze den von dir mit Pseudocode beschrieben Algorithmus als Flussdiagramm um.

3. Beschreibe einen Ablauf aus deinem Alltag (z. B. „Zähne putzen", „Straße überqueren", „Brot streichen", etc.) mit Hilfe eines Flussdiagramms.

> Ein **Algorithmus** sollte möglichst kurz, sehr genau, verständlich und eindeutig aufgeschrieben werden.

4. Flussdiagramme und Pseudocode unterscheiden sich. Finde Gründe, die für den Einsatz der einen oder anderen Methode zur Beschreibung von Algorithmen sprechen. Hast du einen Favoriten?

2 Erste Schritte in Scratch

Jetzt wirst du deine ersten Programme implementieren, dazu nutzen wir die Programmierumgebung Scratch. Vielleicht kennst du sie schon? Es handelt sich dabei um eine Programmierumgebung,

- die nahezu ohne geschriebenen Programmcode auskommt,
- die auch problemlos auf Tablets eingesetzt werden kann,
- die sogar im Webbrowser läuft, also nicht installiert werden muss,
- und mit der sich spielerisch Programmieren lernen lässt.

Die Online-Version von Scratch findest du hier: https://scratch.mit.edu/

Es gibt weitere, für Schüler geeignete Programmierumgebungen wie Robot Karol, Lego Mindstorms, Swift Playgrounds oder Open Roberta.

Die Benutzeroberfläche von Scratch

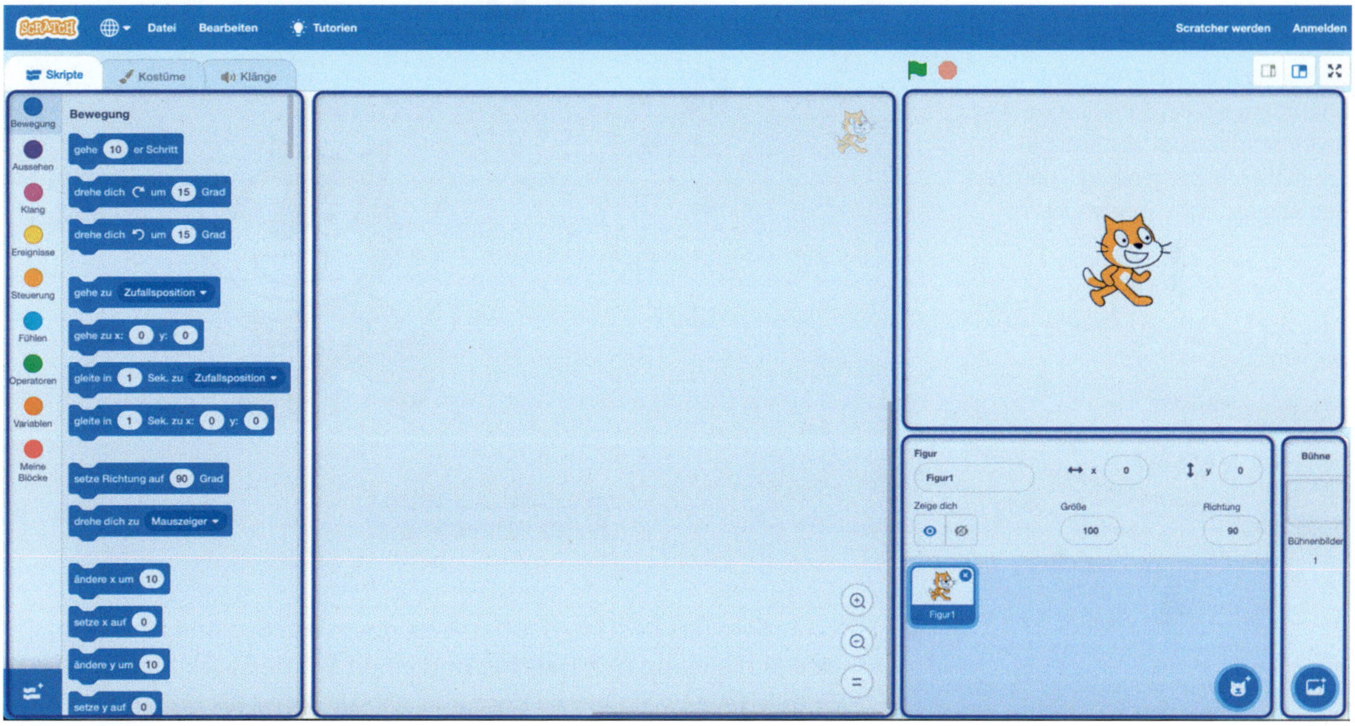

1. Ordne folgende Funktionen den Bereichen der Programmieroberfläche zu:
   ① Befehlsauswahl mit nach Bereichen sortierten Befehlen.
   ② Bühne, auf der sich deine Figur(en) bewegen und auf der du siehst, was dein Programm bewirkt. Du kannst Figuren hier auch mit der Maus verschieben.
   ③ Programmierbereich, auf den Anweisungen mit der Maus gezogen werden können. Die Anweisungen lassen sich wie Puzzleteile zusammenstecken. Durch Klicken auf eine Anweisung oder einen Anweisungsblock wird dieser ausgeführt.
   ④ Übersicht über deine Bühnenbilder. Du kannst hier auch neue Bühnenbilder hinzufügen.
   ⑤ Programme auf deinem Gerät speichern oder bereits begonnene öffnen.
   ⑥ Übersicht deiner benutzten Figuren und die Eigenschaften der ausgewählten Figur.
   ⑦ Das Aussehen einer Figur ändern.

Die Tutorien auf der Scratch-Webseite können dir den Einstieg erleichtern!

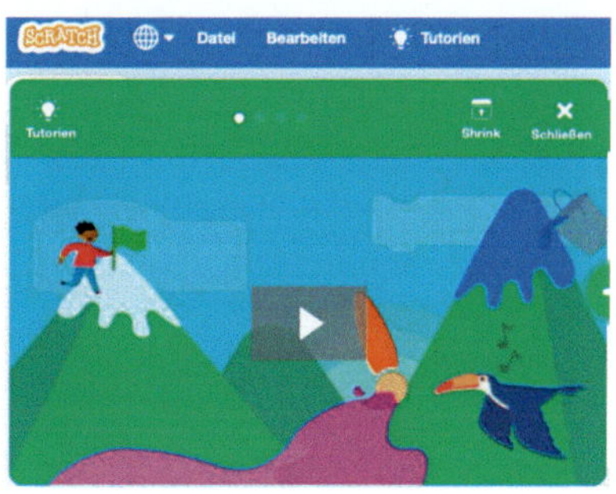

2. Beschreibe, wie du vorgehst, um
   a) eine neue Figur hinzuzufügen.
   b) ein Scratch-Projekt zu speichern oder eines zu öffnen.
   c) die Ausgangsposition einer Figur herauszufinden.

Wortbedeutung: Im Büro werden Mappen zur besseren Unterscheidung mit einer extra Beschriftung, dem Reiter, versehen. Diese Beschriftung befindet sich oftmals oben auf der Mappe, so wie ein Reiter auf dem Rücken eines Pferdes sitzt. Diese Art der Beschriftung wurde auch für viele Programme übernommen. Bei Software werden Reiter oftmals zum Wechsel zwischen verschiedenen Bereichen der Bedienoberfläche verwendet.

Durch Klicken auf den Reiter „Kostüme" kommst du in den Kostüm-Bereich von Scratch. Hier kannst du das Aussehen deiner Figuren verändern.

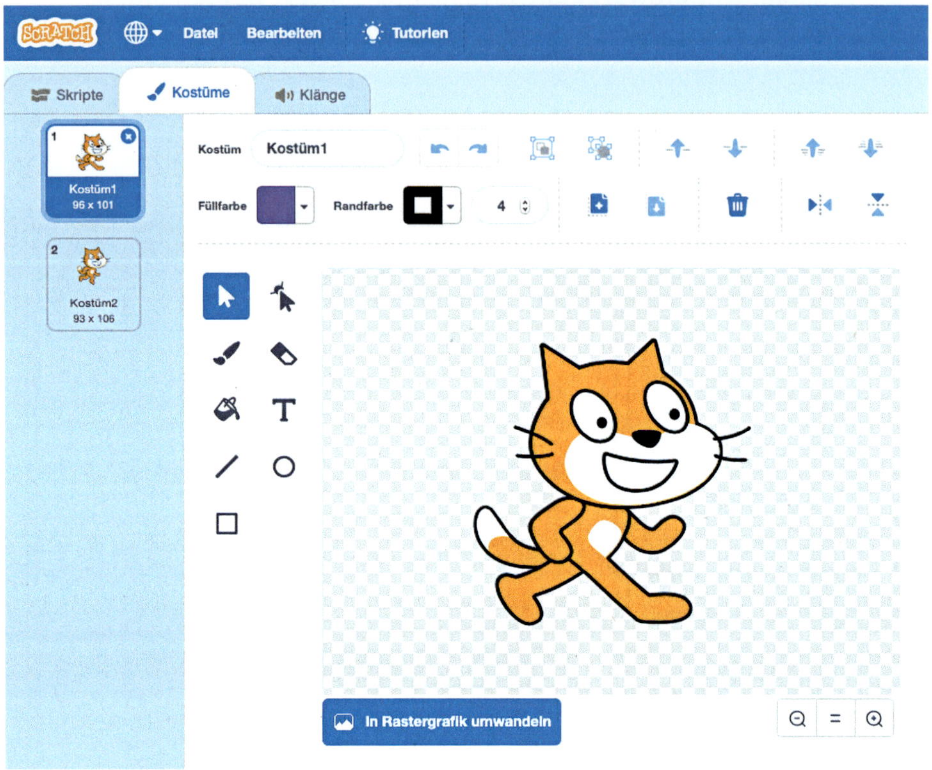

3. Verändere das Kostüm der Katze so, dass sie z. B. einen Hut trägt, eine Schleife um den Hals hat und einen Spazierstock trägt. Erstelle jeweils ein neues Kostüm. Lass dir Dinge für dein Kostüm einfallen.

4. Nenne drei Funktionen, die du dabei verwendet hast. Hinter welchem Symbol verbergen sich diese? Beschreibe die von dir verwendeten Funktionen.

5. Füge eine weitere Figur hinzu und verändere diese. Macht eine Figurenshow in eurer Klasse.

Der Bühnenbild-Editor hat die gleichen Funktionen wie der Editor für die Kostüme. Du findest ihn im „Bühne"-Bereich.

6. Füge ein neues Bühnenbild hinzu und verändere dieses nach deinem Geschmack.

> Um Bühnenbilder und Kostüme durch Programmierung zu wechseln, verwendet man Anweisungen aus dem Bereich „Aussehen".

Mein erstes Programm – von der Anweisung zur Sequenz

Du hast nun entweder deine Scratch-Vorkenntnisse wiederaufgefrischt oder deine ersten Erfahrungen mit der Programmieroberfläche gemacht. Du kannst Figuren hinzufügen und wieder entfernen, deren Aussehen verändern und Bühnenbilder gestalten. Jetzt geht es darum die Figuren Handlungen ausführen zu lassen, indem man ihnen Anweisungen gibt.

Übersicht über Anweisungen

Der Figur Anweisungen geben:
Ist der „Skripte"-Reiter ausgewählt, so findest du am linken Rand eine Auflistung der für deine Figur oder dein Bühnenbild möglichen Anweisungen. Die Anweisungen sind in Kategorien eingeteilt. Die Farben der Kategorien helfen dir bei der Unterscheidung und Zuordnung. Du kannst diese Anweisungen auf den zugehörigen Programmierbereich ziehen. Durch Klicken darauf wird die Anweisung ausgeführt.

> Die weiß hinterlegten Zahlen/Texte und dunkler abgesetzten Auswahlfelder heißen **Parameter.** Du kannst sie verändern und so Anweisungen anpassen.

1. Ziehe den „gehe 10er Schritt"-Block auf den Programmierbereich und klicke darauf.
a) Beschreibe das Verhalten der Figur.
b) Verändere nun den Parameter der Anweisung.
Beschreibe die Auswirkungen. Finde unsinnige Parameter.

2. Verändere die Richtung deiner Figur über ihre Eigenschaften und vergleiche dann folgende Anweisungen. Beschreibe Unterschiede.

3. Wähle fünf verschiedene Anweisungen aus den Kategorien Bewegung, Aussehen und Klang. Beschreibe diese.
Erkläre, welche Veränderungen die Parameter bewirken.

4. Erstelle für deine Figur mehrere Kostüme.
Wechsle per Anweisung die Kostüme! Welche Anweisung hast du gewählt? Begründe.

Um die Figur wieder an die Ausgangsposition zu bringen, kann sie mit der Maus an diese gezogen werden.
Richtung und Größe kann über die Eigenschaften der Figur wieder eingegeben werden.

Mehrere Anweisungen in Reihe – Sequenzen:
Sicherlich ist dir schon aufgefallen, dass die Anweisungen wie Puzzleteile ineinanderpassen. Sie lassen sich verbinden und werden der Reihe nach ausgeführt. Die daraus entstehenden Anweisungs-Blöcke lassen sich durch Anklicken ausführen. Es lassen sich auch Anweisungen aus verschiedenen Kategorien kombinieren.

5. Wähle drei Anweisungen aus und kombiniere diese zu einem Block.
a) Erstelle ein Flussdiagramm dazu.
b) Beschreibe den Sinn des Blocks in Worten.

> Mehrere Anweisungen, die in Folge ausgeführt werden, heißen **Sequenz.**

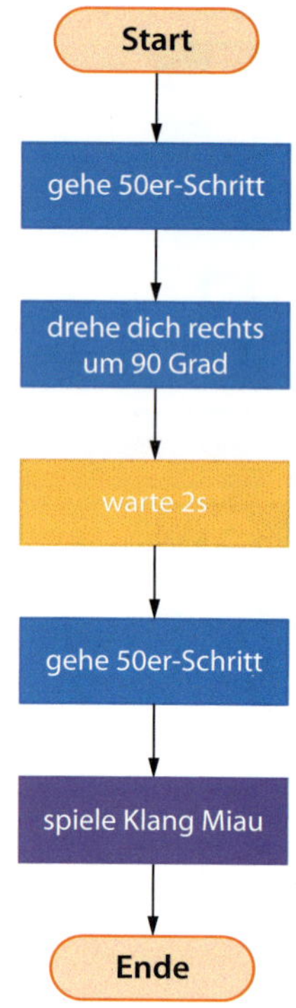

Flussdiagramm zu Aufgabe 6

6. Erstelle aus dem Flussdiagramm aus der Abbildung die zugehörige Sequenz und lass diese deine Figur ausführen.

Häufig soll deine Figur auf Ereignisse, wie zum Beispiel einen Tastendruck oder einen Klick auf die grüne Startfahne, reagieren. Passende Anweisungen dazu findest du in der Kategorie „Ereignisse".

7. Erstelle eine Sequenz, die nach Drücken der i-Taste die Figur wieder in den Anfangszustand versetzt (Position x: ? y: ?, Größe: ?, Richtung: ?, Ursprüngliches Kostüm: ?, Sichtbarkeit: ?).

Eine solche Sequenz, wie du sie in Aufgabe 7 erstellt hast, ist sehr hilfreich beim Lösen von Problemen in Scratch, da du so recht einfach immer wieder von vorne anfangen kannst.

> Eine Sequenz, durch die eine Figur/ein Bühnenbild/etc. wieder die passenden Ausgangswerte erhält, heißt **Initialisierung.**

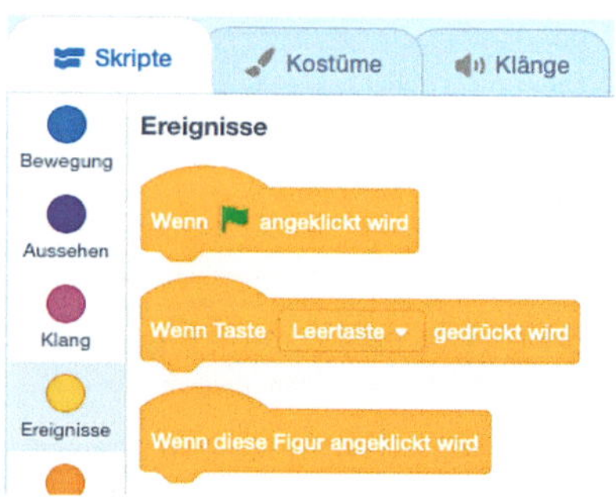

Ereignisse zum Start von Sequenzen

Läuft eine Sequenz zu schnell ab und du kannst die Einzelschritte nicht mitverfolgen, füge nach jeder Anweisung einen „warte 0.5s"-Befehl ein.

8. Das Äffchen hat Hunger. Es kann nur über die grünen Felder gehen und maximal 85er-Schritte machen. Öffne die Datei zur Aufgabe (► S. 1, Webcode-Download).

a) Überlege dir einen Weg, wie das Äffchen zu den Bananen kommt.
b) Erstelle ein Flussdiagramm, mit dem du die nötigen Bewegungen des Äffchens beschreibst.
c) Erstelle eine Sequenz zur Initialisierung.
d) Implementiere deine Lösung in Scratch.

> Unter **Implementieren** versteht man das Umsetzen von Gedanken/Skizzen/Modellen in tatsächliche Programme.

Wiederholungen

Jeden Morgen stehst du auf, gehst in die Schule, kommst nach Hause, machst Hausaufgaben, usw. und gehst am Abend zum Schlafen ins Bett. Dieser Ablauf wiederholt sich jeden Tag von Montag bis Freitag, also insgesamt fünfmal in der Woche.

Tätigkeiten können sich jede Minute, jede Stunde, jeden Tag oder in anderen zeitlichen Abständen wiederholen.

Neben diesen sich wiederholenden Tätigkeiten begegnen dir auch andere Wiederholungen in deinem Leben.

1. Nenne anderen Tätigkeiten, die sich in deinem Alltag, in der Schule, im Sportverein, … wiederholen.

Vielleicht musst du manchmal den Abwasch machen und die Teller nach dem Essen reinigen. Wenn die Spülmaschine nicht funktioniert, musst du mit der Hand abwaschen.

Diese sich wiederholende Tätigkeit können wir auch als Sequenz darstellen:
- Du stapelst alle schmutzigen Teller aufeinander.
- Du nimmst einen Teller und säuberst diesen.
- Du nimmst den nächsten Teller und säuberst diesen.
- Du nimmst den nächsten Teller und säuberst diesen.
- Du nimmst den nächsten Teller und säuberst diesen.
- …

Du stapelst alle Teller aufeinander und stellst sie in den Schrank.

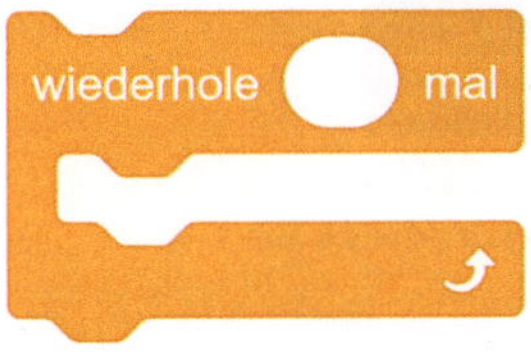

Den Zählwiederholungsblock kann man in der Kategorie „Steuerung" finden.

Die Anzahl der Wiederholungen hängt in diesem Beispiel von der Anzahl der zu waschenden Teller ab.

Auch in der Programmierung wiederholen sich Abläufe. Wenn wir jetzt nicht jedes Mal die gleiche Anweisung schreiben wollen, können wir uns einen neuen Scratch-Block zu Nutze machen: die Zählwiederholung.

Damit würde sich die oben beschriebene Sequenz folgendermaßen ändern:

Du stapelst alle schmutzigen Teller aufeinander.

- Du nimmst den nächsten Teller und säuberst diesen.

Du stapelst alle Teller aufeinander und stellst sie in den Schrank.

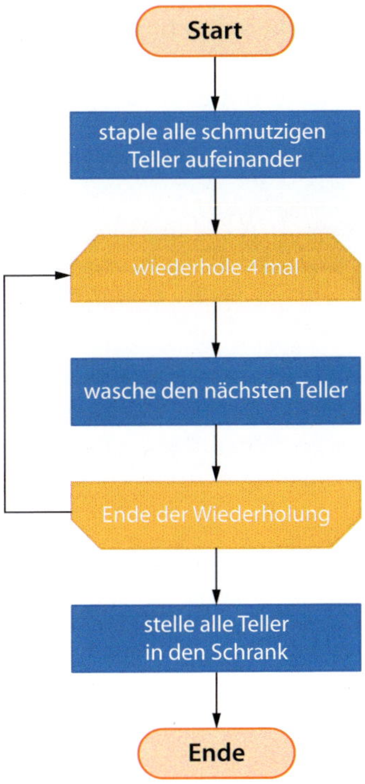

Flussdiagramm Teller waschen

Alle Anweisungen im Inneren der Zählwiederholung werden so oft ausgeführt, wie bei „wiederhole _ mal" eingegeben wurde.

> Anweisungen, die sich innerhalb einer **Zählwiederholung** befinden, werden so oft wiederholt, wie angegeben wird.

Nun wollen wir diese Zählwiederholung in Scratch mit unserem bereits erworbenen Wissen einsetzen, um einen Käfer zu einem Zeichenkünstler zu machen.

Um in Scratch malen zu können, muss man die „Malstift-Erweiterung" dem Projekt hinzufügen:
Zu den Erweiterungen kommt man, indem man auf dieses Symbol unten links klickt:

2. Erstelle ein neues Scratch Projekt und füge die Figur „Beetle" (Kategorie Tiere) hinzu. Damit unser Käfer nach einer Zeichnung immer wieder zu seiner Ausgangsposition zurückkehrt, fügen wir mit dem Ereignis „Wenn grüne Fahne angeklickt" eine **Initialisierung** mit folgenden Werten hinzu:
- gehe zu x:0 und y:0
- setze die Richtung auf 90°
- lösche alles

Nachdem man die Malstift-Erweiterung hinzugefügt hat, erscheint eine neue Kategorie mit dem Namen „Malstift". Dort findet man viele Blöcke, die mit Zeichnen und Malen zu tun haben, wie z. B. den Block „lösche alles".

Initialisierung unseres Käfers

3. Versuche mit Hilfe der Mal-Erweiterung einen Strich zu zeichnen.
Nutze den „schalte Stift ein"-Block.
Wer kann das schönste Bild malen?

Wir wollen mit unserem Käfer nun ein Quadrat zeichnen. Dazu lassen wir den Käfer 100 Schritte nach vorne gehen, drehen den Käfer um 90° und wiederholen diese Sequenz.

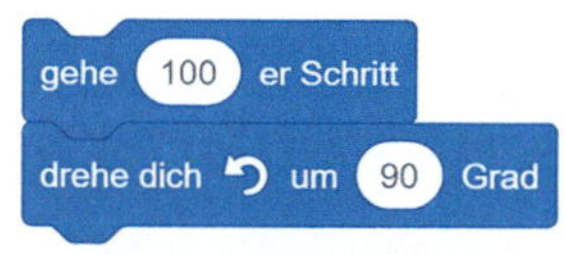

4. Füge diese zwei Blöcke dem Programmierbereich hinzu und klicke mit der Maus mehrere Male darauf. Was passiert?

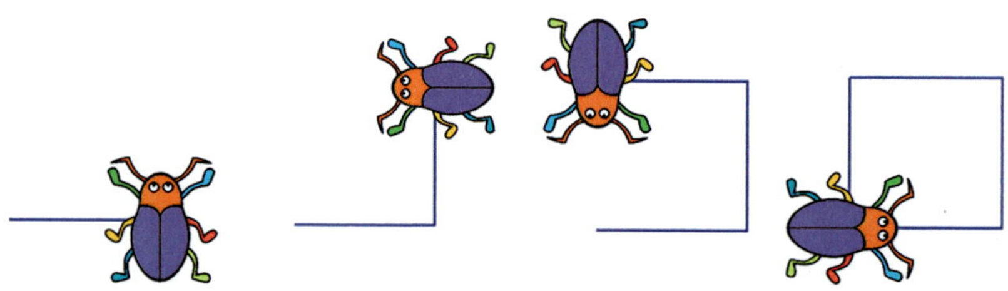

Nachdem du viermal auf die Sequenz gedrückt hast, hat unser Käfer ein Quadrat gezeichnet.

Du kannst die Stiftfarbe ändern, indem du vor der Bewegung den Block: „Setze Stiftfarbe auf __" verwendest.

5. Verändere dein Programm so, dass unser Käfer ein Quadrat zeichnet, nachdem man auf das Ereignis: „Wenn grüne Fahne angeklickt" geklickt hat.

Diesen Algorithmus kann man nun mit Hilfe einer Zählwiederholung um einiges verkürzen.
Du hast wahrscheinlich viermal die Sequenz: gehe 100 er-Schritt und drehe dich um 90 Grad benutzt, um das Quadrat zu zeichnen.

6. Mit Hilfe der Zählwiederholung musst du die Sequenz gehe 100 er-Schritt und drehe dich um 90 Grad nur einmal innerhalb der Wiederholung nutzen. Versuche es.

Um die Drehrichtung, die du benötigst, herauszufinden, stelle dir vor, du würdest den Weg (z. B. der Treppe) ablaufen.

Mit dem Malstift kann man viele verschiedene Formen zeichnen:

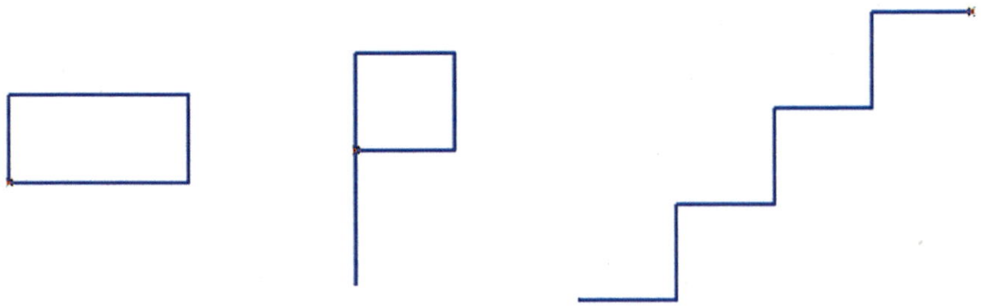

7. Zeichne die dargestellten Formen und nutze die Zählwiederholung. Kannst du noch weitere Formen erstellen?

Mit Wiederholungen kannst du tolle Muster zeichnen. Unser Käfer hat gerade ein Quadrat gezeichnet und dreht sich danach um 15° nach links:

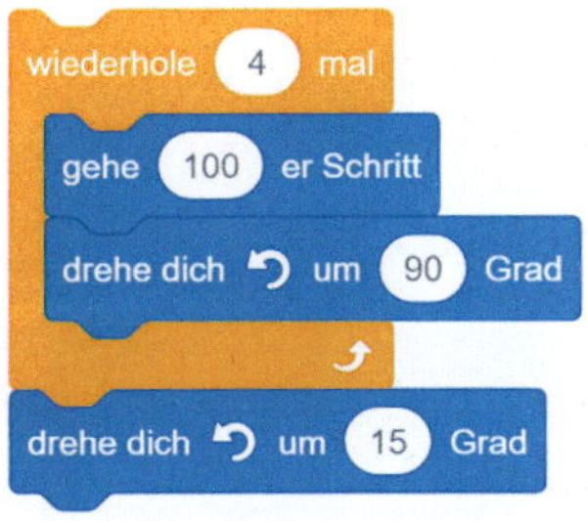

Wenn du diese Sequenz öfter anklickst, entsteht irgendwann eine schöne Blume. Wenn du nicht so oft klicken willst, kannst du einfach eine weitere **Zählwiederholung** um den oberen Block herumsetzen.

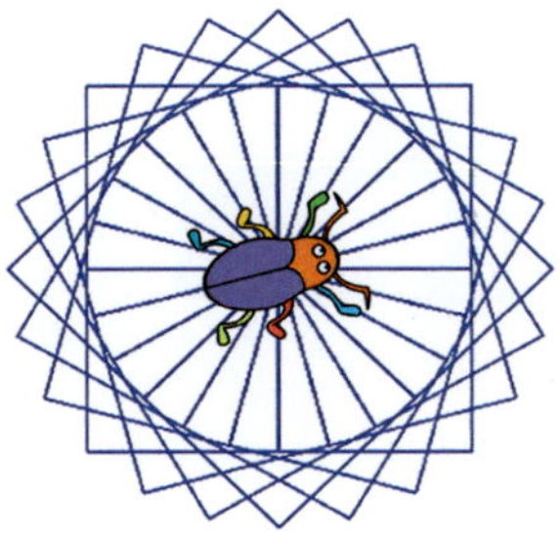

geschachtelte Zählwiederholungen

> Wenn Zählwiederholungen ineinander liegen, spricht man von **„schachteln"**. Die innere Zählwiederholung wird so oft ausgeführt, wie es die äußere Zählwiederholung angibt.

Die innere Zählwiederholung zeichnet ein Quadrat. Die äußere Zählwiederholung gibt an, wie viele Quadrate gezeichnet werden.

8. Zeichne weitere „Blumen" und verwende zwei geschachtelte Zählwiederholungen. Du kannst die Formen von Aufgabe 7 als Ausgangspunkt nutzen.

Grundwissen

- Ein **Algorithmus** ist eine Anleitung, die folgende drei Eigenschaften haben muss.

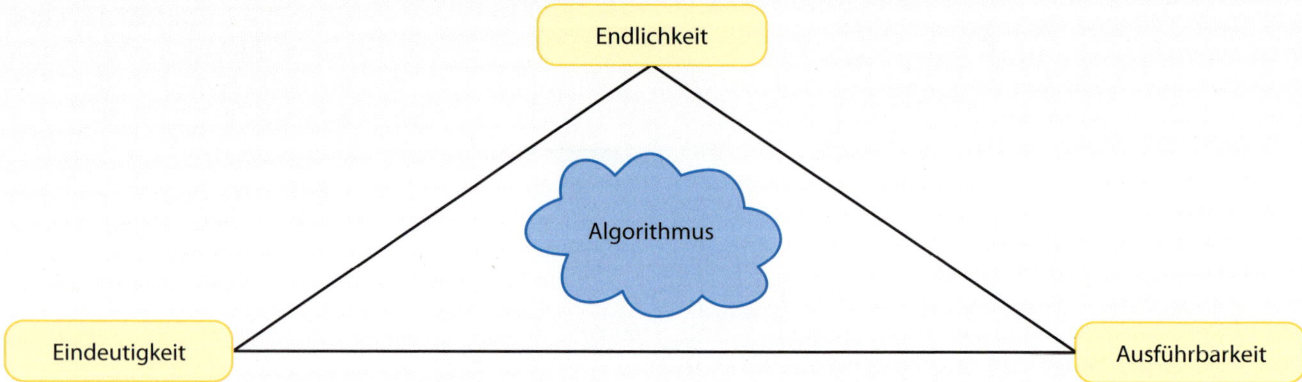

- Von der **Anweisung** zur **Sequenz:**

- **Zählwiederholungen** kann man in Scratch in der Kategorie „Steuerung" finden.

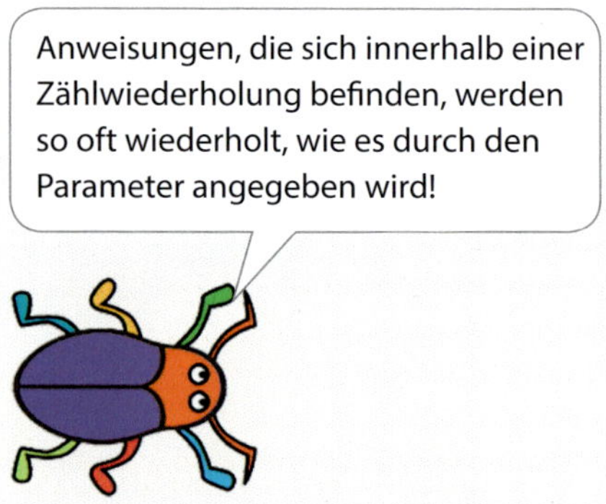

- Bei einer **geschachtelten Zählwiederholung** wird eine Zählwiederholung in eine andere Zählwiederholung eingefügt:

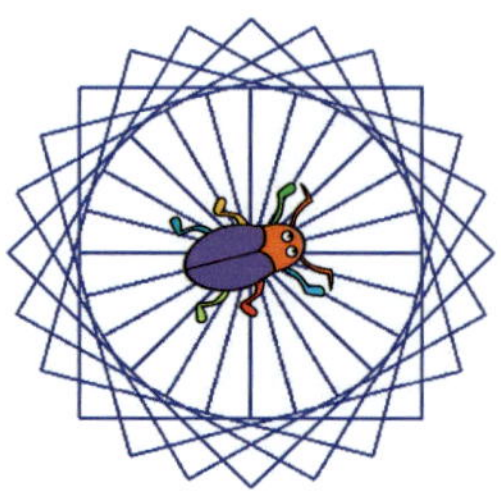

Zeig was du kannst

1. Der folgende Pseudocode ist durcheinandergeraten:

```
Schalte Fernseher aus
    Schaue Sendung
Schalte auf Sender
Ende Falls
Schalte Fernseher ein
Falls Sendung vorbei
```

a) Bringe den Pseudocode in die richtige Reihenfolge.
b) Erstelle ein passendes Flussdiagramm dazu.

Papier falten (Aufgabe 2)

2. Falte aus Papier einen Flieger, einen Hut, ein Boot oder etwas anderes!
a) Schreibe eine Anleitung für das, was du gefaltet hast.
b) Tauscht die Beschreibung und versucht den Gegenstand anhand der Beschreibung zu falten.
c) Besprecht euch.
(Das hat gut geklappt ... / Hier hatte ich Probleme ... / Das kannst du noch verbessern ...)
d) Setze die Anleitung als Flussdiagramm um.

3. Suche das passende Rezept zu deinem Lieblingsessen im Internet oder in einem Kochbuch.
a) Erstelle ein Flussdiagramm zum Rezept.
b) Notiere:
- Das ist mir leichtgefallen, weil …
- Hier hatte ich Schwierigkeiten, weil …

4. Durchdenke das zur Aufgabe gehörende Flussdiagramm (siehe rechts).
a) Welcher Ablauf wird beschrieben?
b) Schreibe eine Anleitung zu diesem Ablauf.
c) Übersetze das Flussdiagramm in Pseudocode.

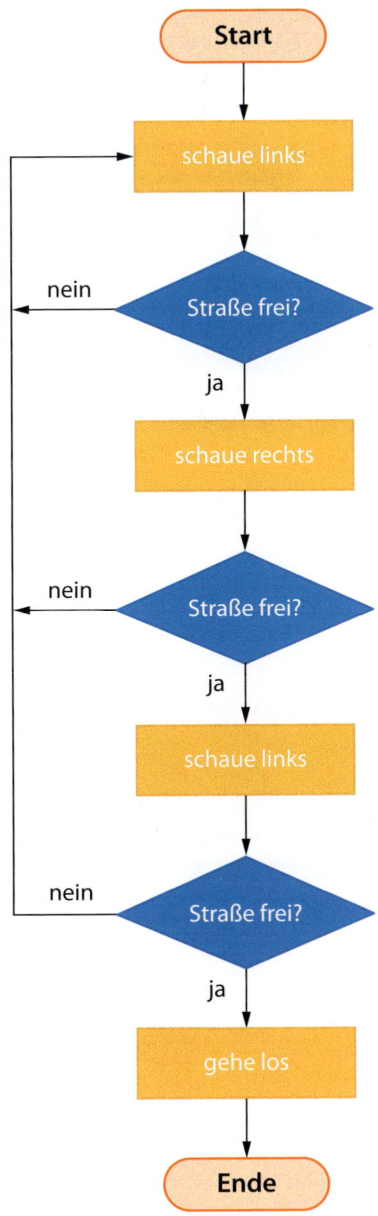

Flussdiagramm zu Aufgabe 4

5. Durchdenke folgenden Pseudocode:

```
Öffne Wasserhahn
Benutze Seifenspender
Verreibe Seife
Wiederhole bis Hände sauber
    Säubere Hände
Ende Wiederhole
Schließe Wasserhahn
Trockne Hände
```

a) Welcher Ablauf wird beschrieben?
b) Schreibe eine Anleitung zu diesem Ablauf.
c) Übersetze den Pseudocode in ein Flussdiagramm.

6. Finde Abläufe, die sich als Algorithmus beschreiben lassen.
a) Erstelle ein Flussdiagramm zu einem der Abläufe.
b) Beschreibe einen der Abläufe in Form von Pseudocode.

7. Ordne zu!

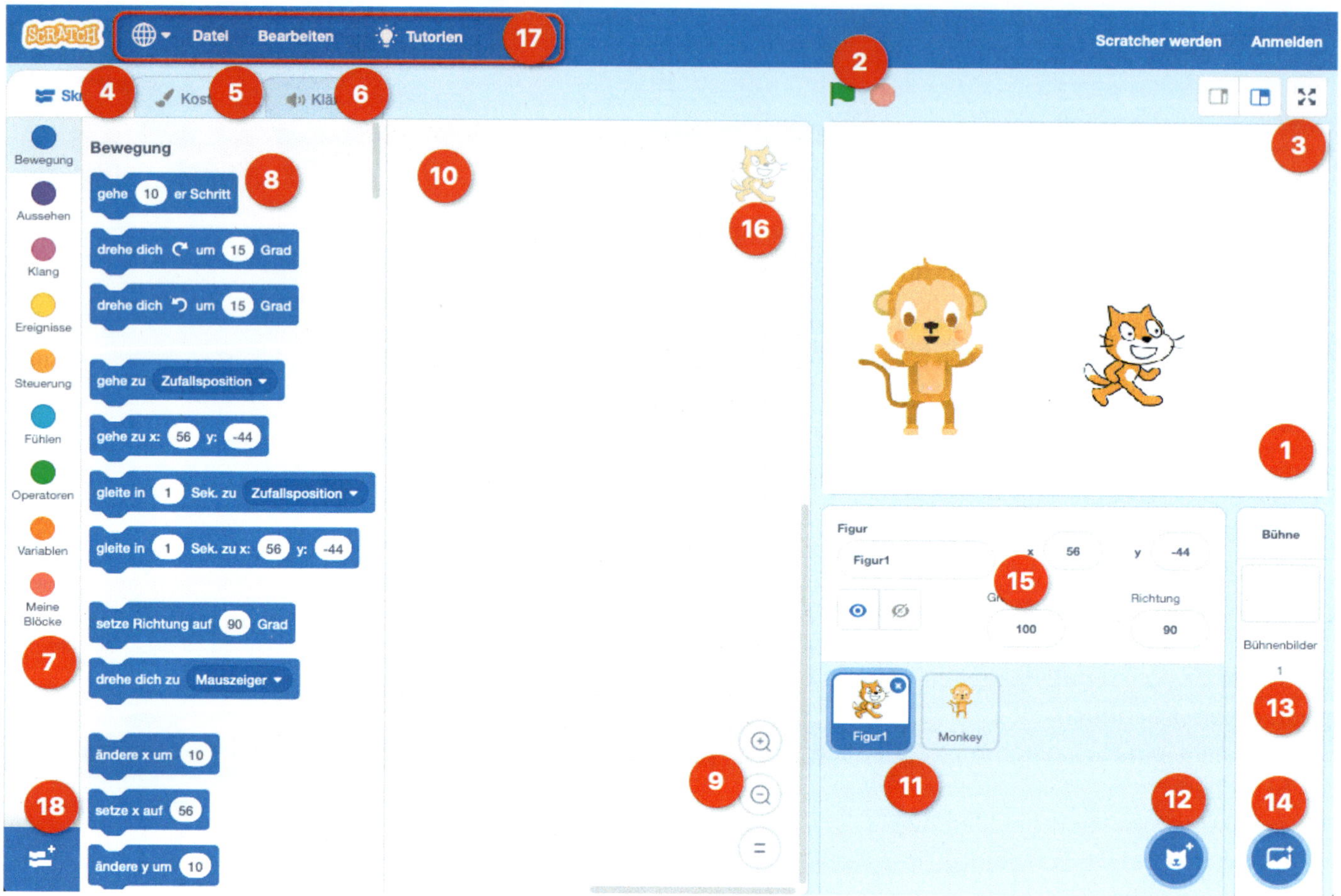

Skript Reiter	Vollbild	Start/Stop
Menüauswahl	Bühne	Anweisungen
Neue Figur hinzufügen	Kostüm Reiter	Neues Bühnenbild
Anweisungskategorien	Skriptbereich	Figur Eigenschaften
Figurenliste	Bühne	Ausgewählte Figur
Erweiterung wählen	Klang Reiter	Skript zoomen

8. Gestalte ein Bild, indem du
a) ein Bühnenbild wählst.
b) mehrere Figuren hinzufügst und deren Größe, Position und Richtung änderst.

9. Beschreibe, wie du vorgehst. Erstelle ein Flussdiagramm zu deinem Vorgehen.
a) So öffne ich eine Scratch-Datei.
b) So speichere ich ein Scratch-Programm in meinem Ordner.
c) So füge ich meiner Figur ein neues Kostüm hinzu.
d) So füge ich die „Malstift“-Erweiterung zu meinen Anweisungen hinzu.

10. Füge ein neues Bühnenbild hinzu. Nutze dazu ein Bild aus dem Internet. Beachte rechtliche Aspekte dabei.

Zum richtigen Umgang mit Bildrechten schau nochmal in Kapitel 1, Seite 32/33.

11. Überlege dir Dinge, die du gerne mit Scratch machen möchtest. Lass dich von geteilten Projekten inspirieren.

a) Erstelle eine Mindmap.
b) Diskutiere die Mindmap mit einem Partner.
c) Erstellt einen gemeinsamen Ideenpool in eurer Klasse. Dazu könntet ihr eine kollaborative Plattform nutzen.

12. Das Äffchen möchte alle Bananen einsammeln. Da es faul ist, möchte es natürlich den kürzesten Weg gehen. Es kann immer nur ein Kästchen auf einmal bewegt werden. Die blauen Wasserlöcher kann es nicht betreten.

a) Öffne die Datei zur Aufgabe (► S. 1, Webcode-Download). Finde den kürzesten Weg, um alle Bananen einzusammeln.
b) Erstelle ein Flussdiagramm zur Bewegungssequenz.
c) Implementiere die Bewegungssequenz.

13. Öffne die Datei zur Aufgabe (► S. 1, Webcode-Download).

a) Erstelle einen Anweisungsblock zur Initialisierung.
b) Erstelle eine Sequenz, bei der der Stift ein Quadrat mit 150 Seitenlänge zeichnet. Du hast folgende Anweisungen zur Verfügung (Mehrfachverwendung möglich):

c) Sicherlich kannst du auch andere geometrische Figuren zeichnen.
d) Versuche deine Anfangsbuchstaben mit dem Stift zu schreiben.
e) Notiere:

- Hier hatte ich Schwierigkeiten …
- Das ist mir gut gelungen …

Um Gezeichnetes zu löschen, kannst du die Anweisung „lösche alles" des Malstifts verwenden.

Wortbedeutung: Ein Labyrinth ist ein verschlungener Weg mit Hindernissen, die man aber umgehen kann.

14. Labyrinthe

a) Zeichne ein Labyrinth als Bühnenbild und platziere deine Lieblingsfigur darin.
b) Tauscht eure Labyrinthe und löst diese gegenseitig.
c) Gib der Erstellerin oder dem Ersteller Feedback. (Das hat mir gut gefallen … / Das könntest du noch besser machen ...)

15. Du hast sicherlich jede Menge eigener Ideen, wie man Aufgabe 12 noch besser machen kann.

a) Überarbeite das Bühnenbild, wähle andere Figuren, lass dir eine Aufgabe dazu einfallen.
b) Erstelle eine Musterlösung dazu.
c) Tauscht eure Aufgaben und löst sie.
d) Gib der Erstellerin oder dem Ersteller Feedback. (Das hat mir gut gefallen ... / Das könntest du noch besser machen ...)

Wortbedeutung: Ein Roboter ist ein elektronisch gesteuerter Automat. Viele Roboter haben Arme oder Beine, mit denen sie bestimmte Bewegungen ausführen können.

16. Spiele mit einem Partner oder einer Partnerin Roboter. Sag dem Roboter, er soll um seinen Stuhl herumlaufen. Wenn er fertig ist, dann sage den gleichen Satz noch einmal und noch einmal.
Überlegt, wie man das gleiche Ergebnis bekommen hätte, ohne jede Runde den gleichen Satz zu sagen.

17. Ihr wollt eine Tanzparty in der Klasse machen. Hier findet ihr die Bewegungen, die jeder machen muss:

Klatschen	Klatschen	Klatschen	
Hände hinter den Kopf	Hände an die Hüfte	Hände hinter den Kopf	Hände an die Hüfte
Klatschen	Klatschen	Klatschen	
Linke Hand hoch	Rechte Hand hoch	Linke Hand hoch	Rechte Hand hoch
Klatschen	Klatschen	Klatschen	

a) Einer liest die Anweisungen Zeile für Zeile vor und macht die Bewegungen vor.
b) Was wiederholt sich? Schreibe die Anweisungen nach dem Muster: „Klatsche __ mal in die Hände." auf.
c) Führt die Bewegungen aus und überlegt euch eine „coole" Endposition.

18. Überlegt euch einen eigenen Tanz mit verschiedenen sich wiederholenden Bewegungen.

19. Das Äffchen will zur Banane. Nutze nur folgende Anweisungen:
- gehe nach links
- gehe nach rechts
- gehe nach oben
- gehe nach unten

Kann man hier eine Wiederholung nutzen?

20. Kannst du auch dieses Mal dem Äffchen helfen? Denke an Wiederholungen.

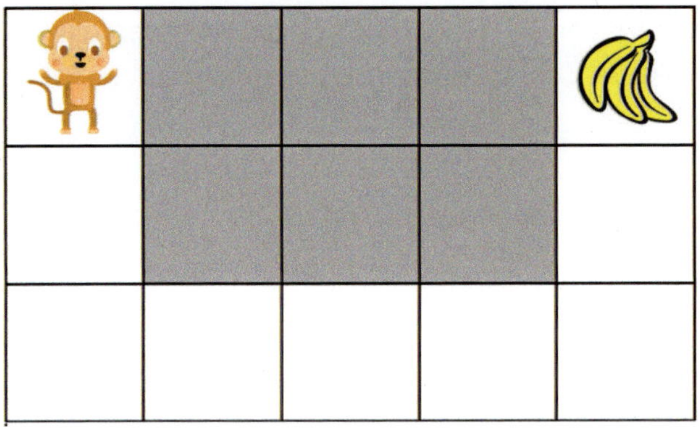

21. Erstellt eigene Bewegungsaufgaben und lasst diese durch euren Nachbarn/eure Nachbarin lösen. Malt die Aufgaben auf ein Papier.
Ihr könnt auch Hindernisse hinzufügen, die das Äffchen umgehen muss.

Für die folgenden Scratch-Aufgaben benötigst du ein 60 x 60-Rastermuster als Hintergrundbild. Nutze die Datei S061_60x60_Rastermuster.png (► S. 1, Webcode-Download).

60x60_Rastermuster.png
Die Quadrate haben einen Abstand von 60 Pixel.

Des Weiteren füge aus der Scratch-Bibliothek nebenstehendes Äffchen auf der Bühne hinzu und gib diesem die folgende Initialisierung:

22. Übertrage die Aufgaben 19 bis 21 in Scratch und lasse das Äffchen sein Ziel, die Bananen, erreichen.
a) Welche Blöcke benötigst du?
b) Wie viele Schritte muss das Äffchen gehen, sodass es ein Kästchen weiterspringt?

23. Erstelle weitere Aufgaben mit dem Rastermuster und lasse diese durch deinen Nachbarn/deine Nachbarin lösen.

24. Der Käfer soll folgendes Muster zeichnen. Setze den Käfer auf eine geeignete Anfangsposition und wähle eine Schrittweite von 30. Kann man eine Zählwiederholung nutzen?

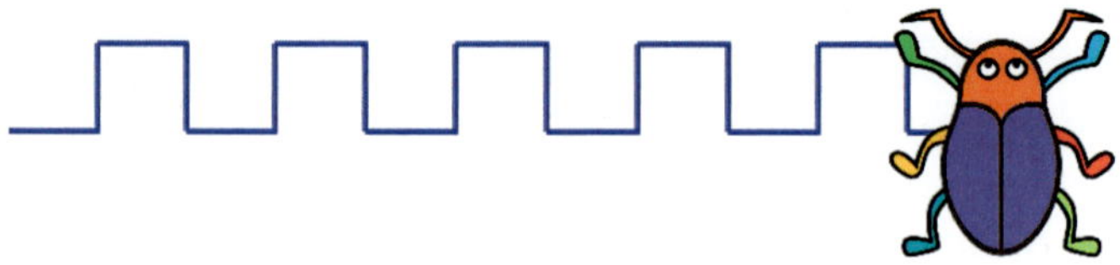

25. Unser Äffchen soll einmal um das lila Quadrat herumlaufen. Nutze eine Schrittweite von 60. Wer schafft es mit den wenigsten Anweisungen? Denke an Zählwiederholungen.

Zwei Zählwiederholungen, die ineinander „geschachtelt" sind.

26. Führe das Äffchen mit so wenigen Anweisungen wie möglich zu der Banane.

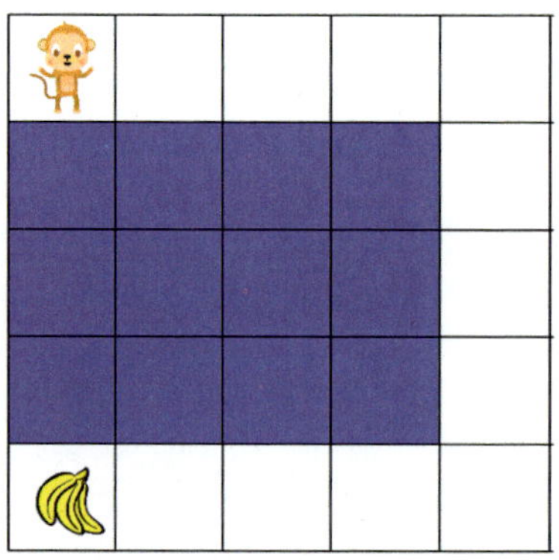

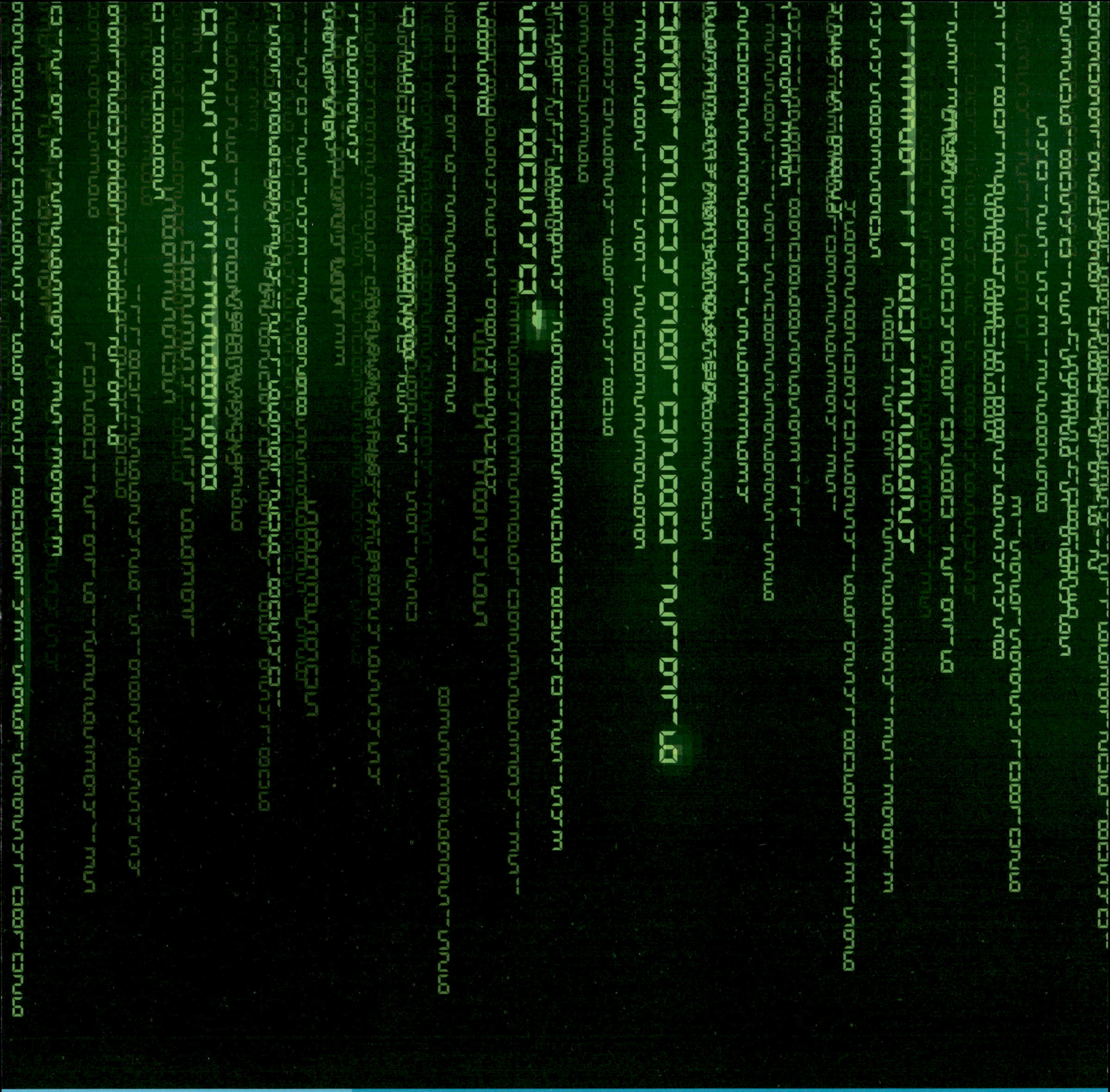

Kapitel 3

Information und Daten – Codierungen und Kryptologie

Sicherlich hast du im Unterricht schon einmal eine Nachricht an einen Klassenkameraden geschrieben. Als die Lehrkraft deine Nachricht abgefangen hat, hast du dir bestimmt gewünscht, sie sei in einer Geheimschrift geschrieben worden.
Im folgenden Kapitel wirst du erfahren, wie früher und heute Geheimnisse geteilt wurden. Du wirst selbst geheime Nachrichten schreiben. Aber Achtung! Eure Lehrkräfte können das auch.

Was du schon weißt

Im Kapitel 2 hast du den Begriff Algorithmus kennengelernt und angewendet.

1. Erkläre den Begriff Algorithmus.

2. Nenne Eigenschaften eines Algorithmus.

In deinem Alltag sind dir vielleicht schon Geheimschriften begegnet.

3. Beschreibe, was du auf dem Bild am Anfang des Kapitels 3 bzw. dem Bild in Aufgabe 4 unten siehst. Welche Bedeutung haben die Zahlen? Stelle eine Vermutung auf, in welchem Zusammenhang dieses Bild entstanden sein könnte.

4. Beschreibt gemeinsam die Bilder links und unten. Sortiert sie von „alt“ nach „modern“. Was haben die Bilder mit Geheimschrift zu tun?

5. Kennst du auch eine Geheimschrift? Stelle sie deinen Klassenkameraden vor. Wie lautet dein Name in Geheimschrift?

Teste dein Können

Rückwärtsschreiben ist eine Geheimschrift:
tfirhcsmieheG enie tsi nebierhcssträwkcüR

1. Schreibe deinen Namen rückwärts. Wie schwer ist es, den Namen eines anderen Kindes zu lesen?

2. Kannst du auch ein unbekanntes Wort lesen, das rückwärts geschrieben ist?
Nenne die Bedeutung von „enortapnetniT".

3. Du möchtest deiner Freundin eine geheime Nachricht schicken. Entscheide, ob du eine Nachricht rückwärts schreiben würdest. Begründe deine Entscheidung.

4. Welche Nachrichten würdest du rückwärts schreiben, um sie vor anderen zu schützen, welche nicht?

Eine Geheimsprache wird gesprochen, eine Geheimschrift (auch) geschrieben. Kannst du ohne aufzuschreiben deinen Namen rückwärts sagen?

Eine Geheimsprache aus dem Kinderbuch „Kalle Blomquist" von Astrid Lindgren hat folgenden Algorithmus:
Man verdoppelt einfach jeden Konsonanten und setzt ein „o" dazwischen. So wird beispielsweise aus „Kalle" zu „Kok-alol-lol-e" oder „Satz" zu "Sosatotzoz".

5. Lies den folgenden Satz und „übersetze" ihn aus der Geheimsprache.
Dodasos isostot einon Sosatotzoz inon Roräuboberorsospoprorachohe

6. Schreibe MEISTERDETEKTIV in Räubersprache.

7. Lest gemeinsam einen Auszug aus „Kalle Blomquist Meisterdetektiv". In diesem Buch spielt die Geheimsprache eine wichtige Rolle!

In diesem Kapitel wirst du viel über Geheimsprachen, Geheimschriften und Codes erfahren und sie auch benutzen.

Wortbedeutung „Konsonant": Bei den Buchstaben des Alphabets unterscheidet man Konsonanten (Mitlaute) und Vokale (Selbstlaute). Alle Buchstaben des Alphabets außer a, e, i, o und u sind Konsonanten.

1 Codes und Daten

Codes – Wie kann ich eine Nachricht versenden?

Paula und Anna sind Freundinnen. Sie wohnen in derselben Straße direkt gegenüber. Paula kann sehen, ob Anna gerade in ihrem Zimmer ist. Da Anna bald eine Geburtstagsfeier gibt, sind die Mädchen im Moment sehr gespannt, wie viele Kinder Anna einladen darf.

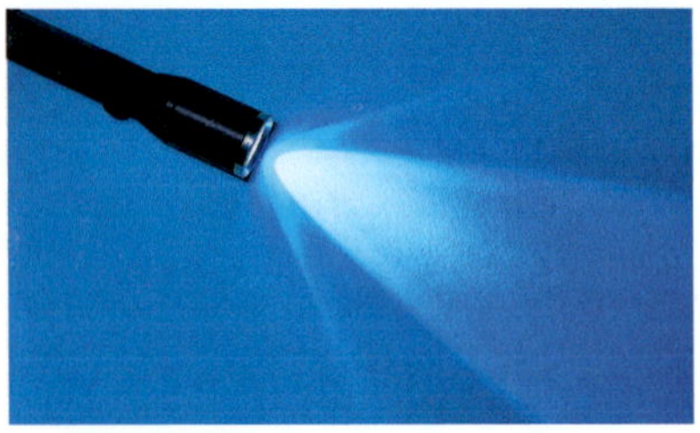

1. Anna darf acht Kinder zu ihrer Geburtstagsfeier einladen. Wie kann sie diese Nachricht mit Paula teilen? Überlege genau, was du über die Zimmer der Kinder weißt. Was kann Anna tun? Notiere deine Ideen.

> Eine **Nachricht** ist eine Folge von Zeichen oder Signalen.
> Der **Sender** ist die Person, die eine Nachricht mitteilen möchte.
> Für den **Empfänger** besitzt die Nachricht zunächst keine Bedeutung, erst durch ihre Verarbeitung oder Bewertung erhält die Nachricht einen Sinn und wird zur **Information**.
> Sender → Nachricht → Empfänger

2. Sortiere die Begriffe aus dem Merktext oben dem Beispiel mit Paula und Anna aus Aufgabe 1 zu.

3. Überlegt gemeinsam: Was passiert, wenn Paula ihre Geburtstagsfeier auf einen anderen Tag verschieben muss? Wie kann sie nun die Nachricht mitteilen?

Das Winkeralphabet

Vom letzten Geburtstag ihres kleinen Bruders hat Paula noch zwei Fähnchen.
Sie nimmt in jede Hand ein Fähnchen und probiert verschiedene Armpositionen aus.

1. Jetzt bist du an der Reihe. Überlege, wie man zwei Fähnchen halten kann, damit eine andere Person, die weiter weg steht, sie gut erkennt.

Code Winkeralphabet
In der Seefahrt werden folgende Zeichen benutzt:

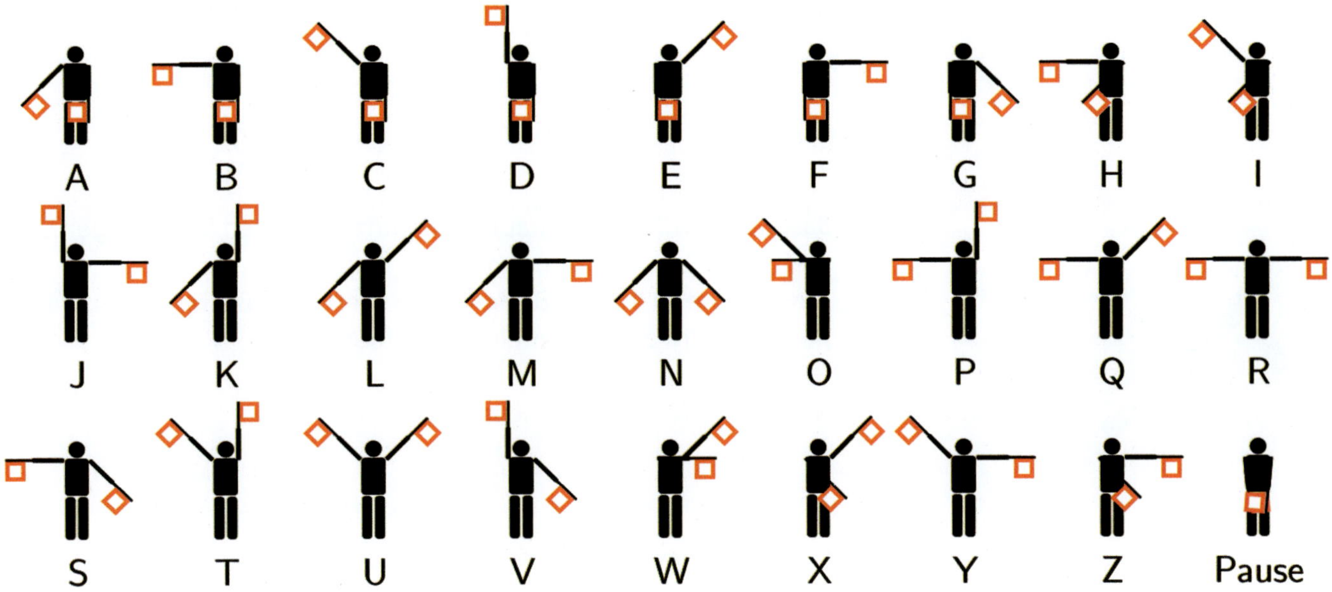

2. Zeichne die Winker-Zeichen für das Wort PAULA.

3. Erkläre, was die folgenden Winker-Zeichen bedeuten.

4. Benutzt die Flaggen, um euch durch die Klasse Nachrichten zu schicken.

Mit Hilfe des Winkeralphabets hat man früher Nachrichten zwischen Schiffen oder zwischen einem Schiff und dem Land übermittelt. Im Signalbuch konnte man nachlesen, welche Flaggenstellungen für welche Buchstaben benutzt werden mussten. Diese Nachrichtenübermittlung galt als abhörsicher: andere Personen konnten nur durch Zuhören oder Zuschauen die Nachricht nicht herausfinden.

Der Turmtelegraph – CLAUDE CHAPPES Semaphore

Der Franzose CLAUDE CHAPPE erfand im Jahr 1791 eine neue Möglichkeit, Nachrichten schnell zum Empfänger zu schicken.
Er baute auf einem hohen Turm einen Mast mit beweglichen Signalspitzen. Es wurden dann zwischen Lille und Paris 22 Turmtelegraphen gebaut. So konnten die Nachrichten bereits 270 km weit übertragen werden.

gr. sema = Zeichen
gr. pherein = tragen
Semaphore bedeutet also „Zeichenträger".

Code des Turmtelegraphen:

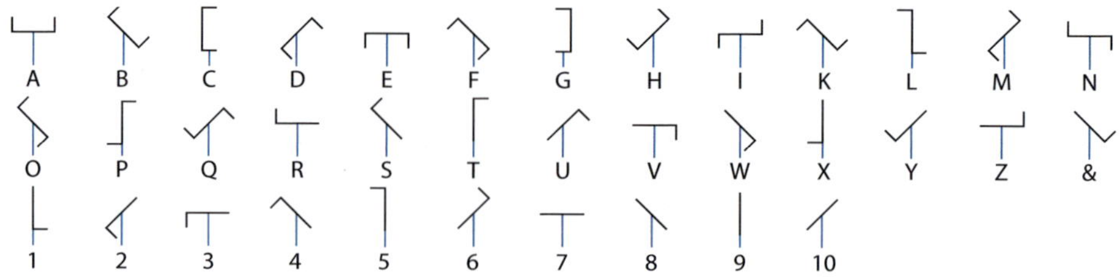

1. Bastelt einen Turmtelegraphen. Benutzt dazu den Bastelbogen und drei Musterbeutelklammern (▶ S. 1, Webcode-Download).
   Hinweis: Wenn Ihr den Bastelbogen vor dem Ausschneiden auf Pappe klebt, wird euer Turmtelegraph stabiler.

2. Notiert, was folgende Zeichen bedeuten.

3. Notiere das Wort FRANKREICH mit den Turmtelegraphzeichen.

4. Experiment: Spielt das Spiel „Stille Post" mit den gebastelten Turmtelegraphen.
   Der erste Spieler oder die erste Spielerin denkt sich ein Wort aus und „sendet" es der zweiten Mitspielerin oder dem zweiten Mitspieler durch Einstellen des Turmtelegraphen. Nutzt ein Signal (z. B. nicken), wenn der Buchstabe eingestellt ist. Sobald die zweite Spielerin oder der zweite Spieler das Wort „empfangen" hat, senden sie es der dritten Mitspielerin oder dem dritten Mitspieler usw. Ihr dürft dabei nicht sprechen.
   Überprüft im Anschluss, wie weit das ausgedachte Wort korrekt „gesendet" wurde. Gab es Fehler? Wenn ja, woran hat es gelegen? Habt ihr eine Idee zur Verbesserung?

5. Vergleicht nun das Winkeralphabet mit dem Turmtelegraph. Übertragt die Tabelle in euer Heft und füllt sie aus.

Vergleich von	Winkeralphabet	Turmtelegraph
Was benötige ich?		
Wie sehen die Buchstaben aus? (Code)		
Buchstabe A		
Wie weit kann man den Buchstaben noch erkennen?		
Funktioniert nicht bei:		
Wo wurde der Code benutzt?		

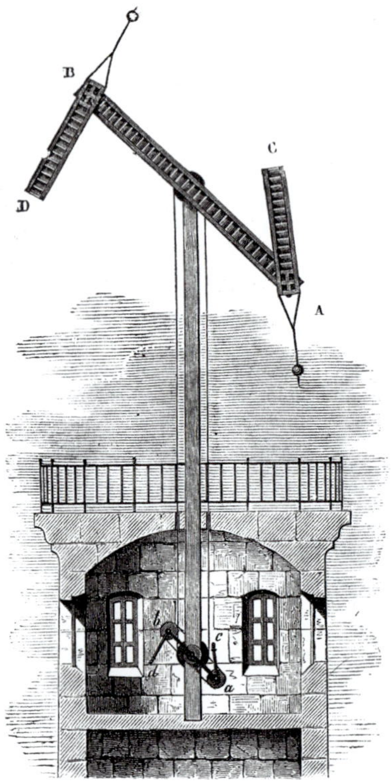

CLAUDE CHAPPEs Turmtelegraph

Wortbedeutung, Wortherkunft:
Ein Experiment ist ein Versuch. Das Wort kommt vom lateinischen „Experimentum" und bedeutet sinngemäß „etwas in Erfahrung bringen".

Das Morsealphabet

SAMUEL MORSE dachte sich 1832 einen Apparat aus, mit dem man über große Entfernungen Nachrichten übermitteln konnte. Leider konnte man keine Worte übertragen, sondern nur kurze oder lange Signale.

A · −	B − · · ·	C − · − ·	D − · ·
E ·	F · · − ·	G − − ·	H · · · ·
I · ·	J · − − −	K − · −	L · − · ·
M − −	N − ·	O − − −	P · − − ·
Q − − · −	R · − ·	S · · ·	T −
U · · −	V · · · −	W · − −	X − · · −
Y − · − −	Z − − · ·		
1 · − − − −	2 · · − − −	3 · · · − −	4 · · · · −
5 · · · · ·	6 − · · · ·	7 − − · · ·	8 − − − · ·
9 − − − − ·	0 − − − − −		

1. Schreibe das Wort INFORMATIK im Morsecode.

2. Notiere, was die folgenden Zeichen bedeuten:
   · · · ·   · −   · − · ·   · − · ·   − − −

3. Um einen längeren Text aus Morsezeichen verstehen zu können, ist die Übersicht oben nicht hilfreich. Überlegt gemeinsam: Wie müssen die Morsezeichen angeordnet sein, damit man einfacher entschlüsseln kann?

Tipp: Es gibt lange und kurze Morsezeichen.

4. Was bedeutet der folgende Satz?
   − −   − − −   · − ·   · · ·   ·   − · − ·   − − −   − · ·   · / · ·   · · ·   − /
   ·   · ·   − ·   · · − ·   · −   − · − ·   · · · · / · − −   ·   − ·   − · / − −   · −   − · /
   − · ·   · ·   · / − · − ·   − − −   − · ·   ·   −   · −   − · · ·   ·   · − · ·   · − · ·   · /
   · · · ·   · −   −

5. Morsespiel: Ein Mitspieler oder eine Mitspielerin klopft die Morsezeichen des Namens einer Mitspielerin oder eines Mitspielers auf den Tisch. Die anderen Mitspielerinnen oder Mitspieler müssen erraten, welcher Name geklopft wurde. Wer zuerst den richtigen Namen nennt, ist nun an der Reihe.
   Alternativ kann auch eine Taschenlampe benutzt werden.

6. Unter dem folgenden Link kannst du mit Scratch morsen. Probiere es einmal aus!
   https://scratch.mit.edu/projects/370277920/

Tipp: Starte das Projekt mit der grünen Fahne. Drücke die Taste M auf deiner Tastatur oder im Bild, um zu morsen. Die Taste Q zeigt dir die Morsetabelle.

7. Erstellt einen Stop-Motion-Film zum Thema Winkeralphabet, Turmtelegraph oder Morsecode.
   Alternativ kann auch ein Plakat erstellt werden.

> Das Morsealphabet, das Winkeralphabet und der Turmtelegraph sind Beispiele für Codes. Mit einem Code soll nichts geheim gehalten werden. Es wird nur eine andere Form der Darstellung benutzt. Jeder kann nachschlagen, was der Code bedeutet. Er ist nicht geheim.

waagegerecht

s
e
n
k
r
e
c
h
t

8. Richtig oder falsch?

a) Der Morsecode für den Buchstaben F ist kurz, kurz, lang, kurz.

b) Im Winkeralphabet wird der Buchstabe F dargestellt, indem man beide Fähnchen waagerecht hält.

c) Um beim Turmtelegraph vom Buchstaben A zum Buchstaben E zu kommen, muss man nur eine Signalspitze bewegen.

d) Wenn man im Morsecode die Trennung zwischen den Zeichen weglässt, kann die Zahl 2 auch das Wort UM sein.

Der Binärcode

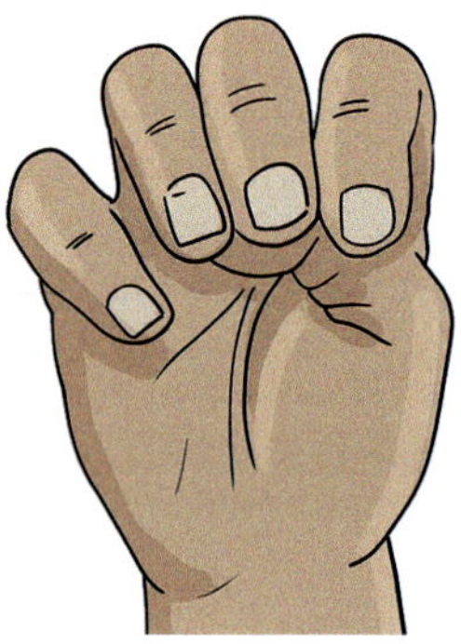

Im Bild rechts siehst du eine beschriftete Hand. Auf dem kleinen Finger steht die Zahl 16, der Ringfinger trägt die Zahl 8 usw. Die einzelnen Finger können jeweils ausgestreckt sein oder eingeklappt.

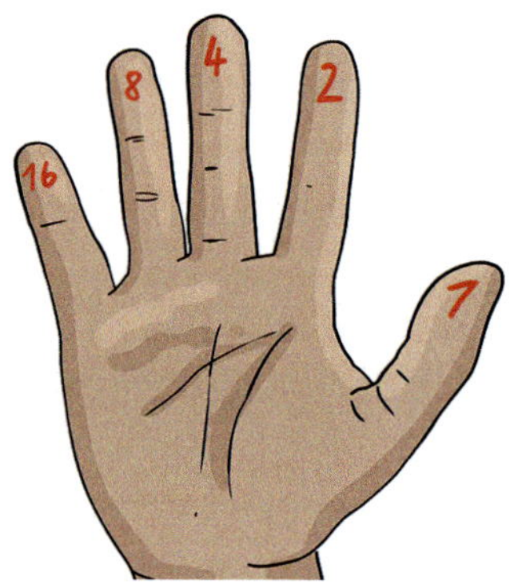

1. Vergleiche die drei folgenden Bilder. Was fällt dir auf? Hast du eine Vermutung, welche Zahlen gemeint sein können?

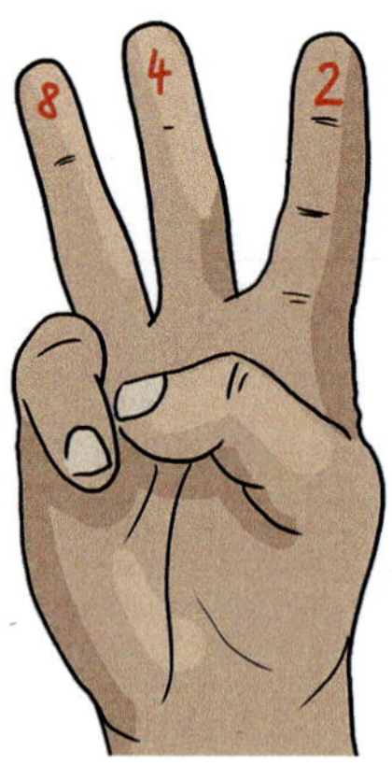

Bild 1

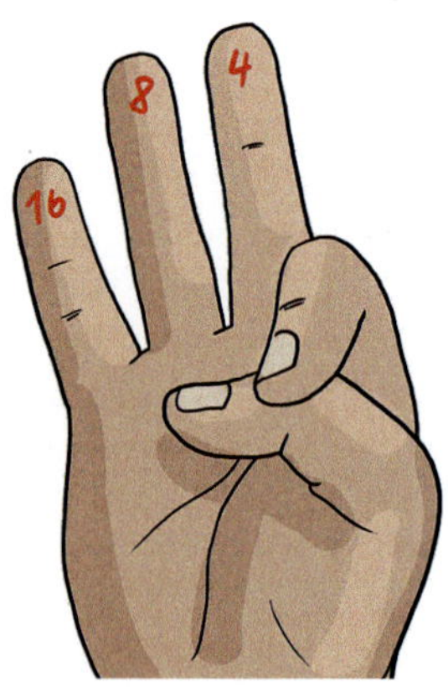

Bild 2

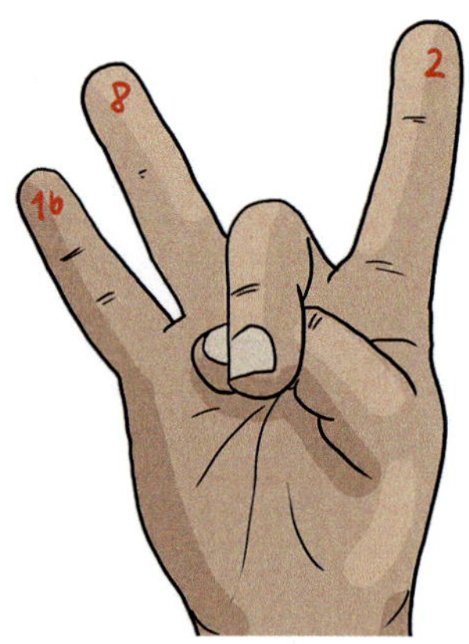

Bild 3

Jeder Finger hat eine eigene Zahl. Alle ausgestreckten Finger werden angeschaut und die darauf stehende Zahl addiert.
Für das erste Bild bedeutet das: 8 + 4 + 2. Die Hand möchte also die Zahl 14 darstellen.

2. Notiere die Rechenaufgabe zu Bild 2 und Bild 3.

3. Zähle mit den Fingern. Starte wie in den Bildern unten:

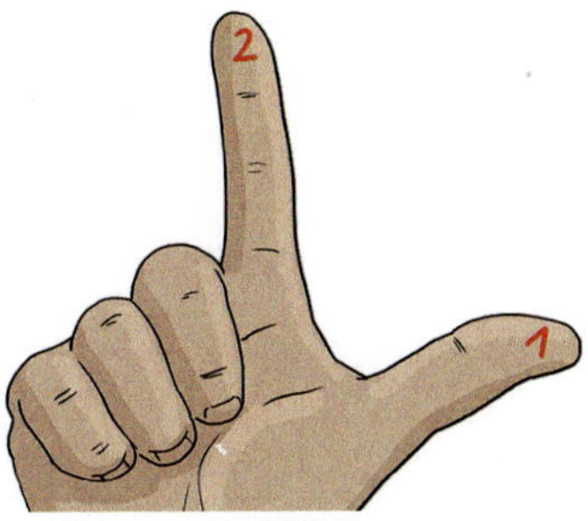

Bild 1

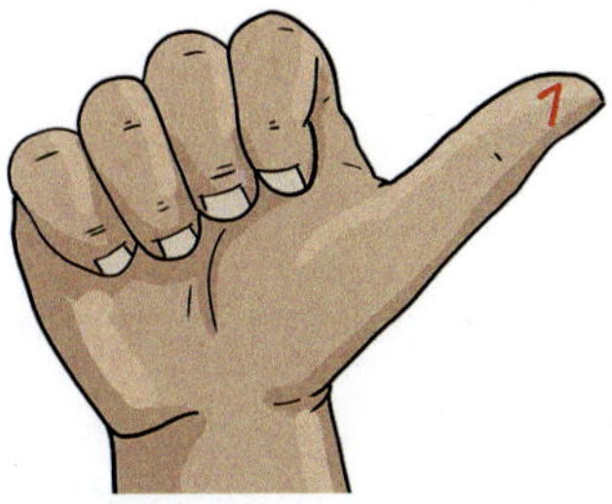

Bild 2

Bild 3

4. Wie weit kannst du mit einer Hand zählen?

Funda ist unzufrieden: es gefällt ihr nicht, die Finger zu benutzen. Außerdem mag sie es nicht, die Zahl 4 zu zeigen. Deshalb überlegt sie sich ein anderes System:
„Für jeden ausgestreckten Finger schreibe ich eine Eins und für jeden eingeklappten Finger eine Null."

Also erhält Funda nun: `1110`, denn der Zeigefinger, Mittelfinger und Ringfinger sind ausgestreckt und der kleine Finger ist eingeklappt (s. Bild rechts). Das trägt sie in eine Tabelle ein:

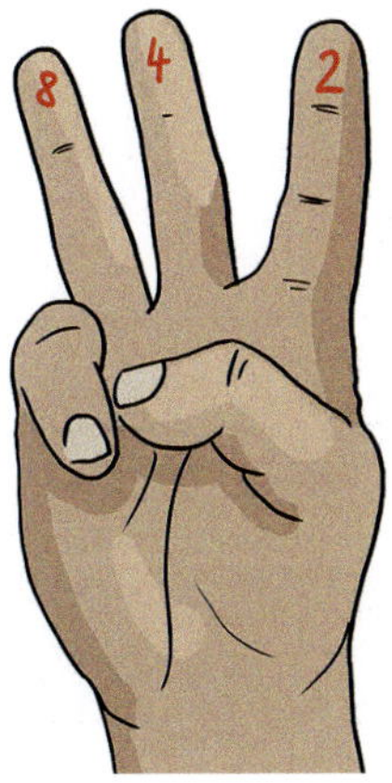

Kleiner Finger	**Ring-finger**	**Mittel-finger**	**Zeige-finger**	**Daumen**	**Codierte Zahl**
0	1	1	1	0	14

Fundas Tabelle ist eine andere Darstellung. Da sie mit zwei Möglichkeiten auskommt (Finger ist gestreckt und Finger ist eingezogen), nennt der Informatiker diesen Code auch Binärcode.

lat. *bina* = doppelt, paarweise

5. Dinesh rechnet sehr gern. Er findet Fundas Binärcode gut, aber er hat eine kleine Änderung an ihrer Tabelle vorgenommen. Beschreibe die Änderung.

16	**8**	**4**	**2**	**1**	**Codierte Zahl**
0	1	1	1	0	14

6. Übertrage die Tabelle in dein Heft und ergänze sie mit den Fingerzahlen aller Bilder oben.

Tipp: Vergiss nicht, die eingeklappten Finger als Null zu notieren.

7. Hilf Dinesh die folgenden falschen Aussagen richtigzustellen:

a) „Mit der Tabelle kann man nur 5 verschiedene Zahlen codieren."

b) „16 ist die Hälfte von 8, die 8 ist die Hälfte von 4, 4 ist die Hälfte von 2. Das wird ja immer weniger."

c) „Unser Zahlensystem hat die Basis 10. Es gibt 10 verschiedene Zahlen: 0, 1, 2, 3, 4, 5, 6, 7, 8 und 9. Das Binärsystem hat die Basis 5."

8. Notiere die Zahlen von 1 bis 15. Kannst du es schon ohne Tabelle? Erkennst du ein Muster?

9. Codiere die Zahl 32.

10. Decodiere folgende Binärzahlen:
`1101, 1000, 100, 11011, 101010, 101`

11. Wie sehen die folgenden Zahlen in Binärcode aus?
24, 5, 36, 63, 12

12. Beschreibe, wie du in Aufgabe 9 vorgegangen bist.

13. **Für Profis:** Was passiert, wenn du eine Binärzahl mit 2 multiplizierst?

14. **Für Profis:** Was haben alle geraden Binärzahlen gemeinsam?

> Der **Binärcode** ist ein Zahlensystem, das die Basis 2 hat. Es arbeitet mit nur zwei Zuständen: `1` und `0`. Man kann alle Zahlen damit darstellen.

Information und Daten

1. Vergleiche die folgenden Codes miteinander. Die folgende Tabelle hilft dir dabei.

		-·-· --- -·· ·	`110110`
Name des Codes			
Was ist decodiert?			
Symbole oder Zahlen			
Wo wird der Code verwendet?			

Kann der Computer das Winkeralphabet verstehen?
Natürlich kann ein Computer kein Winkeralphabet oder Morsecode verstehen. Er benutzt den Binärcode. Für ihn bedeutet das **1 oder 0**. Es kann auch **ein oder aus** bedeuten oder sogar **wahr oder falsch**.

> **Information → Codierung → Daten**
> Damit ein Computer mit Informationen arbeiten kann, müssen sie codiert werden.

Mit dem Binärcode kann man nicht nur Buchstaben, sondern auch Zahlen codieren. In den Aufgaben 8 und 9 hast du es bereits getan. Du hast Zahlen in Binärcode übersetzt und sie damit für den Computer verständlich gemacht. Aber das schauen wir uns jetzt mal genauer an.
Hier siehst du drei Beispiele für Daten: 24042010; 14197; 32332.

2. Überlege, was diese Daten bedeuten könnten.

Mit einem Zusammenhang (Kontext) ergibt sich hier:

- ein Geburtsdatum,
- die Postleitzahl des Cornelsen Verlags und
- die Anzahl der allgemeinbildenden Schulen im Schuljahr 2019/2020 in Deutschland.

Wie werden die Daten zur Information?
Die Kinder der Klasse 6b haben ein Picknick im Park vorbereitet. Sie treffen nun die letzten Absprachen:

„Unë kom me pru një çadër.“ „Apportabo crusta.“

„J'apporte du gâteau.“ „Bir Kek getireceğim.“

„Ich bringe einen Regenschirm mit.“ „I will bring some lemonade.“

3. Kannst du erkennen, um welche Sprache es sich jeweils handelt?

4. Welche Daten kannst du decodieren (=verstehen)?
Welche Information steckt dahinter?

Manchmal muss man die Sprache beherrschen, um aus Daten eine Information machen zu können.

5. Schaut euch folgendes Video an:
https://www.wdrmaus.de/filme/sachgeschichten/daten.php5

Im Video spricht Armin von Informationen und Daten. Er sagt in Sekunde 20: „Diese Informationen, die in dem Lexikon sind, die kann man auch Daten nennen.“

Später im Video erklärt er, wie man aus Informationen Daten macht:

> Daten werden erst dann zur Information, wenn man sie in einen Zusammenhang setzen kann.

Einheiten von Datenmengen

Sophia und Zoe schauen sich in einem Geschäft verschiedene Computer an. Ein Computer hat eine 500-Gigabyte-Festplatte. Eine andere Festplatte hat 1 Terabyte Speicher.

Desktop-PC	Desktop-PC
500 GB	1 TB
374,99 €	879,99 €

Zoe fragt Sophia: „Warum ist der erste PC billiger, wenn er doch 500 mal mehr Speicher als der zweite PC hat?“ Sophia antwortet: „Ein Kilogramm klingt auch weniger als 750 Gramm. Vielleicht ist das mit den Einheiten hier ja ähnlich.“

Engl. *binary digit* = Binärziffer

Welche Einheiten gibt es?
Die kleinste Einheit hast du bereits kennen gelernt und verwendet: das **Bit**. Ein Bit kann, wie im Binärcode, 1 **oder** 0 sein.
Nimmt man 8 Bit zusammen, dann hat man ein **Byte**.

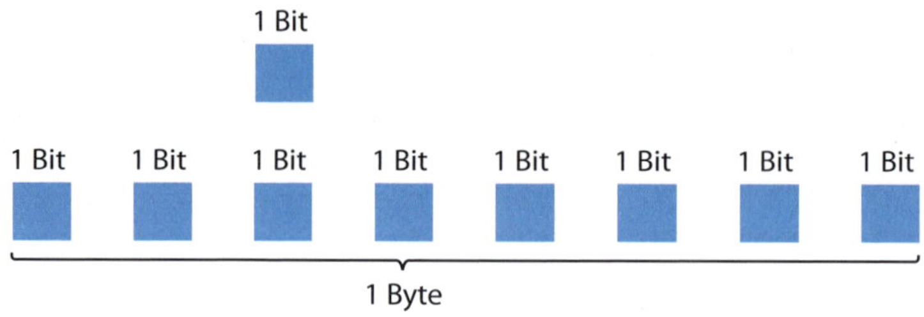

1. Welches ist die größte Zahl im Binärsystem, die in ein Byte passt?

Natürlich gibt es auch größere Einheiten:

1 Byte	= 8 Bit
1 Kilobyte (KB)	= 1000 Byte
1 Megabyte (MB)	= 1000 · 1000 Byte
1 Gigabyte (GB)	= 1000 · 1000 · 1000 Byte
1 Terabyte (TB)	= 1000 · 1000 · 1000 · 1000 Byte

Hier siehst du vier Ausschnitte von Screenshots von mobilen Geräten.

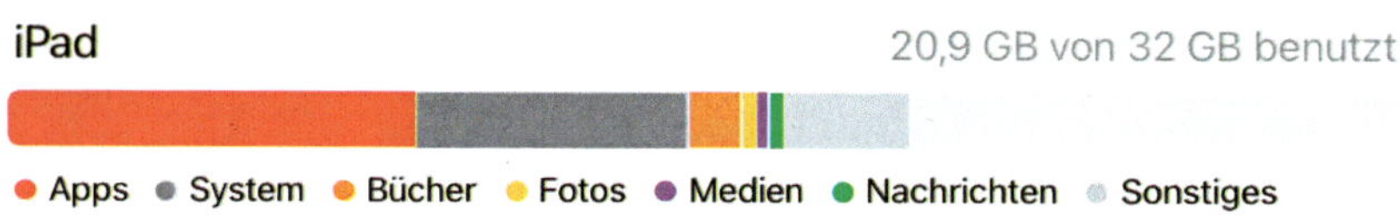

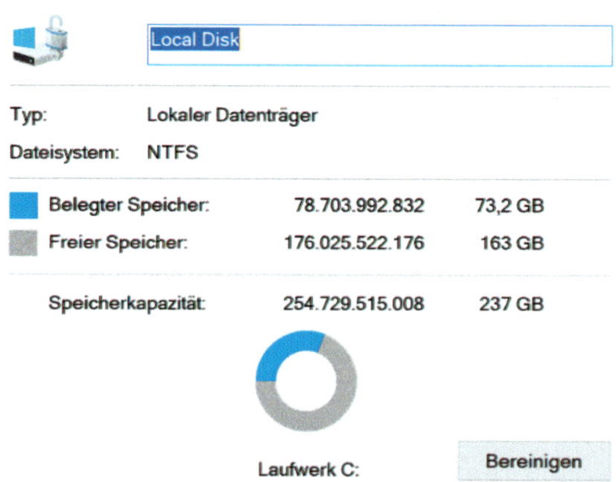

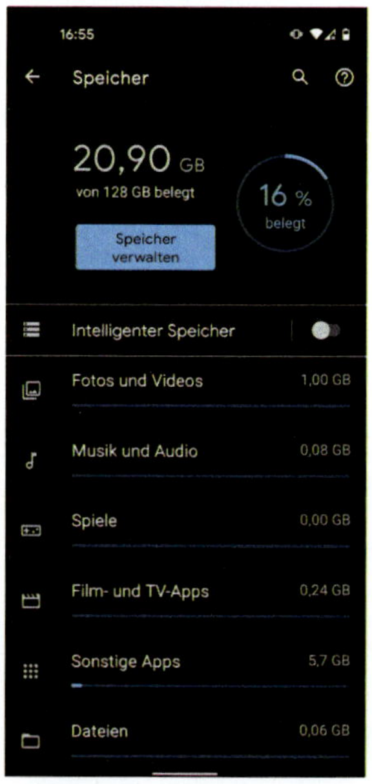

2. Wie viel Speicher ist auf den Geräten frei/belegt?

3. **Für Profis:** Hast du in deinem Handy mehr oder weniger Speicher belegt, als im Bild rechts oben?

4. **Für Profis:** Informiere dich über die Speichergröße der Geräte bei dir zuhause und in der Schule.

2 Klassische Kryptologie – Geheimschrift

Der Schlüssel – ein wichtiges Unterscheidungsmerkmal

Um eine Nachricht geheimzuhalten, braucht man einen geheimen Schlüssel. Jeder, der z. B. den Morsecode kennt, kann eine Morsecode-Nachricht verstehen. Sie ist nicht verschlüsselt. Nun wollen wir Geheimnisse teilen! Erst werden wir uns aber Schlüssel genauer ansehen.

Klartext → verschlüsseln → Geheimtext

Geheimtext → entschlüsseln → Klartext

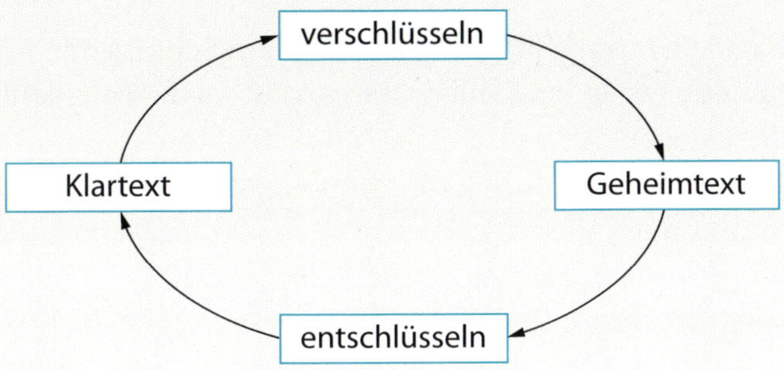

1. Richtig oder falsch?
   a) Ein Text heißt Klartext, weil er „klar“ zu lesen ist.
   b) Verschlüsseln und entschlüsseln bedeutet dasselbe.
   c) Verena schreibt aus Morsezeichen einen Klartext.
   d) Stephan hat einen Klartext gefunden, er kann ihn nicht verstehen.

Aysegül hat zum Geburtstag ein neues Fahrrad bekommen. Ihre Eltern haben ihr dazu ein neues Fahrradschloss geschenkt.
Ihr großer Bruder Ahmet hat ein anderes Fahrradschloss. Er muss immer einen Schlüssel mitnehmen und darf ihn nicht verlieren! Aysegül ist froh, dass sie sich nur eine vierstellige Zahl merken muss. Sie überlegt sich eine Zahl, die ihr gefällt.

Der Begriff **Kryptologie** leitet sich aus dem Griechischen ab:
Kryptos = verborgen und
logos = Lehre.
Kryptologie ist also die Lehre vom Verborgenen bzw. des Verbergens.

2. Welche Schlüssel kann man sich gut merken? Welche sind schwer zu merken?
Aysegül hat plötzlich eine Ziffer der Zahl vergessen, die sie mit ihrem Fahrradschloss eingestellt hat. Sie muss vier Ziffern einstellen, kann sich aber nur noch an die ersten drei Ziffern erinnern.

4 7 3 ?

4 ? 3 5

a) Nenne die Anzahl der Ziffern, die Aysegül ausprobieren muss, bis sie Ihr Schloss öffnen kann.
In welcher Reihenfolge würdest du die Ziffern ausprobieren?

b) Nenne die Anzahl der Ziffern, die Aysegül ausprobieren muss, wenn sie die zweite Ziffer vergessen hat.
Gibt es einen Unterschied zur Teilaufgabe a)?

c) **Für Profis:** Erkläre, was passiert, wenn sie zwei (oder drei) Ziffern vergisst.

Wie viele Möglichkeiten gibt es für ein Schloss mit 4 Ziffern?
Für jede Stelle im Zahlenschloss gibt es die Möglichkeit, die Ziffern 0 bis 9 einzustellen. Also sind es 10 Möglichkeiten.
Mit unserem Schloss kann man vierstellige Zahlen einstellen. Deshalb bekommt man 10 x 10 x 10 x 10 = 10 000 Möglichkeiten. Natürlich kann man sie auch alle aufschreiben: 0000, 0001, 0002, ...
Aber hier ist das Rechnen schneller.

Mit einem Schlüssel kann man verschlüsseln, also geheime Nachrichten erstellen. Bei einer Verschlüsselung ist der Algorithmus bekannt oder kann nachgeschlagen werden, aber die Zuordnung der Buchstaben/Zeichen ist geheim. Im nächsten Kapitel wirst du vieles über Verschlüsselungen erfahren.

Tipp: Nur wenn es einen Schlüssel gibt, kann es ein Geheimnis geben!

Aus einem **Klartext** wird mit einem **Algorithmus** und einem **Schlüssel** ein **Geheimtext**.

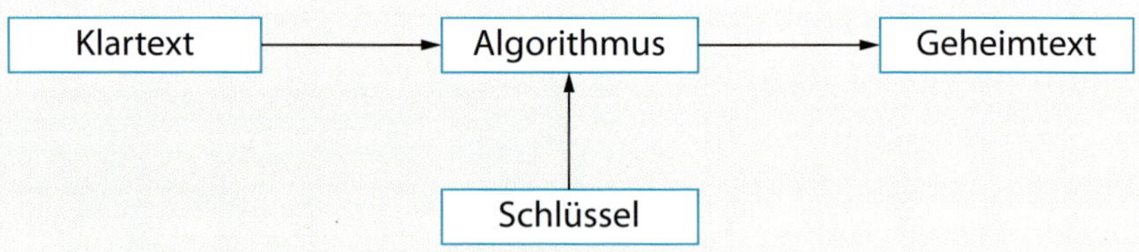

3. Der Schlüssel im Fahrradschlossbeispiel ist eine Zahl, die sich Aysegül ausgedacht hat.
Erkläre, was in diesem Beispiel der Algorithmus ist, auf den der Schlüssel angewandt wird.

Die Gartenzaun-Verschlüsselung – Schreiben im Zickzack

Geheimtext: DECOOAESIPLISHKLDITMUT

1. Kannst du den Geheimtext lesen? Versuche bitte erst etwas zu knobeln, bevor du dir die Tipps unten anschaust.

Tipp 1: Beispiel

D						E						T						N
	A				T		I				R		E				U	
		S		S				N		A				N		A		
			I						G						Z			

Geheimtext: DETNATIREUSSNANAIGZ mit Schlüssel 4

Tipp 2: Benutze im Beispiel oben den Schlüssel 2.

Tipp 3: Nutze folgende Tabelle.

D																		P			
			S																		

2. Begründe, warum die Zahl bei der Gartenzaun-Verschlüsselung der Schlüssel ist.

Eine **Zeile** in einer Tabelle verläuft waagerecht, eine **Spalte** immer senkrecht.

Z	E	I	L	E

S				
P				
A				
L				
T				
E				

3. Notiere den Algorithmus in dein Heft und ergänze.
Bei der Gartenzaun-Verschlüsselung schreibt man den Geheimtext buchstabenweise in eine Tabelle. Die Tabelle hat so viele Spalten wie der Schlüssel angibt. Man beginnt mit dem ersten Buchstaben des Geheimtextes in dem ersten Kästchen oben links. Der zweite Buchstabe …

Bei der **Gartenzaun-Verschlüsselung** bleiben die Buchstaben, was sie sind, aber nicht, wo sie sind. In der Informatik nennt man das **Transposition.**

lat. *transponere* = versetzen

Caesar – verschobene Alphabete

Es geht die Sage, dass der römische Feldherr JULIUS CAESAR vor über 2000 Jahren seine Liebesbriefe an KLEOPATRA verschlüsselt hat.
Wenn ein Fremder den Brief lesen wollte, sah er nur Buchstabensalat.

A	B	C	D	E	F
A	B	C	D	E	F

Caesar-Verschlüsselung:

A	B	C	D	E	F
	A	B	C	D	E

aus BD wird AC

1. Bastelt euch einen eigenen Caesar-Schieber. Benutzt den Bastelbogen, den euch eure Lehrkraft zur Verfügung stellt (► S. 1, Webcode-Download).

2. Stelle nun den fertigen Schieber so ein wie im Beispiel oben. Der Schlüssel ist nun „B über A“ oder „+1“, da das untere Alphabet um eine Stelle nach rechts verschoben wurde. Welcher Buchstabe steht nun unter dem H? Welcher unter dem S?

3. Bestimmt ist dir aufgefallen, dass unter dem Buchstaben A im oberen Alphabet kein anderer Buchstabe mehr steht. Hast du eine Idee, was man dann macht?

4. Das Ablesen des Schiebers vom unteren Alphabet zum oberen Alphabet nennt man **verschlüsseln**. Der Geheimtext steht immer auf dem beweglichen Teil des Schiebers. Der Schlüssel lautet „O über A“.
   a) Verschlüssle das Wort INFORMATIK.
   b) Verschlüssle deinen Namen und den Namen deiner Lehrkraft.
   c) Verschlüssle den Satz: Ich war mal ein Klartext.

5. Das Ablesen des Schiebers in die andere Richtung nennt man **entschlüsseln**. Der Klartext steht immer auf dem festen Teil des Schiebers. Der Schlüssel lautet „Q über A“:
   a) Kannst du den Geheimtext *Husxduh* entschlüsseln?
   b) Entschlüssle *Ahofjebewyu*.
   c) Entschlüssle folgenden Satz.
   Aedhqt Pkiu udjmysaubju tud uhijud Secfkjuh

6. Denkt euch ein Sprichwort aus und verschlüsselt es. Notiert den Geheimtext und den Schlüssel auf einem Blatt. Sammelt alle Blätter in der Klasse ein, mischt sie und verteilt sie wieder. Nun könnt Ihr einen Wettbewerb starten: Wer knackt das Sprichwort am schnellsten?

Sender und Empfänger der Nachricht müssen vorher das Verschlüsselungsverfahren und den Schlüssel miteinander abgesprochen haben, sonst ist eine Entschlüsselung nicht möglich.

7. **Für Profis:** Würdest du wie Julius Caesar einen Liebesbrief auf diese Weise verschlüsseln?
Sammelt eure Ideen gemeinsam.

Bei der **Caesar-Verschlüsselung** werden die Buchstaben durch andere Buchstaben ersetzt. So eine Ersetzung wird in der Fachsprache **Substitution** genannt.

Vigenère – 26 mal Caesar

Eine Vorübung:
Im Fach Mathematik hast du bereits das kleine Einmaleins gelernt. Hier siehst du eine Tabelle mit allen Aufgaben.

1	2	3	4	5	6	7	8	9	10
2	4	6	8	10	12	14	16	18	20
3	6	9	12	15	18	21	24	27	30
4	8	12	16	20	24	28	32	36	40
5	10	15	20	25	30	35	40	45	50
6	12	18	24	30	36	42	48	54	60
7	14	21	28	35	42	49	56	63	70
8	16	24	32	40	48	56	64	72	80
9	18	27	36	45	54	63	72	81	90
10	20	30	40	50	60	70	80	90	100

1. In welcher Spalte findest du die 5er-Reihe? In welcher Spalte steht die 9er-Reihe?

2. Beschreibe, wie man mit Hilfe der Tabelle an die Lösung zu „7 mal 3“ kommt. Benutze die Begriffe Spalte und Zeile.

Tipp: Die Begriffe Spalte und Zeile hast du auf Seite 83 bereits kennengelernt.

Betrachten wir nun einmal folgende Tabelle, auch Vigenère-Quadrat genannt:

	Klartext																									
Schlüsselbuchstaben	**A**	**B**	**C**	**D**	**E**	**F**	**G**	**H**	**I**	**J**	**K**	**L**	**M**	**N**	**O**	**P**	**Q**	**R**	**S**	**T**	**U**	**V**	**W**	**X**	**Y**	**Z**
	B	C	D	E	F	G	H	I	J	K	L	M	N	O	P	Q	R	S	T	U	V	W	X	Y	Z	A
	C	D	E	F	G	H	I	J	K	L	M	N	O	P	Q	R	S	T	U	V	W	X	Y	Z	A	B
	D	E	F	G	H	I	J	K	L	M	N	O	P	Q	R	S	T	U	V	W	X	Y	Z	A	B	C
	E	F	G	H	I	J	K	L	M	N	O	P	Q	R	S	T	U	V	W	X	Y	Z	A	B	C	D
	F	G	H	I	J	K	L	M	N	O	P	Q	R	S	T	U	V	W	X	Y	Z	A	B	C	D	E
	G	H	I	J	K	L	M	N	O	P	Q	R	S	T	U	V	W	X	Y	Z	A	B	C	D	E	F
	H	I	J	K	L	M	N	O	P	Q	R	S	T	U	V	W	X	Y	Z	A	B	C	D	E	F	G
	I	J	K	L	M	N	O	P	Q	R	S	T	U	V	W	X	Y	Z	A	B	C	D	E	F	G	H
	J	K	L	M	N	O	P	Q	R	S	T	U	V	W	X	Y	Z	A	B	C	D	E	F	G	H	I
	K	L	M	N	O	P	Q	R	S	T	U	V	W	X	Y	Z	A	B	C	D	E	F	G	H	I	J
	L	M	N	O	P	Q	R	S	T	U	V	W	X	Y	Z	A	B	C	D	E	F	G	H	I	J	K
	M	N	O	P	Q	R	S	T	U	V	W	X	Y	Z	A	B	C	D	E	F	G	H	I	J	K	L
	N	O	P	Q	R	S	T	U	V	W	X	Y	Z	A	B	C	D	E	F	G	H	I	J	K	L	M
	O	P	Q	R	S	T	U	V	W	X	Y	Z	A	B	C	D	E	F	G	H	I	J	K	L	M	N
	P	Q	R	S	T	U	V	W	X	Y	Z	A	B	C	D	E	F	G	H	I	J	K	L	M	N	O
	Q	R	S	T	U	V	W	X	Y	Z	A	B	C	D	E	F	G	H	I	J	K	L	M	N	O	P
	R	S	T	U	V	W	X	Y	Z	A	B	C	D	E	F	G	H	I	J	K	L	M	N	O	P	Q
	S	T	U	V	W	X	Y	Z	A	B	C	D	E	F	G	H	I	J	K	L	M	N	O	P	Q	R
	T	U	V	W	X	Y	Z	A	B	C	D	E	F	G	H	I	J	K	L	M	N	O	P	Q	R	S
	U	V	W	X	Y	Z	A	B	C	D	E	F	G	H	I	J	K	L	M	N	O	P	Q	R	S	T
	V	W	X	Y	Z	A	B	C	D	E	F	G	H	I	J	K	L	M	N	O	P	Q	R	S	T	U
	W	X	Y	Z	A	B	C	D	E	F	G	H	I	J	K	L	M	N	O	P	Q	R	S	T	U	V
	X	Y	Z	A	B	C	D	E	F	G	H	I	J	K	L	M	N	O	P	Q	R	S	T	U	V	W
	Y	Z	A	B	C	D	E	F	G	H	I	J	K	L	M	N	O	P	Q	R	S	T	U	V	W	X
	Z	A	B	C	D	E	F	G	H	I	J	K	L	M	N	O	P	Q	R	S	T	U	V	W	X	Y

3. Nutze noch einmal deinen gebastelten Caesar-Schieber. Stelle als Schlüssel A über B ein. Betrachte nun die ersten beiden Zeilen. Vergleiche mit dem großen Quadrat oben. Was fällt dir auf?

Wortbedeutung: Ein Diplomat oder eine Diplomatin vertritt die Regierung eines Landes in einem anderen Land.

Der Franzose BLAISE DE VIGENÈRE stieß im Alter von 26 Jahren auf alte Schriften mit einer Verschlüsselungsmethode, die er verbesserte. Er hatte diplomatische Aufgaben in Rom zu erfüllen und nutzte diese Verschlüsselung. Später widmete er sich der Wissenschaft.

Zum Nachvollziehen der Vigenère-Verschlüsselung nutzen wir folgende Begriffe:

- Klartext (KT): die Lilie, die Rose, die Tulpe
- Schlüsselwort (SW): GELB

Schritt 1:

KT	D	I	E	L	I	L	I	E	D	I	E	R	O	S	E	D	I	E	T	U	L	P	E
SW	G	E	L	B	G	E	L	B	G	E	L	B	G	E	L	B	G	E	L	B	G	E	L

4. Beschreibe, was in Schritt 1 passiert.

Schritt 2:
Nun benötigst du das Vigenère-Quadrat.
Suche in der ersten Zeile den ersten Klartextbuchstaben D.
Suche in der ersten Spalte den ersten Schlüsselwortbuchstaben G

KT	D
SW	G

Gehe nun von oben gerade in der Spalte herunter und von links gerade in der Zeile nach rechts (wie in der Aufgabe „7 mal 3" im Einmaleins-Quadrat auf Seite 85). Nimm ein Lineal zur Hilfe, wenn du unsicher bist. Du triffst auf einen neuen Buchstaben. Es ist das J.
Wiederhole den Algorithmus nun für den zweiten Klartextbuchstaben und den zweiten Schlüsselbuchstaben.

KT	D	I	E	L	I	L	I	E	D	I	E	R	O	S	E	D	I	E	T	U	L	P	E
SW	G	E	L	B	G	E	L	B	G	E	L	B	G	E	L	B	G	E	L	B	G	E	L
GT	J																						

5. Übertrage die Tabelle in dein Heft. Ergänze die fehlenden Buchstaben.

6. Welche Buchstaben sind aus dem E geworden?
Wie wurde das Wort DIE jeweils verschlüsselt?

7. Betrachte noch einmal deine Erkenntnisse aus Aufgabe 6. Erkläre, wieso sich der Geheimtext für DIE nicht immer wiederholt?

8. Überlegt gemeinsam, wie schnell man die Vigenère-Verschlüsselung knacken kann. Denkt an kurze und lange Schlüssel. Wie sicher ist die Vigenère-Verschlüsselung im Vergleich zur Caesar-Verschlüsselung?

9. Entschlüssle die folgenden Worte. Das Schlüsselwort ist immer WITZ.
   a) Unterhalten sich zwei Kerzen:
   „Ist Wasser eigentlich gefährlich?" – „Davon kannst du wclfapxm."
   b) Was machen zwei wütende Schafe? – Sie kriegen sich in die Sweka.
   c) Ich wollte Spiderman anrufen, aber er hatte kein Jmmy.
   d) Wie nennt man jemand der so tut als würde er etwas werfen? – Einen Okadevpdnnxq.
   e) Wie nennt man einen ausgehungerten Frosch? – lizdnynzns

> Die **Vigenère-Verschlüsselung** arbeitet mit einem zyklischen Schlüssel, d. h., er wiederholt sich immer wieder. Genau an dieser Stelle kann man ansetzen, um diese Verschlüsselung zu knacken.

Kryptoanalyse – jetzt wird geknackt

Was du bisher schon gelernt hast:

1. Entschlüssle die folgenden Geheimtexte. Welcher Code/welche Verschlüsselung wurde benutzt?
   a) −− −−− ·−· ··· · −−·· · ·· −·−· ···· · −·
   b) 
   c) Qrgxzkdz (Schlüssel G über A)
   d) 
   e) Ghinseemi (Schlüssel 2)

2. Erkläre, wie du in Aufgabe 1 herausbekommen hast, nach welchem Algorithmus verschlüsselt wurde.

3. **Für Profis:** Mit welcher Verschlüsselung/mit welchem Code würdest du eine geheime Nachricht verschlüsseln? Welchen Code würdest du nicht benutzen?

gr. *kryptos* = geheim
graphein = schreiben

Du hast bisher schon einige Codes und Verschlüsselungen kennengelernt, sie miteinander verglichen und über ihre Sicherheit nachgedacht. Dieses Teilgebiet heißt **Kryptographie**.

Nun werden wir uns auf die andere Seite begeben: wir werden versuchen, die geheimen Nachrichten zu knacken, also zu entschlüsseln, ohne den Schlüssel zu kennen. Wir sind damit im Teilgebiet der **Kryptoanalyse**.

Die **Kryptologie** unterteilt sich in **Kryptographie** und **Kryptoanalyse**.

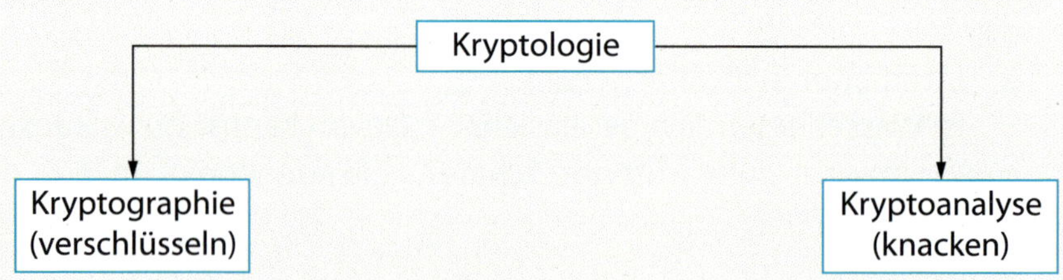

Sieh dir mal den folgenden Geheimtext an. Er wurde mit der Caesar-Verschlüsselung erstellt. Leider ist der Schlüssel unbekannt. Was fällt dir auf?

gjg rubkrgik cgx jok kxyzk vxumxgssokxkxot ckrzckoz

Wie oft kommt der Buchstabe K vor? Welcher Buchstabe war es vermutlich im Klartext?
Der Buchstabe K kommt im Geheimtext oben häufig vor. In der Informatik spricht man nun von einer Häufigkeitsanalyse. Das bedeutet, man zählt die Buchstaben in einem Text und notiert, welche am häufigsten vorkommen.

Tipp zur Arbeitsaufteilung:
Wer zählt welchen Buchstaben?
Wo notiert Ihr gemeinsam Eure Ergebnisse?

4. Zählt die Buchstaben im Text, den euch eure Lehrkraft gibt. Teilt euch die Arbeit auf (► S. 1, Webcode-Download).

5. Findet heraus, welcher Buchstabe am häufigsten vorkommt, welcher am zweithäufigsten.

6. **Für Profis:** Benutzt eine Tabellenkalkulation, um die gefundenen Buchstabenhäufigkeiten in einem Diagramm darzustellen. Welcher Diagrammtyp eignet sich am besten?

Die **Häufigkeitsanalyse** ist ein Verfahren in der Kryptoanalyse (der Wissenschaft vom Knacken von Geheimtexten). Sie stellt die Häufigkeit der Buchstaben nebeneinander.
Ein Merkwort ist **ENSIRAT.**
Der Buchstabe **E** kommt in deutschen Texten am häufigsten vor. Als zweithäufigster Buchstabe tritt **N** auf. Meistens folgen dann **S, I, R, A** und **T.**
Man kann mit Hilfe der Häufigkeitsanalyse auch dann entschlüsseln, wenn der Schlüssel nicht bekannt ist. Leider kann man nur einige Verschlüsselungsverfahren mit der Häufigkeitsanalyse knacken.

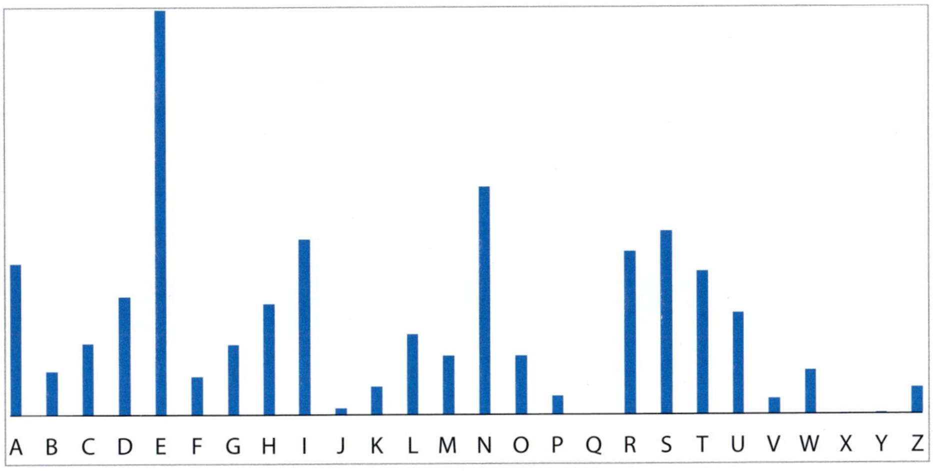

Häufigkeitsanalyse für deutsche Texte

Wenn der Schlüssel nicht bekannt ist, kann man mit der Häufigkeitsanalyse den Geheimtext trotzdem entschlüsseln.

7. Vergleiche die Häufigkeitsanalyse nach ENSIRAT (vgl. Merktext) mit der Analyse in Aufgabe 5 und 6. Notiere, was dir auffällt.

Wie kann man nun einen Geheimtext entschlüsseln? Hier hilft dir ein Algorithmus.

Algorithmus zum Entschlüsseln:
1. Verschlüsselungsverfahren feststellen
2. Buchstabenhäufigkeiten ermitteln
3. Vermutung aufstellen: Der am häufigsten gefundene Buchstabe war ein e.
4. Vermutung überprüfen: Caesarschieber einstellen, am häufigsten gefundenen Buchstaben über e einstellen und entschlüsseln.
5. Wenn der Klartext sinnvoll ist, bist du fertig, sonst gehe zu Punkt 3 und nutze den nächsthäufigsten Buchstaben.

8. Benutzte den Algorithmus zum Entschlüsseln für folgenden Geheimtext (► S. 1, Webcode-Download).
Gx ehilqghvw Glfk lq hlqhp gxqnohq Udxp plw guhl Wruhq. Klqwhu ghp huvwhq Wru odxhuw hlq Ohrsdug, ghu vhlw dfkw Prqdwhq qlfkwv phku jhiuhvvhq kdw. Klqwhu ghp Czhlwhq Wru huzduwhw Glfk hlq Dolhq plw hlqhu Odvhuzdiih. Klqwhu ghp gulwwhq Wru vwhkw hlq Sludw plw hlqhu Pxvnhwh.
Zhofkhv Wru qlppvw Gx, gdplw Gx vlfkhu iolhkhq ndqqvw?

Steganographie

Steganographie ist zusammengesetzt aus den griechischen Wörtern *steganos* = bedeckt und *graphein* = schreiben.

Bei der Steganographie wird die Nachricht nicht verschlüsselt, sondern versteckt. Man kann sie in Bildern aber auch in Computerdateien verstecken.

Auf den ersten Blick sieht das folgende Kinderbild harmlos aus.

Erique, 3 Jahre (ergänzt durch eine codierte Nachricht)

Erst auf den zweiten Blick fällt auf, dass die Grashalme sehr gerade verlaufen.

1. Kannst du die geheime Nachricht finden und entschlüsseln? Achtung! Die geheime Nachricht ist codiert.

2. Male ein Bild und verstecke die Nachricht INFORMATIK IST EINFACH GENIAL. Du kannst die Nachricht zum Beispiel in den Dachziegeln eines Hauses verstecken (ausgemalte Dachziegel steht für einen Punkt, nicht ausgemalte Dachziegel stehen für einen Strich, der blaue Dachziegel trennt die einzelnen Buchstaben voneinander) oder selber kreativ werden.

3 Moderne Verfahren

Der QR-Code – schnelle Antwort

Der QR-Code (*quick response code*, englisch für schnelle Antwort) ist eine moderne Form der Codierung. Komplizierte Informationen wie Texte, Telefonnummern oder Webadressen können so einfach und verkürzt dargestellt werden. Ursprünglich wurden die QR-Codes für die Automobilproduktion entwickelt, um Autoteile maschinell zuordnen zu können.

1. Beschreibe die drei QR-Codes. Was haben sie gemeinsam?

Schauen wir uns einmal folgenden QR-Code an :

Die drei großen und das kleine blau markierte Quadrat zeigen, wo der Code beginnt und endet.
Das kleine blau markierte Quadrat hilft außerdem bei der Bestimmung der Richtung. Hier zeigt sich, ob der Code auf der Seite oder auf dem Kopf steht.
Die grünen Bereiche bleiben weiß, damit die großen Quadrate gut erkannt werden können. Im roten Bereich wechseln sich schwarze und weiße Kästchen immer ab. Sie legen die Größe einer Zeile und einer Spalte fest.

So wird die geheime Nachricht entschlüsselt:

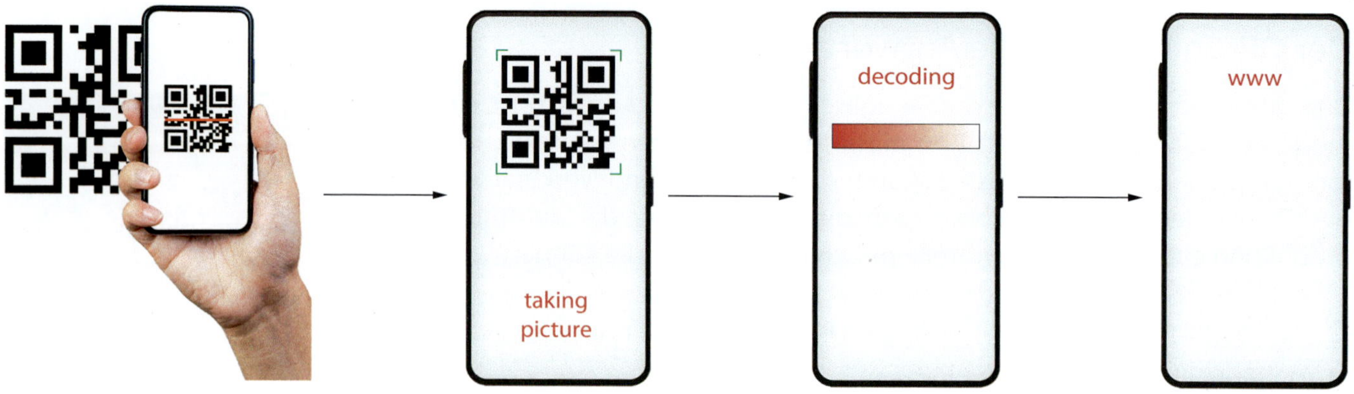

Handy auf den Code richten — Fotografieren — Decodieren — Webseite

> Um einen QR-Code lesbar zu machen, braucht man ein Smartphone (Tablet, PC) mit einer App.

2. Im folgenden QR-Code fehlen schwarze Kästchen. Es ist nun deine Aufgabe, sie mit einem schwarzen Filzstift zu ergänzen. Die Abbildung im Buch ist natürlich viel zu klein. Deine Lehrkraft gibt dir ein Arbeitsblatt mit dem vergrößerten Code Öffne die Datei zur Aufgabe (▶ S. 1, Webcode-Download). Wenn du alles richtig ausmalst, kann der Code gelesen werden und ergibt ein Lösungswort.

Public-Key-Verschlüsselung – jetzt machen wir den Schlüssel öffentlich

Alle bisher vorgestellten Verschlüsselungen waren symmetrisch, d.h., Sender und Empfänger benötigen beide denselben geheimen Schlüssel. Bevor man jemandem eine geheime Nachricht schicken konnte, musste man sich einmal getroffen haben, um einen Schlüssel zu vereinbaren. Was passiert aber, wenn man sich nicht vorher treffen kann?

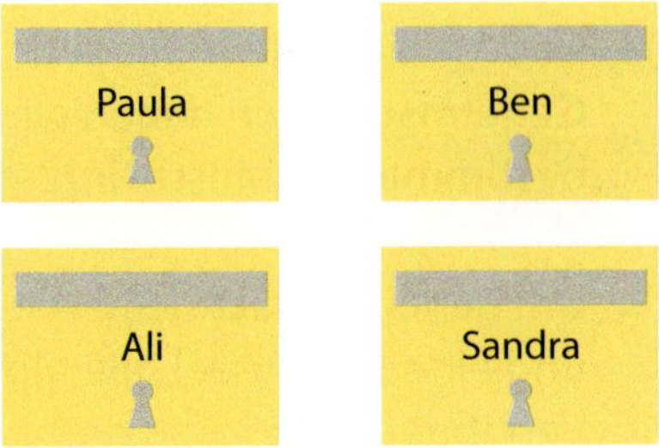

Stell dir Folgendes vor:
Es gibt eine große Menge von Briefkästen. Jeder ist abgeschlossen und hat einen Schlitz zum Briefeinwurf. Außerdem ist jeder Briefkasten mit einem Namen beschriftet.

Wenn Anna nun Paula eine geheime Nachricht schicken möchte, geht sie so vor:

1. Anna schreibt ihre Nachricht auf ein Blatt Papier.
2. Sie sucht den Briefkasten von Paula und wirft das Blatt hinein.
3. Keiner außer Paula kann den Briefkasten öffnen und die Nachricht lesen. Selbst Anna kann die Nachricht nicht mehr aus dem Briefkasten holen.
4. Paula besitzt den einzigen Schlüssel zu ihrem Briefkasten. Sie kann mit ihrem Schlüssel die Nachricht aus dem Briefkasten herausholen und die Nachricht lesen.

Zum Verschlüsseln braucht der Sender nur die Nachricht in den Briefkasten zu werfen.
Zum Entschlüsseln braucht der Empfänger nur seinen Schlüssel.

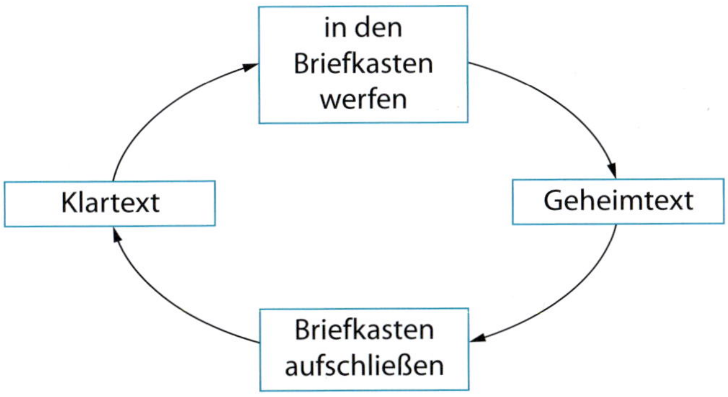

Jeder kann alle Briefkästen sehen, sie sind öffentlich. Aber nur der Empfänger kann (seinen) Briefkasten aufschließen.
In unserem Modell ist der verschlossene Briefkasten der öffentliche Schlüssel.

> Beim **Public-Key-Verfahren** gibt es einen öffentlichen Schlüssel und einen privaten Schlüssel. Es muss vorher kein Geheimnis miteinander geteilt werden.

Grundwissen

- Um Informationen für einen Computer lesbar zu machen, müssen sie codiert werden.
  Informationen sind **Daten**, die in einen Kontext gesetzt sind. Sie sind z. B. in einer Sprache geschrieben, die man verstehen kann.

- Die **Kryptologie** teilt sich in die Teilgebiete der Kryptographie (schreiben) und Kryptoanalyse (knacken). Ein Hilfsmittel zum Knacken ist die Häufigkeitsanalyse. Hierbei zählt man das Auftreten einzelner Buchstaben und zieht dann daraus Rückschlüsse.

- **Codes** tragen kein Geheimnis; jeder kann nachlesen, wie sie funktionieren.
  Geheimschriften haben einen Schlüssel, mit ihnen kann man verschlüsseln. Niemand kann einen bestimmten Schlüssel irgendwo nachlesen, er ist geheim.

- Um geheime Nachrichten miteinander austauschen zu können, muss man sich vorher auf das Verfahren und einen Schlüssel geeinigt haben. Der Schlüssel wird zum Ent- und zum Verschlüsseln benötigt. Diese Verfahren nennt man deshalb **symmetrisch**.
  Man spricht von **Klartext** (Nachricht ist klar zu lesen) und **Geheimtext** (verschlüsselte Nachricht).

- Wir haben unterschieden:

  Codes
  - Winkeralphabet
  - Turmtelegraph
  - Morsealphabet
  - Binärsystem

  Transpositionsverfahren
  - Gartenzaun-Verschlüsselung

  Substitutionsverfahren
  - Caesar-Verschlüsselung
  - Vigenère-Verschlüsselung

  Steganographie
  Nachrichten werden in Bildern versteckt.

  Bei den QR-**Codes** handelt es sich um eine gemischte Form: die Buchstaben werden in schwarze und weiße Kästchen substituiert und dann im Quadrat des Codes transpositioniert.

Zeig was du kannst

1. Während einer langweiligen Unterrichtsstunde kommst du plötzlich auf die Idee, einer Mitschülerin eine geheime Nachricht zu schicken.

a) Warum ist dies mit der Caesar-Verschlüsselung nicht möglich? Begründe.

b) Begründe, warum dies mit einem Code möglich ist.

2. Im Schwimmbad

Ann Katrin und Torben gehen heute ins Schwimmbad „Krypto".
Ann Katrin schaut auf ihre „Krypto"-Liste für die Schwimmtasche, ob sie alles eingepackt hat. Hilf ihr dabei. Schreibe die Tabelle in dein Heft. Der Schlüssel lautet D über A. Verbinde.

Apfel	Gxvfkjho
Badeanzug	Vfkzlppeulooh
Bikini	Edghdqcxj
Buch	Elnlql
Duschgel	Vkdpsrr
Geldbörse	Exfk
Schwimmbrille	Jhogeöuvh
Shampoo	Dsiho

Sie hat etwas Wichtiges vergessen. Was ist es?

Beide Kinder gehen ins Schwimmbad hinein und wundern sich. Bei allen Hinweisschildern sind einige Worte verschlüsselt. Kannst du ihnen helfen?

a) Bevor man ins Wasser darf, muss man izxhmjs. F über A

b) Die Kleidung sollte im Urkpf eingeschlossen werden. C über A

c) Der Schlüssel zum Spind kann am Pivlomtmvs getragen werden. I über A

d) Das Jnffre ist 24 Grad Celsius warm. M über A

e) Die Lphhtggjihrwt darf erst ab einem Alter von otwc Jahren benutzt werden. P über A

f) Der Tsvwewaklwj überwacht den Tsvwtwljawt. S über A

g) Im Rzggziwvy darf nicht Rvnnzmwvgg gespielt werden. V über A

Nach dem Schwimmen haben Ann Katrin und Torben Hunger. Sie gehen zum Kiosk. Dort sehen sie folgendes Schild. Bitte hilf ihnen noch einmal.

> Yxvvnb Ujtarci Kjpdnccn Urvx Blqxtxujmn Ldaahfdabc Nrb

Ann Katrin geht um das Schild herum. Sie sucht einen Schlüssel. Plötzlich fällt Torben etwas ein. Er weiß, dass der Kiosk Eis verkauft. Kannst du nun das Schild entschlüsseln?

3. Eine musikalische Verschlüsselung

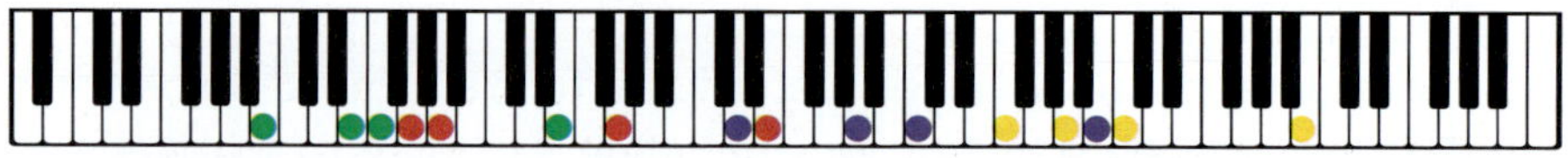

a) Kannst du die Worte knacken?
b) Findet hier eine Substitution oder Transposition statt? Begründe.

4.
Finde die versteckten Begriffe im Arbeitsblatt Buchstabensalat. Schreibe sie in dein Heft. Sie haben alle etwas mit diesem Kapitel zu tun. Weißt du noch, was sie bedeuten? (► S. 1, Webcode-Download)

5.
Entwickle eine eigene Verschlüsselung. Werde kreativ! Du kannst zum Beispiel eine besondere Schriftart in einer Textverarbeitung benutzen. Das Wort Verschlüsselung sieht in Wingdings dann so aus:
✞♏❒⬧♍♒●⬧⬧⬧♏●◆■♑

Bilderrätsel heißt auch Rebus (*lat.* „durch Dinge").

6. Löse folgende Bilderrätsel:

a)

 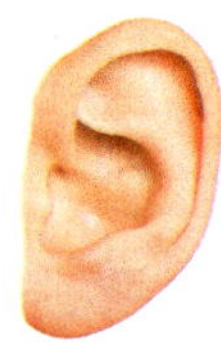

1. bis 3. Buchstabe H streichen

1. Buchstabe

1. Buchstabe

1. Buchstabe

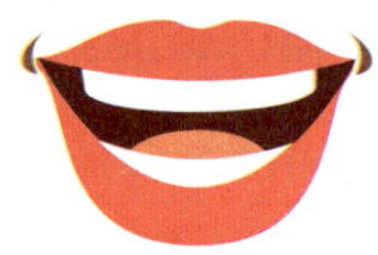

1. + 2. Buchstabe

1. Buchstabe

b) Füge L als 4. Buchstaben ein:

c) Nimm jeweils den 1. Buchstaben und setze ein Wort zusammen:

d) Suche im aktuellen Kapitel nach weiteren wichtigen Begriffen und erfinde selbst Bilderrätsel

7.
Welche Zahlen sind hier gemeint? Kannst du selber noch weitere Sätze erfinden?
a) Aller guten Dinge sind II.
b) Schneewittchen und die III Zwerge.
c) Es gibt nur I0 Arten von Menschen: die einen verstehen das Binärsystem; die anderen nicht.

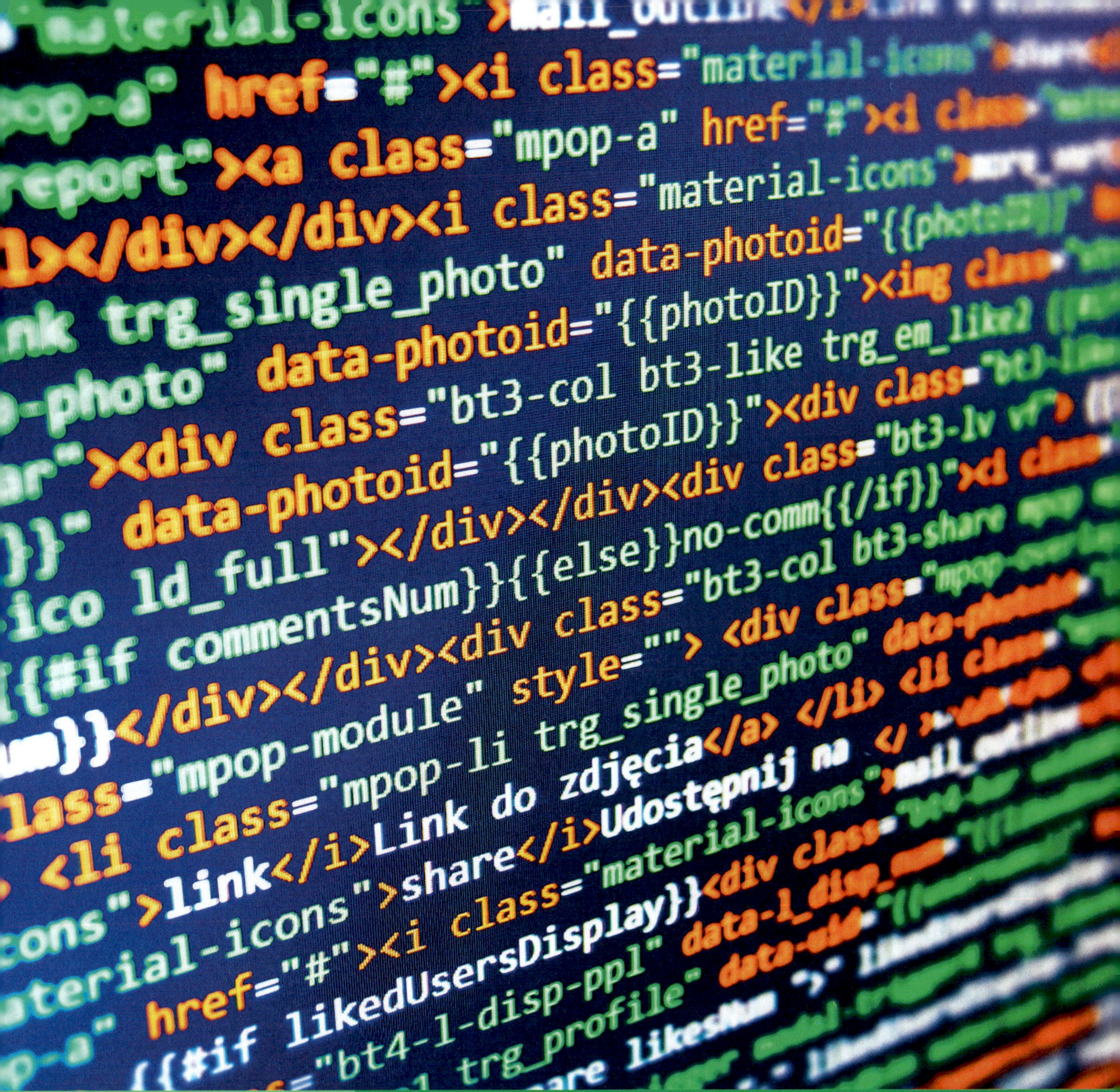

Kapitel 4

Programmieren II

- Was du schon weißt
- Teste dein Können
- 1 Entscheidungen
- 2 Bedingte Wiederholungen
- 3 Für Profis: Klassen und Objekte
- Grundwissen
- Zeig was du kannst

In Kapitel 2 hast du die ersten Schritte in der Kunst des Programmierens gemacht. Dabei hast du schon Programme erstellt, die bestimmte Abläufe steuerten. Im folgenden Kapitel wirst du noch mehr Einblicke erhalten und schon bald die ersten Spiele programmieren.

Was du schon weißt

Damit sich Menschen verstehen können, müssen sie die gleiche **Sprache** sprechen. Das ist beim Computer ganz ähnlich. Hier sind alle Computerprogramme in einer bestimmten Sprache, der sogenannten Programmiersprache, verfasst.

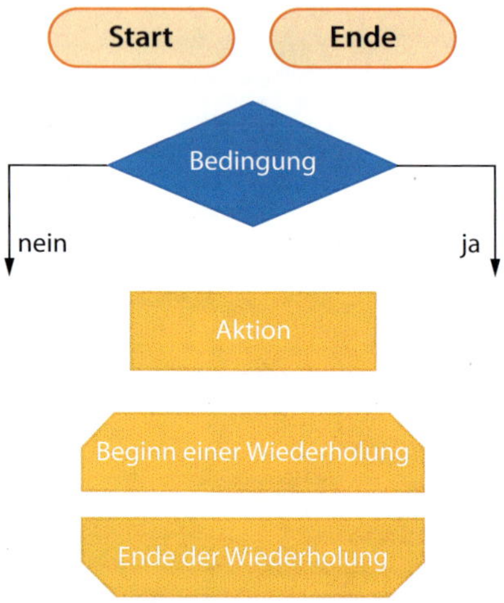

Symbole für die Erstellung eines Flussdiagramms

1. Zähle alle Sprachen (auch Programmiersprachen) auf, die in deiner Klasse gesprochen werden.

Es reicht jedoch nicht, dass dieselbe Sprache gesprochen wird. Damit ein Computer eine Programmiersprache lesen kann, muss diese zunächst aufgeschrieben werden. Dafür gibt es verschiedene Notationsformen – wie zum Beispiel den Pseudocode, das Flussdiagramm oder Scratch-Befehle.

2. Die Lehrkraft sagt am Ende der Unterrichtsstunde: „Bitte schreibt als Hausaufgabe die Seite 25, Nummer 6, in euer Hausaufgabenheft auf."

a) Beschreibe den Ablauf mit Hilfe eines Pseudocodes.
b) Beschreibe den Ablauf mit Hilfe eines Flussdiagramms.

Neben der gleichen Sprache und Notationsform sind **Fachbegriffe** ebenso wichtig. Damit kannst du schnell und genau sagen, was du meinst.
Bisher sind dir, unter anderem, folgende Begriffe bekannt:
Algorithmus, Anweisung, Sequenz, Zählwiederholung und Schachtelung.

3. Ordne die Fachbegriffe deren Bedeutung zu:

a) Ein Algorithmus ist …	… ein Befehl, damit eine bestimmte Aktion ausgeführt wird.
b) Eine Anweisung ist …	… werden Anweisungen so oft wiederholt, wie hoch der Zählwert ist.
c) Eine Sequenz besteht …	… eine Anleitung, die eindeutig, endlich und ausführbar ist.
d) Bei einer Zählwiederholung …	… liegen mehrere Zählwiederholungen ineinander.
e) Bei einer Schachtelung …	… aus mehreren Anweisungen, die nacheinander ausgeführt werden.

Alle Fachbegriffe in einem Scratch-Code zusammengefasst

4. Ordne die Fachbegriffe aus Aufgabe 3 dem nebenstehenden Scratchcode zu.

Teste dein Können

Im Bereich der Programmiersprachen gibt es aber noch viel mehr Fachbegriffe, als auf der vorigen Seite genannt sind. Sie sollen die gemeinsame Basis für die weiteren Schritte sein.

1. Löse das Kreuzworträtsel zu den Fachbegriffen aus dem Bereich „Programmieren" auf dem Arbeitsblatt (► S. 1, Webcode-Download).

Doch nicht nur Fachbegriffe sind wichtig. Du kannst auch ganz frei gestalten und kreativ mit den verschiedenen **Bühnenbildern** und **Figuren** umgehen.

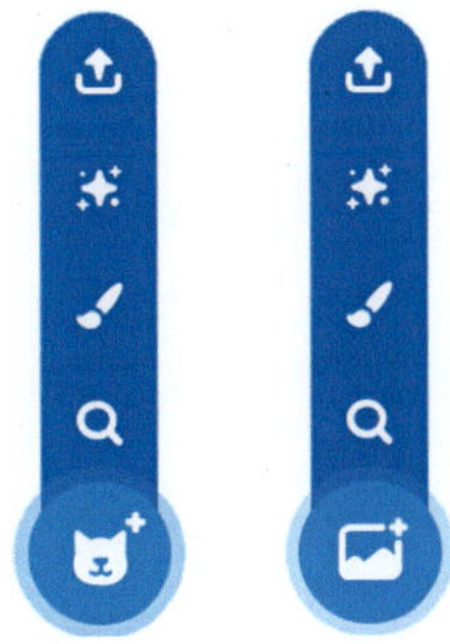

Scratch-Menü zur Bearbeitung von Bühnenbildern und Figuren

2. Gestalte in Scratch ein Bühnenbild mit verschiedenen Figuren und Kostümen.
a) Füge ein Bühnenbild deiner Wahl ein.
b) Füge eine passende Figur deiner Wahl ein.
c) Entscheide dich bei der gewählten Figur für ein passendes Kostüm.

Das Ziel ist es jedoch, dass du kleine Programme schreibst, die einen bestimmten Ablauf zeigen. Dabei gibst du **Anweisungen** und erstellst **Sequenzen.**
Du kannst bei all diesen Programmieraufgaben tüfteln und knobeln, testen und optimieren.

3. Erkläre genau: Was passiert, wenn der nebenstehende Code ausgeführt wird?

4. Vervollständige den nebenstehenden Code, indem du eine gemalte Figur entstehen lässt. Sei kreativ.

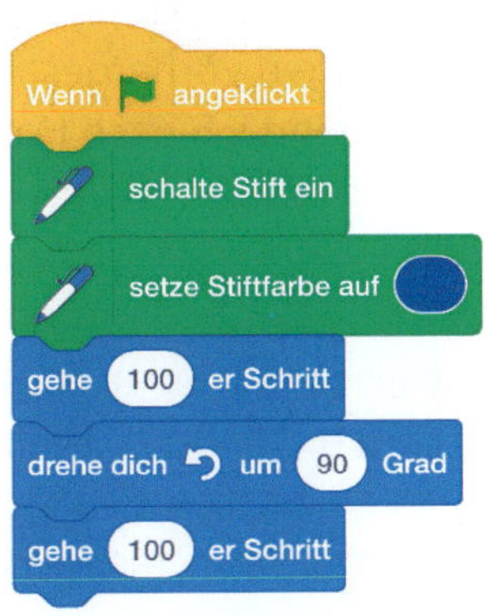

Code zur Aufgabe 3 und 4 (links) und Initialisierung (rechts)

Wenn dein geschriebenes Programm funktioniert, dann hast du dein Ziel erreicht. Oder doch noch nicht? Oft ist es sinnvoll, dass dein Programm möglichst kurz und kompakt ist, damit du den Überblick behältst. Das gelingt dir mit **Zählwiederholungen** und **Schachtelungen.**

5. Suche in eurem Schulhaus nach der längsten Treppe und zähle deren Stufen. Erstelle ein kurzes und kompaktes Programm, das diese Treppe nachzeichnet.

6. Erstelle einen Code, der die nebenstehende Treppe nachstellt (Schritt bei Treppe: 5er; Schritt bei Zwischengeschoss: 40er).
Denke auch hier an ein möglichst kurzes und kompaktes Programm.

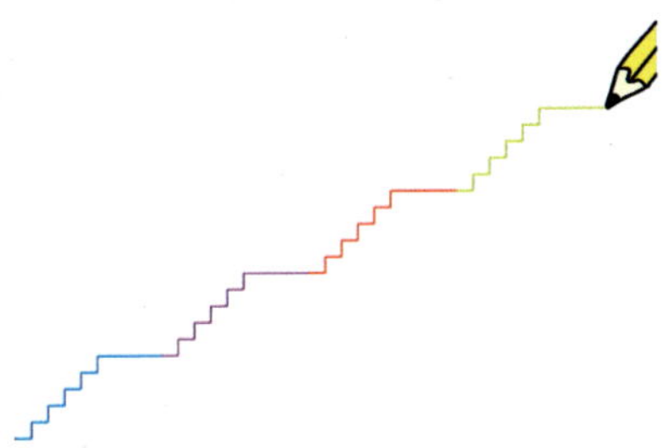

Abgelaufenes Programm zur Aufgabe 6

1 Entscheidungen

Du musst täglich eine Vielzahl von Entscheidungen treffen.
Beispiele:

- Nehme ich einen Regenschirm mit?
- Muss ich meinen Hausschlüssel mitnehmen?
- Ziehe ich eine kurze oder eine lange Hose an?

Entscheidungsstrukturen

Deine Entscheidungen hängen von Bedingungen ab:

- Ist Regen vorhergesagt?
- Ist, wenn ich nach Hause komme, jemand daheim?
- Ist es draußen warm oder kalt?

Anhand der Bedingung fällst du deine Entscheidungen:

- Falls Regen vorhergesagt ist, dann nehme ich meinen Regenschirm mit.
- Falls niemand zu Hause sein wird, nehme ich meinen Hausschlüssel mit.
- Wenn es draußen warm ist, dann ziehe ich eine kurze Hose an. Wenn nicht, ziehe ich eine lange an.

1. Notiere drei Entscheidungen, die du heute schon treffen musstest.
   a) Finde Bedingungen, von denen deine Entscheidungen abhängig waren.
   b) Formuliere, wie du dich anhand deiner Bedingungen entschieden hast.
   c) Tausche dich mit einer Partnerin oder einem Partner darüber aus.

Auch beim Programmieren müssen deine Objekte immer wieder Entscheidungen treffen bzw. auf Eigenschaftsänderungen reagieren. Einen Befehl hast du hier schon häufig verwendet:

2. Beschreibe die Funktion des Befehls (► Seite 100 unten).

3. Implementiere ein Beispiel, mit dessen Hilfe du die Funktion des Befehls zeigen kannst.

4. Hast du noch andere Befehle aus dem Bereich „Ereignisse" verwendet?
   a) Notiere Verhalten und Verwendung dieser Befehle.
   b) Tausche dich mit einem Partner darüber aus.

Mit Befehlen aus dem Bereich „Steuerung" und „Fühlen" lassen sich ähnliche Befehle wie aus dem Bereich „Ereignisse" selbst bauen.

Tipp: Wenn ich immer wieder überprüfen will, ob ein Ereignis eingetreten ist, so muss ich die Überprüfung fortlaufend wiederholen.

5. Implementiere aus folgenden Befehlen ein Programm, bei dem die Katze sagt „Ich berühre den Rand", wenn dies der Fall ist.

6. **Für Profis:** Überlege dir selbst ein Programm, bei dem du mit Befehlen aus den Bereichen „Steuerung" und „Fühlen" deine Figur auf Ereignisse reagieren lässt.
   Implementiere dieses Programm.
   a) Tauscht eure Programme untereinander aus. Erkennst du anhand der Programmierung, was das Programm macht? Notiere deine Vermutung.
   b) Überprüfe deine Vermutung durch Testen des Programms.

Bedingungen und ihre Verknüpfung

Bedingungen sind ein grundlegender Bestandteil von Entscheidungsstrukturen.

> Eine **Bedingung** ist immer entweder wahr oder falsch.

Je nach Problemstellung müssen wir mehrere Bedingungen verknüpfen oder auch verneinen. Hierzu nutzen wir die logischen Operatoren:

NICHT-Operator

	Ausdruck	Ergebnis
	nicht wahr	falsch
	nicht falsch	wahr

> Der **NICHT-Operator** kehrt das Ergebnis einer Bedingung um.

1. Überarbeite dein Programm aus Aufgabe 5 (Seite 101) so, dass dir die Katze immer mitteilt, wenn sie den Rand nicht berührt.

ODER-Operator

	Ausdruck	Ergebnis
	wahr oder wahr	wahr
	falsch oder wahr	wahr
	wahr oder falsch	wahr
	falsch oder falsch	falsch

> Zwei mit **ODER** verknüpfte Bedingungen sind immer wahr, wenn mindestens eine Bedingung wahr ist.

2. Implementiere ein Programm, bei dem die Katze dir etwas sagt, wenn die Leertaste oder die Maustaste gedrückt wird.

UND-Operator

Ausdruck	Ergebnis
wahr und wahr	wahr
falsch und wahr	falsch
wahr und falsch	falsch
falsch und falsch	falsch

> Zwei mit **UND** verknüpfte Bedingungen sind nur dann wahr, wenn beide Bedingungen wahr sind.

3. Implementiere ein Programm, bei dem die Katze dir etwas sagt, wenn die Leertaste und die a-Taste gleichzeitig gedrückt werden.

Die Operatoren lassen sich auch mischen. Dabei ist darauf zu achten, dass diese, ähnlich wie bei der „Punkt vor Strich"-Regel, nach einer bestimmten Reihenfolge abgearbeitet werden.

> Reihenfolge beim Abarbeiten der Operatoren:
> 1. NICHT
> 2. UND
> 3. ODER
>
> Gleiche Operatoren können in beliebiger Reihenfolge abgearbeitet werden.
>
> Ähnlich wie in der Mathematik können bei Bedingungen auch Klammern eingesetzt werden.

4. Wahr oder falsch? Bestimme das Ergebnis der Bedingungen!

a) nicht wahr und falsch
b) falsch oder wahr und falsch
c) nicht falsch und wahr oder wahr
d) nicht falsch oder wahr
e) wahr oder falsch und nicht wahr
f) wahr oder falsch und wahr oder falsch
g) (wahr oder falsch) und wahr oder falsch
h) (wahr oder falsch) und (wahr oder falsch)
i) nicht (wahr oder falsch) und (wahr oder falsch)

5. Notiert selber Bedingungen und tauscht diese mit einer Partnerin oder einem Partner. Kann sie oder er diese richtig lösen? Besprecht die Ergebnisse.

Alternative

Es gibt zwei Arten von Entscheidungsstrukturen:

Einseitige Alternative:
Die einseitige Alternative hast du schon kennengelernt. Sie wird auch als „Wenn-Dann-Anweisung" bezeichnet. Um diese zu implementieren verwendet man folgenden Scratch-Befehl:

1. Öffne die Datei zur Aufgabe (► S. 1, Webcode-Download).
Implementiere ein Programm, das beim Drücken der Leertaste die Katze auf ihre Ausgangsposition zurücksetzt.
Die Katze wird nun mit der Maus verschoben. Wenn die Katze so positioniert wird, dass sie einen roten Streifen berührt, soll sie sagen: „Ich berühre rot!"

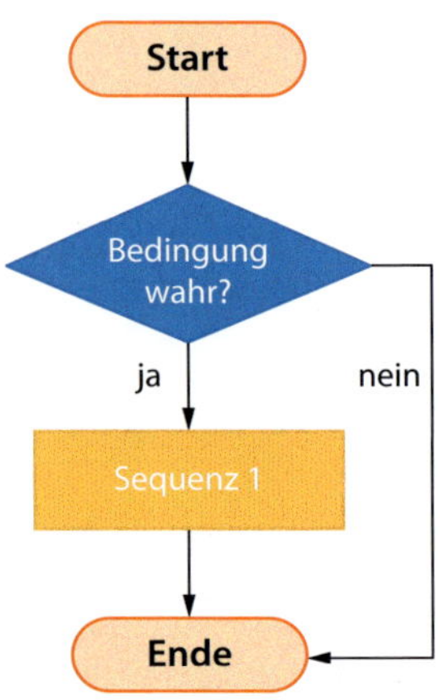

Flussdiagramm einseitige Alternative

Wenn die Bedingung erfüllt ist, **dann** führe die Sequenz innerhalb des Blocks aus.

Man spricht von einer **einseitigen Alternative (Wenn-Dann-Anweisung),** wenn diese aus einer Bedingung und nur einer Anweisungssequenz besteht.

Zweiseitige Alternative:
Zweiseitige Alternativen werden auch als „Wenn-Dann-Sonst-Anweisungen“ bezeichnet. Um diese zu implementieren, verwendet man folgenden Scratch-Befehl:

2. Verändere dein Programm aus Aufgabe 1 so, dass die Katze „Ich berühre weiß!“ sagt, wenn sie nicht den roten Streifen berührt. Tauscht euch zu zweit darüber aus, was passiert, wenn die Katze beide Farben gleichzeitig berührt.

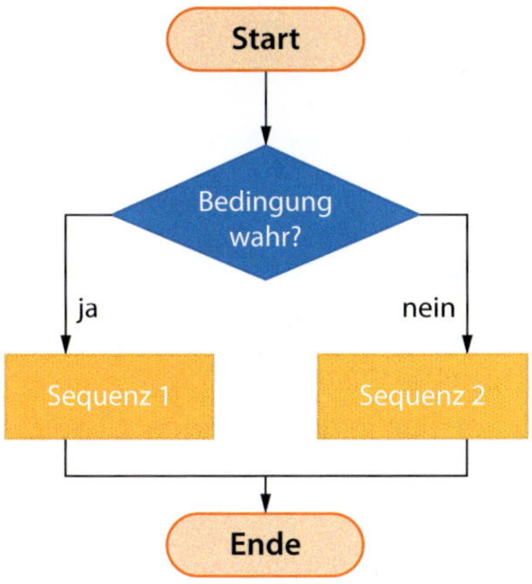

Flussdiagramm zweiseitige Alternative

Wenn die Bedingung erfüllt ist, **dann** führe die Sequenz innerhalb des Blocks aus, **sonst** führe die zweite Sequenz aus.

Man spricht von einer **zweiseitigen Alternative (Wenn-Dann-Sonst-Anweisung),** wenn diese aus einer Bedingung und zwei Anweisungssequenzen besteht.

Die eine Sequenz wird durchlaufen, wenn die Bedingung wahr ist, die andere, wenn die Bedingung falsch ist.

Die Befehle für Entscheidungsstrukturen können beliebig geschachtelt werden.

3. Verändere dein Programm so, dass die Katze, wenn sie beide Streifen berührt, sagt: „Ich berühre rot und weiß!“
Tauscht euch auch über eure Lösungen aus. Gab es Probleme? Wo bzw. warum sind diese aufgetreten?

Eine zweiseitige Alternative ließe sich auch aus zwei einseitigen Alternativen bauen. Dies würde aber mehr Rechenleistung kosten, da die Bedingung dann zweimal berechnet werden müsste.
Wenn möglich, verwendet man deshalb in diesen Fällen zweiseitige Alternativen.

2 Bedingte Wiederholungen

Bedingungen in Wiederholungen

Tipp: Folgende Wiederholungsblöcke kennst du bereits:

Immer wiederkehrende Abläufe kann man, wie du bereits gelernt hast, mit Hilfe der **Zählwiederholung** oder der **fortlaufenden Wiederholung** vom Computer ausführen lassen, ohne den Ablauf jedes Mal neu zu beschreiben.

Ein Beispiel dafür ist, dass sich ein Objekt immer in 2er-Schritten nach rechts bewegen soll, sodass man denkt, es würde laufen.

Tipp: Die Wiederholungsblöcke kann man in der Kategorie „Steuerung" finden.

1. Überlege, welche Scratch-Blöcke du dafür brauchst, um ein Objekt (z. B. den Käfer) immer in 2er-Schritten nach rechts laufen zu lassen.
2. Erstelle mit Hilfe von Scratch ein Programm, das dein Objekt nach rechts laufen lässt. Nutze einmal die Zählwiederholung und einmal die fortlaufende Wiederholung.

Der Käfer kann nun nach rechts laufen, doch verlässt er die Bühne. Male in dein Bühnenbild eine Wand um den Käfer herum, sodass dieser nicht mehr weglaufen kann. Beispiel:

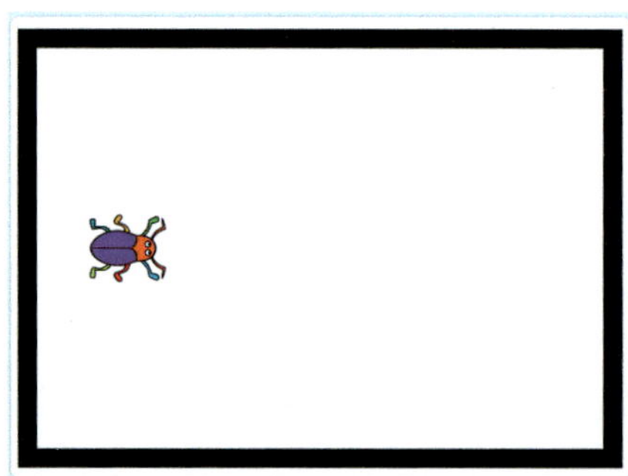

Der Reiter „Bühnenbilder" ist links oben in Scratch zu finden.

3. Wähle dein Bühnenbild aus und wechsle zum Reiter „Bühnenbilder". Nun kannst du mit Hilfe der Zeichenwerkzeuge eine Wand in deine Bühne einzeichnen.

Tipp: Um die Farbe deiner Wand zu bestimmen, nutze den Farbwähler und fahre mit der Maus über die Wand in deinem Bühnenbild.

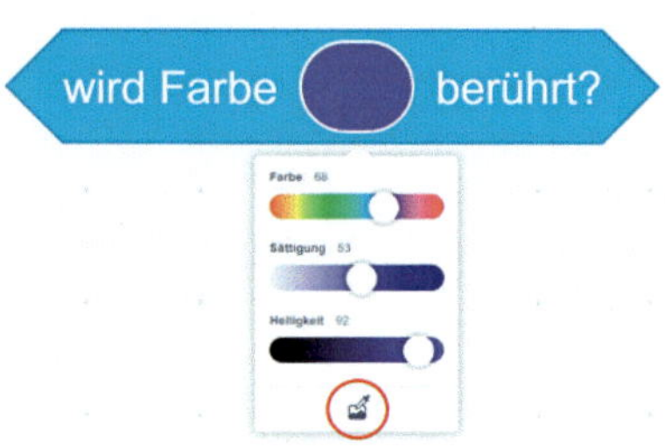

Die eingezeichnete Wand reicht jedoch nicht aus. Wie du feststellst, interessiert die Wand den Käfer überhaupt nicht und er läuft einfach hindurch. Um das zu ändern, benötigst du eine Bedingung, die den Käfer stoppt, wenn er die Wand berührt.

Am besten geht das mit dem Block „wird Farbe berührt?", den du in der Kategorie „Fühlen" finden kannst:

Diesen Block kannst du nun in einer Bedingung einfügen und dann, zum Beispiel den Käfer an seinen Ausgangspunkt zurücksetzen, wenn er die Wand berührt.

4. Füge eine Bedingung innerhalb der fortlaufenden Wiederholung oder der Zählwiederholung ein, die testet, ob der Käfer die Farbe deiner Wand berührt. Setze dann den Käfer auf seine Startposition zurück.

Tipp: Der Bedingungsblock testet die Bedingung, die in das sechseckige Feld gezogen wird.

Der Bedingungsblock kann alle „sechseckigen“ Blöcke aufnehmen.

Das fast gleiche Ergebnis kann man mit der bedingten Wiederholung erreichen, die die fortlaufende Wiederholung mit einer Bedingung kombiniert. Links ist die fortlaufende Wiederholung mit einer Bedingung dargestellt, rechts die bedingte Wiederholung:

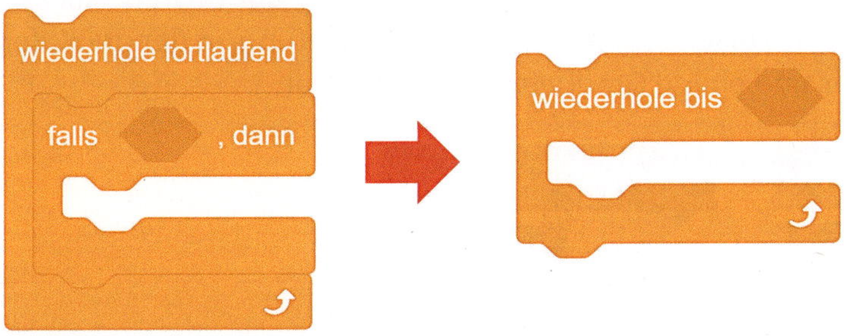

> Bedingte Wiederholungen überprüfen eine Bedingung und wiederholen eine Anweisung oder Sequenz solange, bis die Bedingung zutrifft.

Probiere es aus:

5. Hier siehst du verschiedene Anweisungen, die wiederholt werden sollen, bis eine Bedingung erfüllt ist.
Ordne die Satzteile entsprechend zu:

Wiederhole solange	**bis**
Putze solange deine Zähne	bis der Pausengong ertönt.
Lerne solange das Gedicht	bis sie glatt sind.
Räume solange dein Zimmer auf	bis du es auswendig kannst.
Kämme solange deine Haare	bis sie glänzen.
Bleib solange still sitzen	bis es ordentlich ist.

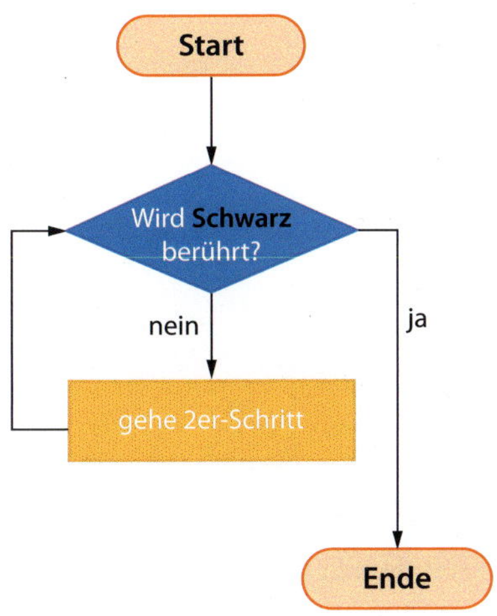

Flussdiagramm für eine bedingte Wiederholung

6. Ändere dein Programm und nutze die bedingte Wiederholung, um den Käfer nach rechts laufen zu lassen, bis er die Wand berührt. Danach soll er auf seine Ausgangsposition zurückgesetzt werden.

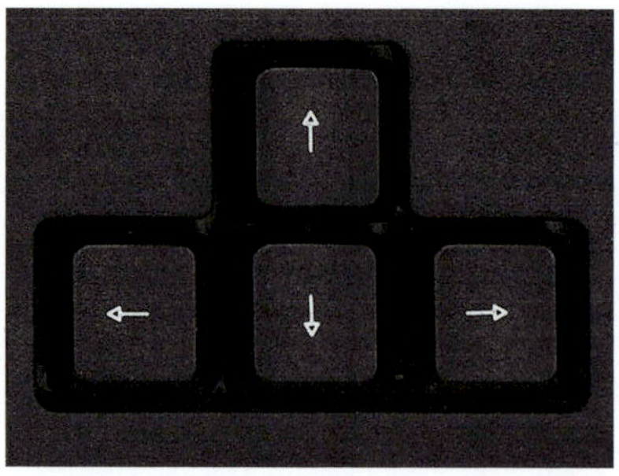

Die Pfeiltasten können oft für die Steuerung von Spielen genutzt werden.

Den Käfer immer nur gegen die Wand laufen zu lassen und dann auf seine Ausgangsposition zurückzusetzen wird schnell langweilig. Wir wollen versuchen, den Käfer mit Hilfe von Tasten zu steuern.

Die Blöcke für die Tastensteuerung findest du in der Kategorie Ereignisse.

Da unser Käfer sich solange in 2er-Schritten nach vorne bewegt, bis er die Wand berührt, müssen wir nur die Richtung des Käfers ändern, um ihn mit den Pfeiltasten steuern zu können.

7. Füge neue Ereignisse für die Tastensteuerung hinzu und ändere je nach Tastendruck die Richtung des Käfers.

Tipp: Der Pfeil gibt immer die Blickrichtung des Objekts an:

Wenn du auf die Gradzahl des Blocks „setze Richtung auf () Grad“ klickst, kannst du mit Hilfe des erscheinenden Kreises die Richtung, in der der Käfer blickt, ändern. Hier sind einige Gradbeispiele aufgelistet:

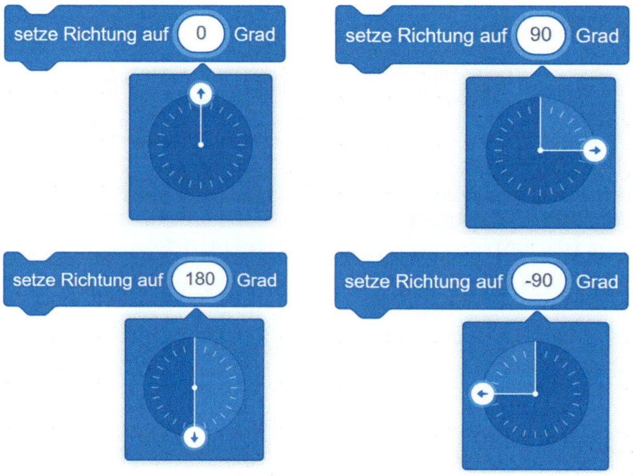

So kannst du den Käfer nach oben, unten, rechts und links blicken lassen.

Jetzt solltest du deinen Käfer auf der Bühne steuern können, bis du die Wand berührst. Wenn die Wand berührt wurde, wird der Käfer auf die Ausgangsposition zurückgesetzt und du musst die „grüne Flagge“ erneut drücken, um den Käfer wieder in Bewegung zu setzen.
Da das Programm endet, wenn der Käfer die Wand bzw. die Farbe der Wand berührt, kannst du dein Bühnenbild bearbeiten und ein kleines Labyrinth mit der Wandfarbe einzeichnen, um daraus ein kleines Spiel zu basteln.

Tipp: Die grüne Flagge startet dein Scratch-Programm, wenn das Ereignis:

genutzt wird.

8. Verändere das Bühnenbild. Zeichne weitere Wände ein, um ein kleines Labyrinth zu erstellen, welches der Käfer dann durchlaufen kann.

9. Präsentiert euer Labyrinth der Klasse und testet verschiedene Labyrinthe aus. Was benötigt das Programm noch, um ein kleines Spiel zu werden?

Man könnte in das Bühnenbild noch eine Zielmarkierung hinzufügen, sodass der Spieler nun ein Ziel vor Augen hat, welches er erreichen soll. Mögliches Labyrinth mit einem roten Kreis als Zielmarkierung:

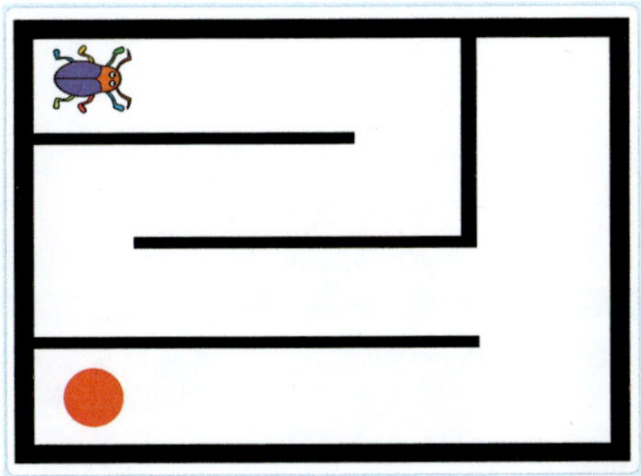

Die eingebaute **bedingte Wiederholung** lässt nun den Käfer solange laufen, bis er die schwarze Wand berührt. Damit der Käfer weiß, dass er die rote Zielmarkierung berührt, benötigst du eine weitere **Bedingung mit Alternative:**

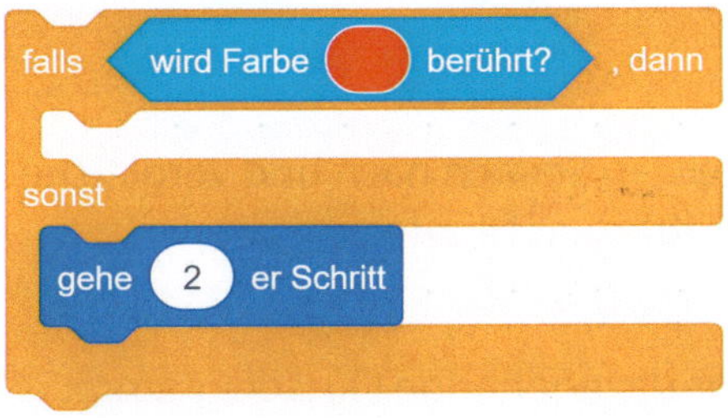

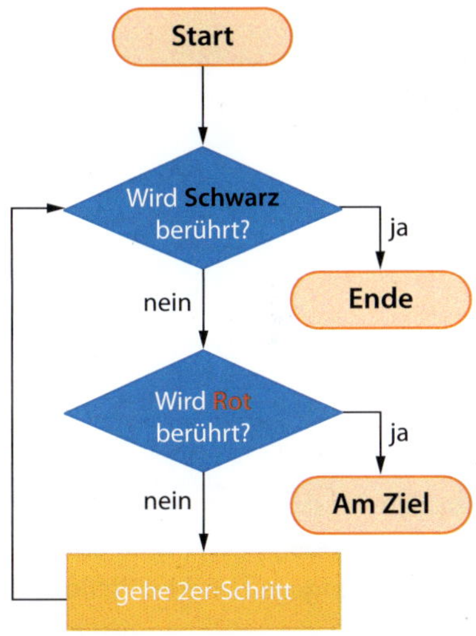

Flussdiagramm mit bedingter Wiederholung und weiterer Bedingung mit Alternative

Diesen Block setzt du innerhalb deiner bedingten Wiederholung. Jetzt wiederholt das Programm diese Sequenz und prüft andauernd, ob die Farbe Rot berührt wird. Wird diese nicht berührt, also „sonst", bewegt sich der Käfer 2 Schritte nach vorn.

10. Erweitere dein Programm mit der **Bedingung** und **Alternative** und füge eine Anweisung für das Erreichen des Ziels hinzu. Zum Beispiel könnte der Käfer dann „Hurra" sagen.

Das gleiche Ergebnis könnte man mit einer **fortlaufenden Wiederholung** und zwei **Bedingungen** programmieren:

11. Vergleiche deinen Algorithmus mit dem nebenstehenden Programm.
Was für Unterschiede und Gemeinsamkeiten fallen dir auf?
Was findest du besser
- die bedingte Wiederholung mit Alternative und Bedingung?
- die fortlaufende Wiederholung mit zwei Bedingungen?

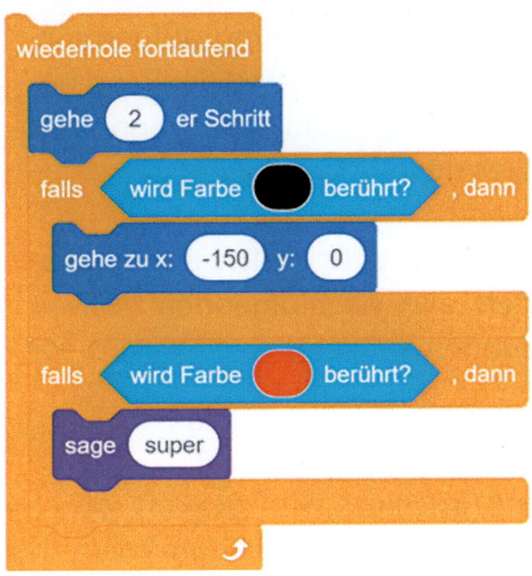

Schachtelung bedeutet, dass eine bedingte Wiederholung in einer anderen bedingten Wiederholung auftaucht.

Schachtelung von bedingten Wiederholungen

Die bedingte Wiederholung, also das Wiederholen einer Anweisung oder Sequenz, bis eine Bedingung zutrifft, kann auch ineinander verschachtelt werden:

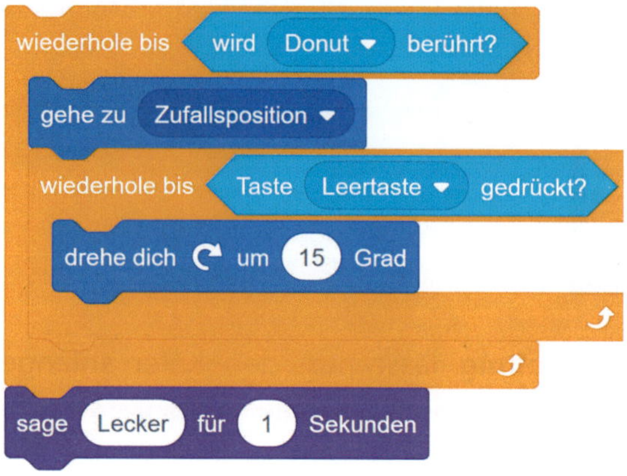

1. Überlege, was diese Sequenz macht? Nutze ein Blatt Papier und notiere deine Überlegungen.

2. Baue die oben abgebildete Sequenz in Scratch nach und vergleiche das Ergebnis mit deinen handschriftlichen Überlegungen.

Tipp: Ein Flussdiagramm liest man immer von oben nach unten und folgt den eingezeichneten Pfeilen und Linien.

Tipp: Der pinkfarbene Block ist aus der Kategorie: „meine Blöcke". Hier kann man eigene Blöcke mit Funktionen erstellen.

Hier ein anderes Beispiel:

Das dazugehörige Flussdiagramm:

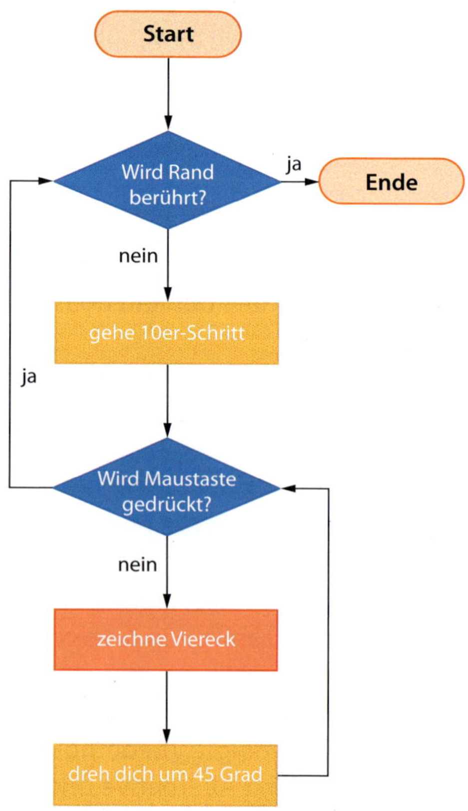

Ablauf:
Nach dem Start wird die erste bedingte Wiederholung aufgerufen. Dort wird geprüft, ob der Rand berührt wird. Wenn „ja", dann wird die Wiederholung beendet.
Wenn „nein", dann bewegt sich das Objekt 10 Schritte und es werden alle nachfolgenden Anweisungen ausgeführt. Dies wird solange wiederholt, bis der Rand berührt wird.

Im Anschluss wird geprüft, ob eine Maustaste gedrückt wird. Wenn „ja", dann wird diese bedingte Wiederholung sofort beendet und das Programm fängt bei der ersten bedingten Wiederholung wieder von vorn an. Wenn „nein“, dann wird ein Viereck gezeichnet und danach das Objekt um 45 Grad gedreht. Dies wird solange wiederholt, bis eine Maustaste gedrückt wird.

3. Ordne die Blöcke in einer passenden Reihenfolge an, sodass der Block: „zeichne Viereck“ auch ein Viereck auf der Bühne zeichnet:

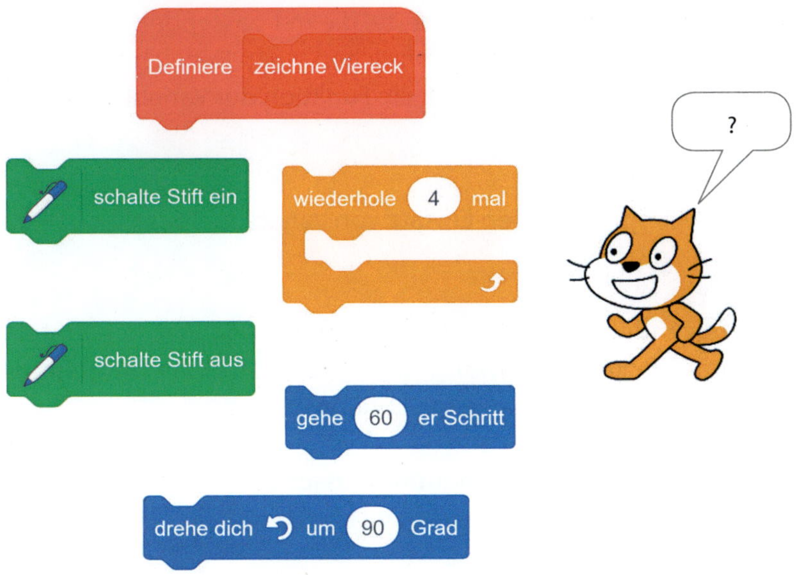

Die bedingte Wiederholung ist in Situationen von Vorteil, in denen das Ende nicht absehbar ist.
Ein Beispiel ist das Spiel „Errate meine Zahl“: Es wird eine Zufallszahl von 1 bis 100 vom Programm gewählt und dann darf der Nutzer die Zahl erraten.

Errate meine Zahl!

Tipp: Nutze folgende Operatoren, um die Antwort mit der Zufallszahl zu vergleichen:

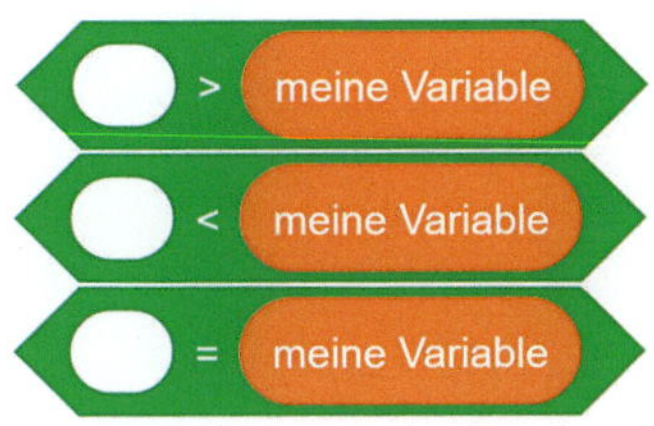

4. Erstelle ein Programm, das den Nutzer nach einer Zahl fragt. Die Zahl wird mit der Zufallszahl verglichen und dem Nutzer wird eine Rückmeldung gegeben, bis er die richtige Zahl erraten hat.

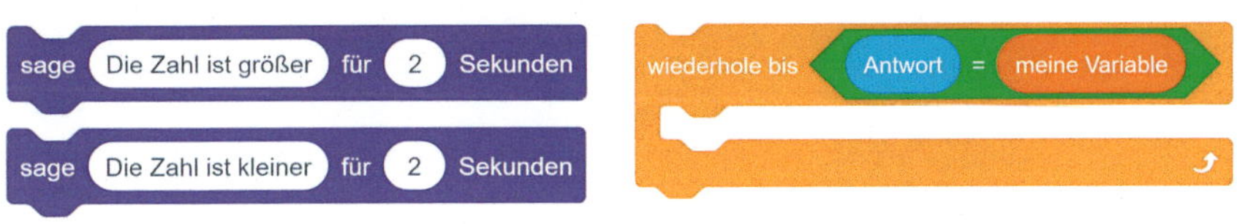

Für Profis: Variablen

Wenn du ein Spiel programmierst, kommst du vermutlich an einen Punkt, an dem du eine vom Spielenden erreichte Punktzahl ausgeben willst. Vielleicht standest du sogar schon vor genau dieser Herausforderung und hast diese mit einer Variablen gelöst?

> **Variablen** sind Platzhalter für Werte, die mit passenden Methoden verändert werden können. Sie brauchen einen **Bezeichner** (= Name der Variablen), der idealerweise die Funktion der Variablen beschreibt.

Man reiht bei der Kamelhöckerschreibweise („CamelCase") Wörter aneinander. Der Anfangsbuchstabe wird beim ersten Wort meist klein geschrieben, bei allen folgenden immer als Großbuchstabe und steht wie ein Kamelhöcker nach oben, z. B. „geheEinkaufen".

1. Finde Beispiele für den Einsatz von Variablen. Tauscht euch darüber aus.

2. Bezeichnungen von Variablen werden häufig in sogenannter „Kamelhöckerschreibweise" geschrieben. Notiere die gefundenen Beispiel-Variablen in dieser Schreibweise.

Variablen wird im Laufe des Programmflusses ein Wert zugewiesen und mit diesem kann dann weiter gearbeitet werden.

3. Stelle Vermutungen auf, was das abgebildete Programm mit einer Figur macht. Tausche dich darüber aus.

4. Welchen Wert hat die Variable „schrittLänge", nachdem du vier Mal die grüne Fahne gedrückt hast?

5. Baue das Programm nach und prüfe deine Annahmen aus Aufgabe 3 und 4.

6. Im abgebildeten Programm werden zwei Blöcke zum Verändern von Werten einer Variablen verwendet. Wodurch unterscheiden sich diese Befehle?
   Erkläre, zu welchem Zweck du welchen Befehl einsetzt. Tausche dich darüber aus.

In Scratch werden Variablen im Kopfbereich des Bühnenfensters angezeigt:

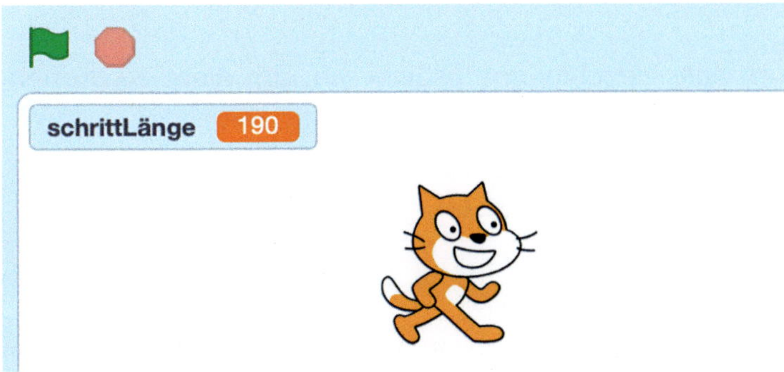

Variablen lassen sich aber auch aus- und wieder einblenden.

Um mit Variablen arbeiten zu können, gibt es in Scratch mehrere sehr hilfreiche Blöcke. Die Codeblöcke befinden sich in der Kategorie Operatoren. Diese werden auch Methoden genannt.

Das Besondere an diesen Methoden ist, dass diese selbst wieder Werte zurückliefern, die wiederum Variablen als Wert zugewiesen werden können.

7. Beschreibe die Funktion der einzelnen Codeblöcke.
   Prüfe deine Beschreibung durch Programmierung.

8. Die Methoden unterscheiden sich in dem Wert, den diese entgegennehmen können und wieder zurückliefern. Beschreibe den Unterschied. Tausche dich darüber aus.

9. Finde sinnvolle Anwendungsbeispiele für diese Codeblöcke.

> **Methoden** können Werte zurückliefern, die Variablen zugewiesen werden können.

3 Für Profis: Klassen und Objekte

In der Natur gibt es viele verschiedene Lebewesen. Um diese zu ordnen, kann man sie in Klassen einteilen:

Jeder Mensch ist nach einem bestimmten Bauplan erschaffen und hat gleiche Attribute wie z. B. Haarfarbe, Augenfarbe, Größe und Methoden wie z. B. Sprechen(), Lachen() und Gehen().
So könnte die Klasse – der Bauplan – eines Menschen aussehen:

Klassen und Objekte können mit Hilfe von Karten anschaulich dargestellt werden:

Klassenkarten haben die Form eines Rechtecks, Objektkarten haben abgerundete Ecken.

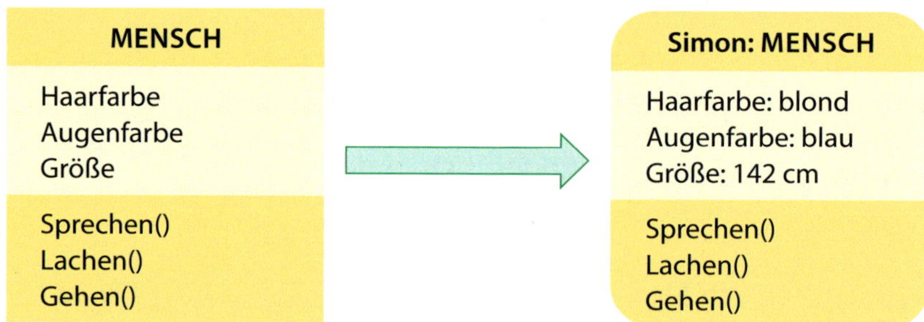

1. Ein Mensch hat natürlich viel mehr verschiedene Methoden, die sein Verhalten beschreiben.
- **a)** Nenne fünf weitere Methoden, die ein Mensch hat.
- **b)** Überlege: Könnte man einen Menschen in seiner Gesamtheit als Programm darstellen?
- **c)** Tausche dich mit deiner Nachbarin oder deinem Nachbarn aus.

In der Informatik werden auch Klassen und Objekte genutzt, um nicht den ganzen Code eines Programms in eine Datei zu schreiben. Stattdessen wird der benötigte Code genau dem Objekt zugeordnet, das diesen auch benötigt.
In einem Fußballspiel würde man die Bewegung des Balls direkt in das Objekt Ball schreiben und die Bewegungen eines Spielers in das Objekt Spieler.

2. Erstelle eine Klassenkarte Tier oder eine Klassenkarte Pflanze.

3. Kannst du eine Objektkarte eines Hundes / eines Baumes erstellen?

Die Logik der verschiedenen Klassen, die als Bauplan für Objekte dienen, findet man auch in Scratch wieder.
In Scratch gibt es verschiedene Klassen. Zwei der wichtigsten sind die Klasse der Figuren und die Klasse der Bühne.

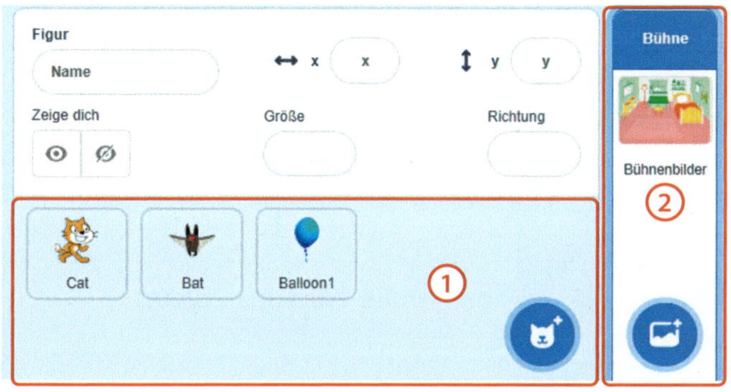

1. Alle Elemente im Figurenbereich ① sind Objekte der Klasse FIGUR.
2. Alle Elemente im Bühnenbilderbereich ② sind Objekte der Klasse BÜHNE.

4. Nenne die Anzahl der Objekte der Klasse FIGUR, die du im Bild oben erkennen kannst.
Nenne den Namen dieser Objekte.

5. Nenne die Anzahl der Objekte der Klasse BÜHNE, die du im Bild erkennen kannst.

In Scratch kann man viele Objekte der Klasse FIGUR auf genau einem Objekt der Klasse BÜHNE anordnen.
Das ist wie in einem Theater: Es gibt nur eine Bühne, doch viele Schauspielerinnen, Schauspieler und Requisiten sind dort zu sehen.

Wie auch bei den Lebewesen haben die Objekte in Scratch verschiedene Attribute, denen man verschiedene Werte zuweisen kann.

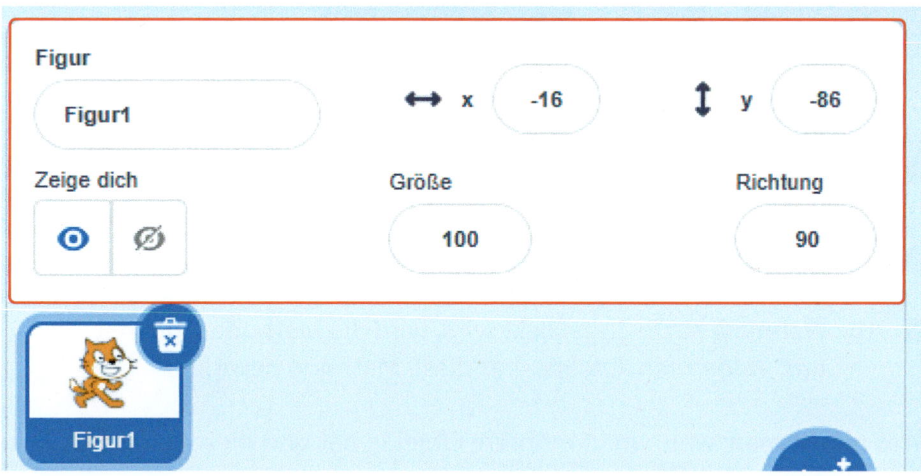

Das Objekt Cat der Klasse FIGUR hat folgende Attribute: Name, x-Wert, y-Wert, Zeige dich, Größe, Richtung (s. auch Objektkarte in der Randspalte). Die Werte der hier gezeigten Attribute können direkt angepasst werden.

6. Ändere den x- und den y-Wert der Katze und schau, was passiert.

7. Ändere die Werte Größe und Richtung.

Die Werte können direkt über den Editor angepasst werden.
Die Attributwerte können aber auch über Codeblöcke verändert werden, die Methoden darstellen.

Der Begriff „Figuren" bezeichnet alle möglichen Objekte. Ein Ballon oder ein Tisch wird auch als Figur bezeichnet.

Cat: FIGUR

Name: Cat
x-Wert: -16
y-Wert: -86
Zeige dich: wahr
Größe: 100
Richtung: 90

Tipp: Das Attribut „Zeige dich" kann zwei Werte annehmen:
– wahr oder falsch.
Bei „wahr" ist die Figur sichtbar und bei „falsch" ist sie unsichtbar.

Folgende Methoden verändern die Attributwerte eines Objekts:

Methode	**ändert**
	den x-Wert des Objekts
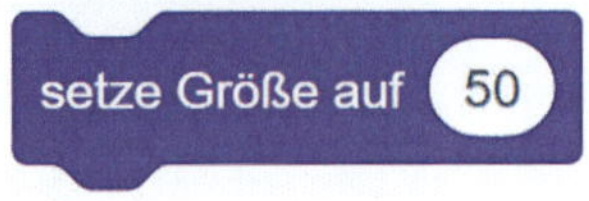	den Größe-Wert des Objekts
…	

8. Ergänze die Tabelle um die Methoden, die den y-Wert, die Richtung und den Zeige-dich-Wert ändern.

Tipp: Variablen kann man auf der Bühne einblenden, indem man die Kontrollbox neben der Variablen aktiviert:

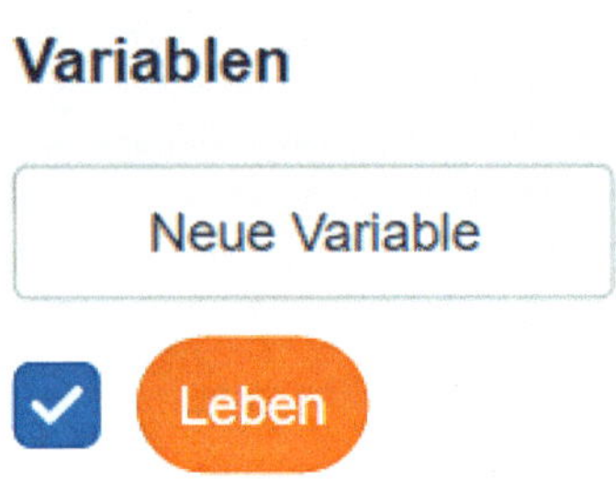

Die bereits vorhandenen Attribute eines Objekts kann man mit eigenen Attributen erweitern. Dazu nutzt man Variablen, die nur für das Objekt gelten. In folgendem Beispiel wurde ein neues Attribut Leben und eine selbst erstellte Methode dem Objekt Katze hinzugefügt:

9. Schau dir den Code an. Erkläre, was die Initialisierung bewirkt.

10. Wenn die Katze angeklickt wird, wird die Methode „ändere Leben um" aufgerufen. Erkläre, was diese Methode bewirkt.

Was macht man, wenn man mehrere Objekte hat und diese miteinander in Kontakt treten sollen?

In folgendem Beispiel bewegt sich die Fledermaus andauernd von unten nach oben und wieder zurück. Der Ball fliegt beim Druck auf eine Taste in Richtung Fledermaus.

Wenn der Ball die Fledermaus trifft, soll die Katze jubeln und die Fledermaus „aua" sagen.

11. Programmiere für die Fledermaus einen Algorithmus, der die Fledermaus immer von unten nach oben und wieder zurück fliegen lässt.

12. Programmiere für den Ball einen Algorithmus, der den Ball nach rechts fliegen lässt, wenn die Leertaste gedrückt wird.

Der Ball kann nun „geschossen“ werden und die Fledermaus versucht, diesem auszuweichen.
Wie weiß aber nun die Fledermaus, dass sie getroffen wurde, und wie weiß die Katze davon, damit diese jubeln kann ?

> Objekte können untereinander mithilfe des „Sende an alle“-Blocks kommunizieren.

Tipp: Wenn du auf die Nachricht des „Sende an alle“ Blocks klickst, kannst du eine eigene Nachricht auswählen, die an alle Objekte gesendet werden soll.

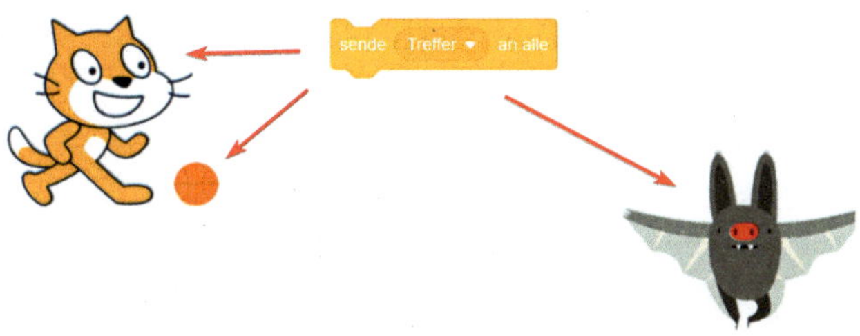

Dieser Block sendet eine vorher festgelegte Nachricht an alle Objekte des aktuellen Scratch-Projekts. Ob das Objekt mit dieser Nachricht etwas anfangen will, entscheidet ein eingefügter Ereignisblock, der die Nachricht empfangen kann:

Tipp: Unter Ereignissen kannst du den zum Sendeblock passenden Empfängerblock finden:

13. Füge deiner Programmierung aus Aufgabe 11 und 12 folgende Erweiterungen hinzu:

a) Erweitere den Algorithmus des Balles, damit dieser abfragt, ob die Fledermaus berührt wird.

b) Wenn die Fledermaus berührt wird, soll der Ball „Treffer“ an alle Objekte senden.

c) Füge bei den anderen Objekten den Empfängerblock hinzu und lass die Objekte dementsprechend reagieren.

> Objekte können Nachrichten mithilfe des Empfängerblocks aufnehmen und weiterverarbeiten.

Grundwissen

- **NICHT-Operator:** Der NICHT-Operator kehrt das Ergebnis einer Bedingung um.

	Ausdruck	Ergebnis
	nicht wahr	falsch
	nicht falsch	wahr

- **ODER-Operator:** Zwei mit „oder" verknüpfte Bedingungen sind immer wahr, wenn mindestens eine Bedingung wahr ist.

	Ausdruck	Ergebnis
	wahr oder wahr	wahr
	falsch oder wahr	wahr
	wahr oder falsch	wahr
	falsch oder falsch	falsch

- **UND-Operator:** Zwei mit „und" verknüpfte Bedingungen sind nur dann wahr, wenn beide Bedingungen wahr sind.

	Ausdruck	Ergebnis
	wahr und wahr	wahr
	falsch und wahr	falsch
	wahr und falsch	falsch
	falsch und falsch	falsch

- **Bedingte Wiederholungen** führen eine Anweisung oder Sequenz solange aus, bis die Bedingung zutrifft.

Zeig was du kannst

1. Die Blöcke in Scratch haben verschiedene Formen. Suche mit Hilfe einer Suchmaschine danach. Wie könnte ein möglicher Suchbefehl lauten?

2. Durchsuche in Scratch die verschiedenen Kategorien und notiere alle Bedingungen, die du finden kannst. Wer hat die meisten gefunden?

Tipp zu Aufgabe 2: In Scratch findest du die Kategorien auf der linken Seite. Dies sind die ersten vier Kategorien.
Wie viel gibt es insgesamt?

3. Schau dir das Flussdiagramm an und erkläre deiner Nachbarin oder deinem Nachbarn, was das Programm macht:

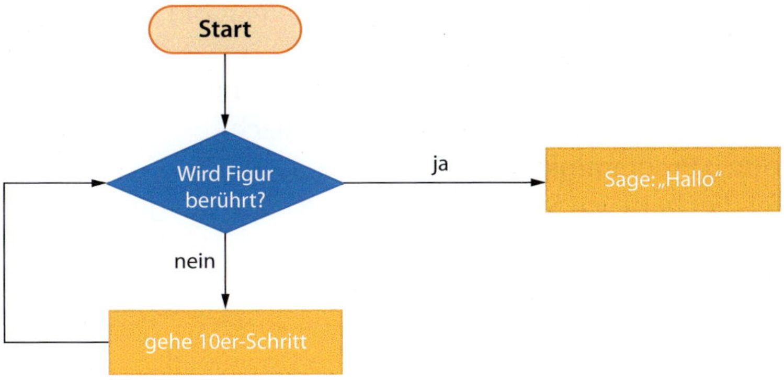

4. Erstelle in Scratch ein Programm mit Hilfe des Flussdiagramms aus Aufgabe 3. Bewerte das Programm:
a) Was funktioniert gut?
b) Was müsste verbessert werden?

5. Formuliere die Bedingung. Nutze als Kürzel für die jeweiligen Noten: *matheNote, deutschNote, englischNote*
Um den eigenen Wunschnotendurchschnitt zu erreichen, ...
a) … braucht Amira im nächsten Leistungsnachweis in Mathematik mindestens eine 2 oder in Englisch und Mathe je eine 1.
b) … darf Paul in Englisch und Deutsch im nächsten Leistungsnachweis keine 4 bekommen.
c) … reicht Ludwig je eine 3 in Mathe und Deutsch.

Tipp: Bedingungen haben in Scratch eine sechseckige Blockform.

Tipp: Um Zahlen zu vergleichen, kannst du die aus dem Mathematikunterricht bekannten Operatoren: größer (>), kleiner (<), gleich (=) verwenden.

6. Gegeben ist folgender Programmblock:

a) Beschreibe, was der Programmblock macht.
b) Unter welcher Bedingung wird die Figur „Ich berühre etwas Farbiges!" sagen?
c) Baue die Funktion des abgebildeten Blocks mit nur einer Wenn-Dann-Anweisung (einem Falls-Dann-Block) nach.
d) Teste durch Programmierung die Funktionalität.
e) Notiere! Hier hatte ich Schwierigkeiten …/Das ist mir gut gelungen …

7. Gegeben ist folgender Programmblock:

a) Beschreibe, was der Block macht.
b) Unter welcher Bedingung wird die Figur „Ich berühre etwas Farbiges!" sagen?
c) Baue die Funktion des abgebildeten Blocks mit nur einer Wenn-Dann-Anweisung (einem Falls-Dann-Block) nach.
d) Teste durch Programmierung die Funktionalität.
e) Notiere! Hier hatte ich Schwierigkeiten …/Das ist mir gut gelungen …

8. Spiel „Schlange"
Öffne die Datei zur Aufgabe (► S. 1, Webcode-Download).

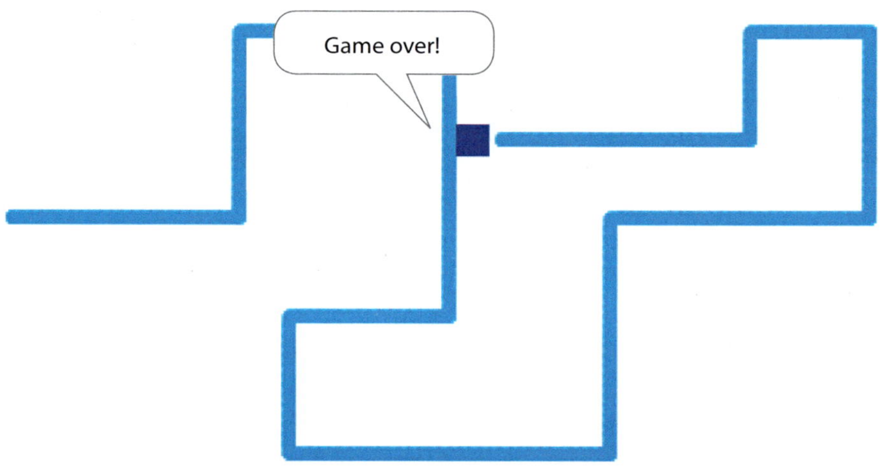

a) Die quadratische Figur soll sich nach Drücken der Leertaste fortlaufend bewegen.
b) Implementiere eine Steuerung der Figur via Pfeiltasten.
c) Wenn die Figur losläuft, soll sie eine blaue Linie zeichnen.
d) Implementiere eine Funktion zur Initialisierung, die auch bisher Gezeichnetes löscht. Sie soll ausgeführt werden, wenn die i-Taste gedrückt wird.
e) Wenn die Figur den Rand oder die Linie berührt, soll diese „Game over" sagen und warten, bis die i-Taste gedrückt wird.
f) Wie könntest du das Spiel noch verbessern? Tausche dich mit einer Partnerin oder einem Partner aus. Setze deine Überlegung um.

9. Spiel „Labyrinth"

Öffne die Datei zur Aufgabe (▸ S. 1, Webcode-Download).

a) Der Affe soll sich nach Drücken der Leertaste fortlaufend bewegen.
b) Implementiere eine Steuerung der Figur via Pfeiltasten.
c) Implementiere eine Funktion zur Initialisierung. Sie soll ausgeführt werden, wenn die i-Taste gedrückt wird.
d) Wenn die Figur eine der Wände berührt, soll sie „Leider verloren!" sagen und die Bewegung einstellen. Sie soll dann bis zum Drücken der i-Taste warten.
e) Wenn die Figur die Bananen berührt, soll sie „Juhuuuu! Endlich meine Bananen!" sagen und bis zum Drücken der i-Taste warten.
f) Wie könntest du das Spiel noch verbessern? Tausche dich mit einer Partnerin oder einem Partner aus. Setze deine Überlegung um.

10. Erstelle in Scratch ein Programm, in dem eine Figur solange dem Mauszeiger folgt, bis sie ein Hindernis berührt:

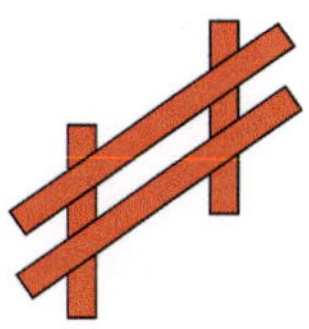

11. Wir wollen ein Schießbudenspiel programmieren.

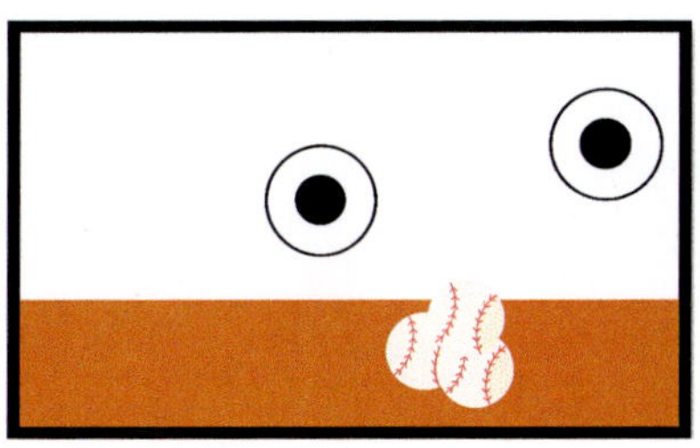

a) Überlege und plane dein Vorgehen:
- Der Spieler oder die Spielerin versucht mit einem der Bälle die Zielscheiben zu treffen.
- Die Zielscheiben sollen sich solange von links nach rechts bewegen, bis die Maus diese berührt.
- Ein Ball soll immer dem Mauszeiger folgen.

b) Erstelle ein Programm für das Schießbudenspiel und teste es. Was muss noch verändert werden? Was könnte man noch hinzufügen, sodass es noch mehr wie ein richtiges Spiel wird?

Tipp: Hier ist ein Beispiel für Pseudocode:

```
„Wiederhole bis du alle
Vokabeln kannst
  Lerne die Vokabeln
Ende der Wiederholung"
```

12. Du hast deine Freundinnen und Freunde eingeladen und willst Pfannkuchen essen.
Eine Schüssel mit Pfannkuchenteig ist schon fertig, daneben liegt ein Schöpfer und eine Pfanne. Du willst so viele Pfannkuchen machen, bis der Teig aufgebraucht ist. Erstelle einen Pseudocode.

13. Beim Hürdenlauf soll sich die Katze nach rechts bewegen und kurz nach oben springen, wenn sie eine Hürde berührt:

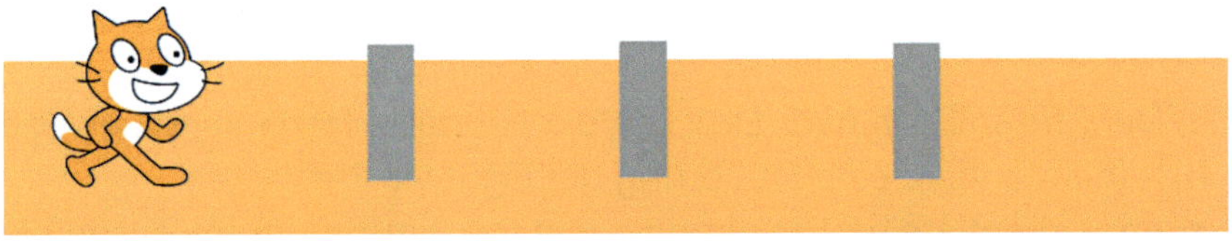

Überlege, welche Blöcke du dafür benötigst und ob hier eine bedingte Wiederholung oder eine fortlaufende Wiederholung besser funktionieren würde.

Tipp: Flussdiagramme kann man gut in Word oder mit Hilfe von draw.io erstellen.

14. Schau dir nochmal die Aufgabe 4 auf Seite 111 an und erstelle für das Programm „Errate meine Zahl" ein Flussdiagramm. Du kannst dies auf einem Blatt Papier machen, in Word das Diagramm erstellen oder die Website https://www.draw.io/ dafür nutzen.

Kapitel 5

Automaten und künstliche Intelligenz

Sicherlich hast du schon einmal den Begriff „künstliche Intelligenz" (KI) gehört. Im folgenden Kapitel wird dieser Begriff genauer erläutert.
Du wirst lernen, bekannte automatische Abläufe in der Informatik zu beschreiben.
Und du wirst erfahren, wie Maschinen lernen, Probleme mit unbekannten Abläufen zu lösen.

Was du schon weißt

Im Kapitel 2 hast du den Begriff „Algorithmus" kennengelernt und angewendet.

1. Schau dir die folgenden Bilder an und suche die Bilder heraus, auf denen du künstliche Intelligenz erkennen kannst.

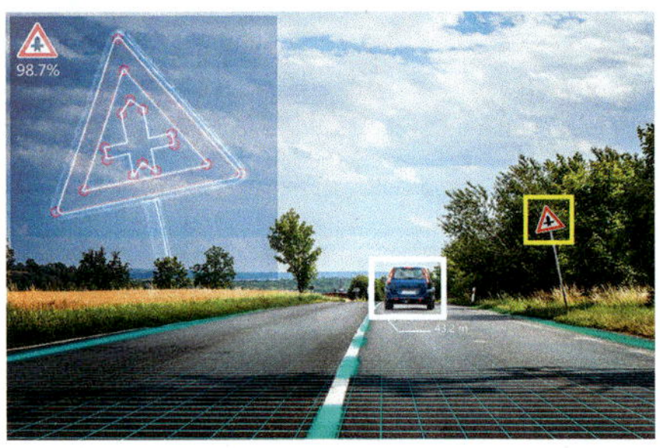

2. Diskutiert, welche Bilder nicht auf KI hinweisen. Begründet.

3. Nenne Automaten und Roboter, denen du im Alltag begegnest.

Teste dein Können

1. Beschreibe, wie ein Getränkeautomat funktioniert.

2. Beschreibe, wie ein Mähroboter funktioniert.

3. Getränkeautomat, Spielautomat, Bankautomat, Parkautomat, Mähroboter, Staubsaugerroboter, …
Finde einen gravierenden Unterschied zwischen den genannten Automaten und „intelligenten" Robotern.

1 Aufbau und Wirkungsweise einfacher Automaten

Der Leergutautomat

Ein **Automat** ist eine Maschine, die vorbestimmte Abläufe selbsttätig („automatisch") ausführt. Automaten befinden sich zu jedem Zeitpunkt in einem festgelegten **Zustand**. Nach einer **gültigen Eingabe** findet ein Übergang in einen anderen Zustand statt.
Der Leergutautomat ist ein Beispiel dafür.

1. Schaut euch den Film „Der Leergutautomat" an:
https://www.wdrmaus.de/filme/sachgeschichten/leergutautomat.php5

Ihr werdet sicherlich folgende Bildsequenzen erkannt haben:
- Die leere Flasche wird in den Automaten gegeben.
- Die grüne Taste wird gedrückt.
- Der Bon wird ausgegeben.

Die Informatik hat eine Möglichkeit entwickelt, Abläufe in Automaten grafisch darzustellen

Zustandsdiagramm:
Jeder mögliche **Zustand** eines Automaten wird durch einen **Kreis** dargestellt. **Endzustände** werden durch Doppelkreise beschrieben. **Übergänge** zwischen Zuständen werden durch **Pfeile** gekennzeichnet, der **Startzustand** erhält einen **Extrapfeil**.
An die Pfeile werden **Eingaben** und, wenn notwendig, Übergangsbedingungen und **Ausgaben** geschrieben.

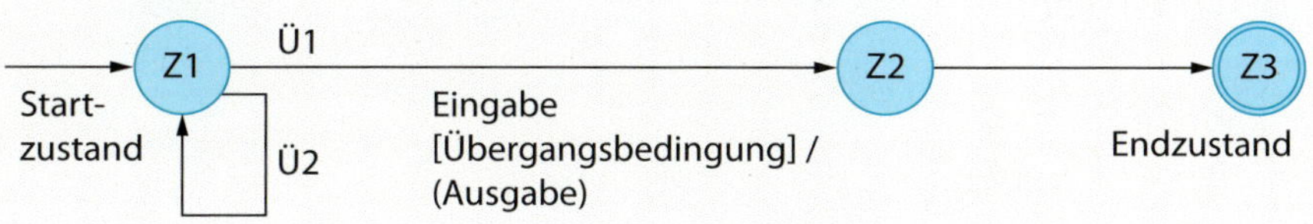

Für unseren Leergutautomaten sieht das Zustandsdiagramm wie folgt aus:

Hier wurde bereits ergänzt, dass man auch mehrere Flaschen hintereinander in den Automaten eingeben kann.

Später im Film wird der Leergutautomat noch genauer betrachtet. Im Zustand 1 wird auch die Flasche geprüft:
- Liegt sie richtig herum?
- Hat sie die richtige Form?
- Ist sie zu schwer, weil sie möglicherweise noch voll ist?

Dabei kann die Flasche akzeptiert werden oder eben nicht.

Wir ergänzen unseren Automaten entsprechend:

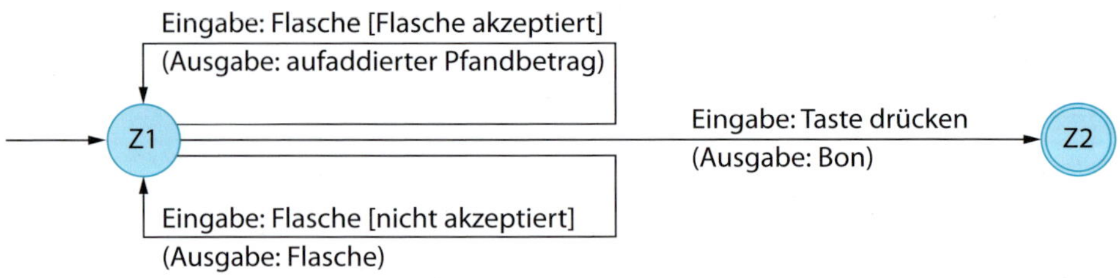

In unserem Beispiel ist der Zustand Z2 für die Kundin oder den Kunden der Endzustand: Er nimmt sich den Bon und geht damit zur Kasse, um sich den Betrag auszahlen zu lassen. Aber gleichzeitig ist Z2 damit auch der Startzustand für die folgende Kundin oder den folgenden Kunden.

Tipp: Der Startzustand ist damit auch der Endzustand.

2. Ändere das Zustandsdiagramm für den Leergutautomaten so ab, dass nach Ausgabe des Bons ein Übergang zum Startzustand erfolgt.

Kara, der Marienkäfer

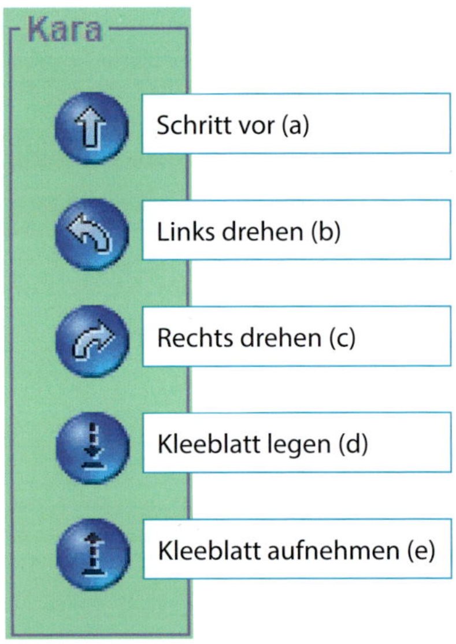

Kara ist ein Marienkäfer, der in einer Welt lebt, in der es folgende Objekte gibt:

- Kleeblätter, die Kara aufnehmen und ablegen kann,
- Baumstümpfe, die er nicht überwinden kann,
- Pilze, die er vor sich herschieben kann.

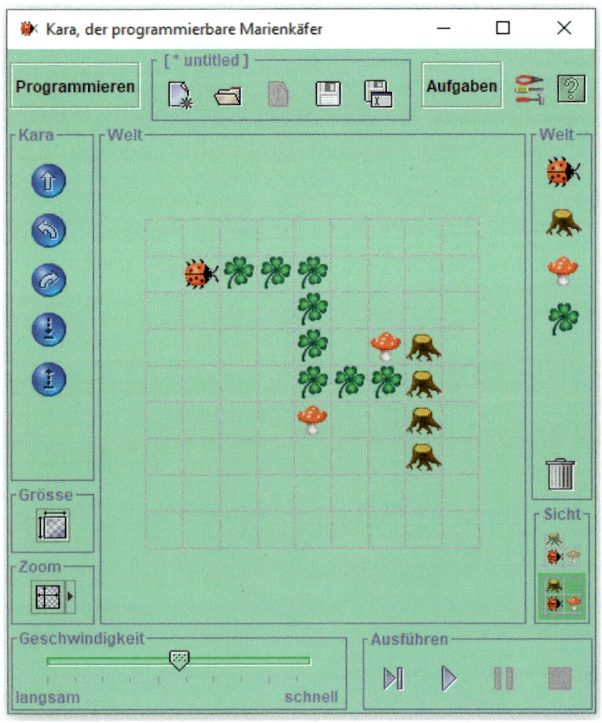

Kara kann immer nur einen Pilz bewegen. Felder mit einem Baum oder einem Pilz kann er nicht betreten. Kara kann sich mit wenigen Methoden bewegen:

- Schritt vor (a)
- Links drehen (b)
- Rechts drehen (c)
- Kleeblatt legen (d)
- Kleeblatt aufnehmen (e).

Außerdem kann Kara mit Hilfe von Sensoren seine Umgebung wahrnehmen. Er kann z. B. erkennen, ob sich vor oder neben ihm ein Baumstamm befindet oder ob er auf einem Kleeblatt steht (► auch Randspalte).

Per Mausklick oder **Drag and Drop** können Objekte aus der Werkzeugleiste wie Baumstümpfe, Kleeblätter, Pilze oder Kara selbst platziert werden.

Per Drag and Drop lassen sich die Objekte auch auf den Feldern verschieben. Zieht man sie in den Papierkorb, sind sie gelöscht.

Wortherkunft, Wortbedeutung:
Drag and Drop kommt aus dem Englischen und bedeutet „Ziehen und Ablegen“ (mit der Maus).

Gegeben ist nebenstehende Welt, in der Kara Kleeblätter auslegen und aufnehmen kann.
Kara kann sich auch jeweils um 90° nach links oder rechts drehen oder einen Schritt vorwärts gehen.

1. Starte „Kara, der programmierbare Marienkäfer“, und erkunde die Oberfläche.

2. Erstelle die dargestellte Welt.
   Achte darauf, dass Kara auf einem Kleeblatt stehen soll.

3. Speichere die Welt unter dem Namen Welt01.world z. B. auf deinem USB-Stick.

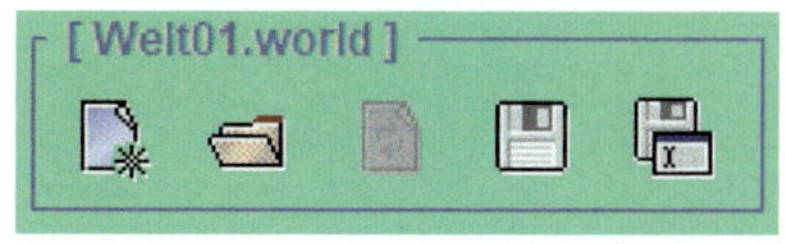

Befehlsschaltflächen von links nach rechts:
- Neue, leere Datei
- Datei laden
- Datei erneut laden
- Datei speichern
- Datei speichern unter

Wir wollen nun Kara so programmieren, dass er folgende **Aufgabe** lösen kann: Kara soll die vorgegebene Spur von Kleeblättern „auffressen“. Kara steht zu Beginn auf einem Kleeblatt, die Spur führt nie entlang eines Baumes. Kara ist mit dem Fressen fertig, wenn er auf einem Kleeblatt vor einem Baum steht.

Kara wird programmiert, indem ein Automat mit endlich vielen Zuständen erstellt wird. Es gibt folgende Zustände:

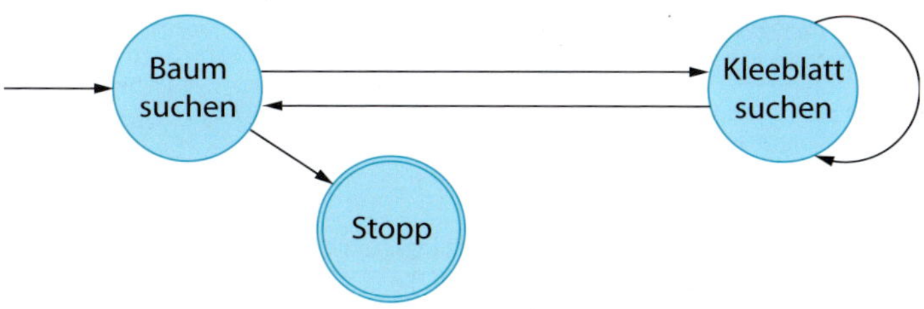

Der Automat wird im Fenster „Programmieren“ entworfen.

Wenn das Fenster „Kara programmieren“ erscheint, kannst du auch die Datei „suchen.kara“ laden , die dir deine Lehrkraft zur Verfügung stellt. (► S. 1, Webcode-Download).

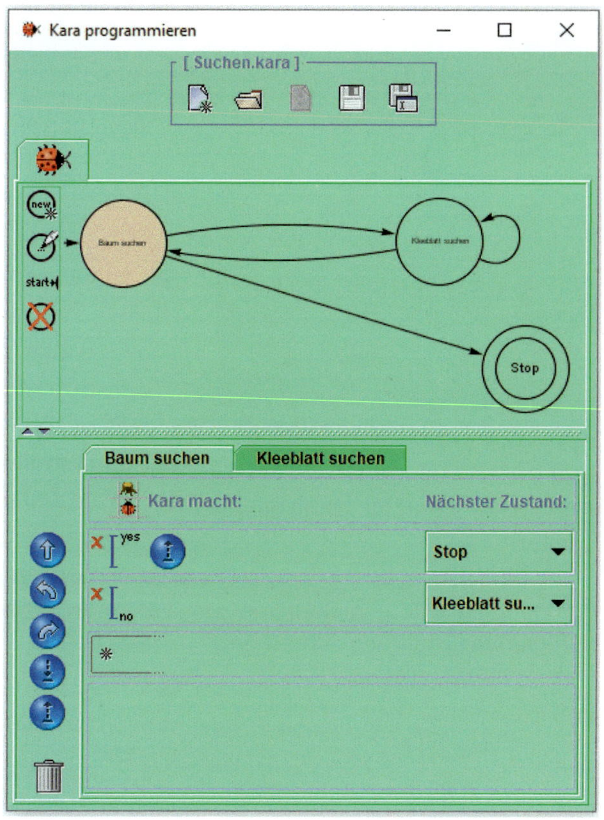

Dann siehst du nebenstehendes Bild. Hier wurde dargestellt, wie die Übergänge im Zustand „Baum suchen“ erstellt werden:

Dazu musste zuerst die Schaltfläche „neuer Zustand“ angeklickt werden. Es wurde der Name des Zustands vergeben und der Sensor „Baum vorne?“ ausgewählt.

Nun wurden per Klicken oder Drag and Drop die Übergänge programmiert:
- Wenn mit dem Sensor „Baum vorne?“ ein Baum erkannt wurde (yes), frisst Kara das unter ihm liegende Kleeblatt und geht in den Endzustand über.
- Ansonsten geht er zum Zustand „Kleeblatt suchen“.

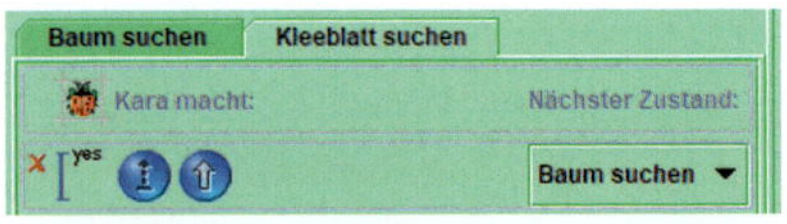

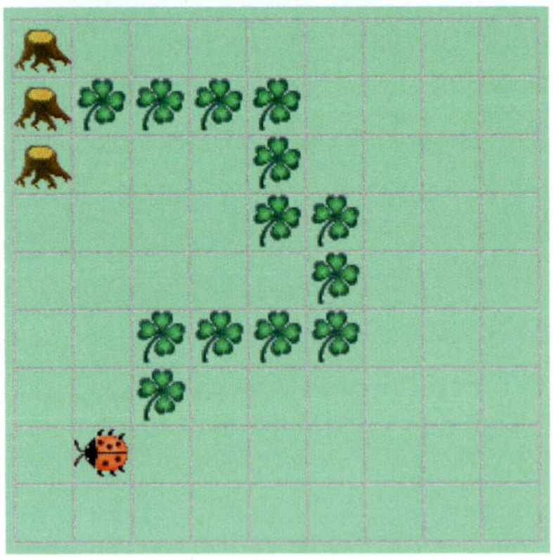

Betrachten wir nun den Zustand „Kleeblatt suchen“:
Wenn Kara mit dem Sensor „Kleeblatt unten?“ ein Kleeblatt erkennt, dann frisst er das Kleeblatt, macht einen Schritt vorwärts und geht in den Zustand „Baum suchen“ über.
Was passiert aber, wenn Kara kein Kleeblatt unter sich findet?
Im nebenstehenden Bild ist dargestellt, wie Kara die erste Reihe Kleeblätter abgefressen hat und nun auf einem leeren Feld steht.

Um nicht blind weiter zu suchen, ist es sinnvoll, dass Kara auf das Feld zurückkehrt, von dem er kommt, sich also um 180° (zweimal 90°) dreht und einen Schritt vorwärts geht. Dann dreht er sich 90° nach links und geht einen Schritt vor. Er ist dann wieder im Zustand „Kleeblatt suchen“:

In unserem Beispiel würde er dann ein Kleeblatt finden. Das muss aber nicht sein.
Falls du selbst das Programm erstellt hast, dann speichere es jetzt unter dem Namen „Suchen.kara“, z. B. auf deinem USB-Stick.

4. Suche ein Feld, auf dem Kara viermal die oben dargestellten 5 Aktionen ausführen muss, um wieder auf einem Kleeblatt zu stehen.

So sieht das vollständige Zustandsdiagramm für unsere Aufgabe aus:

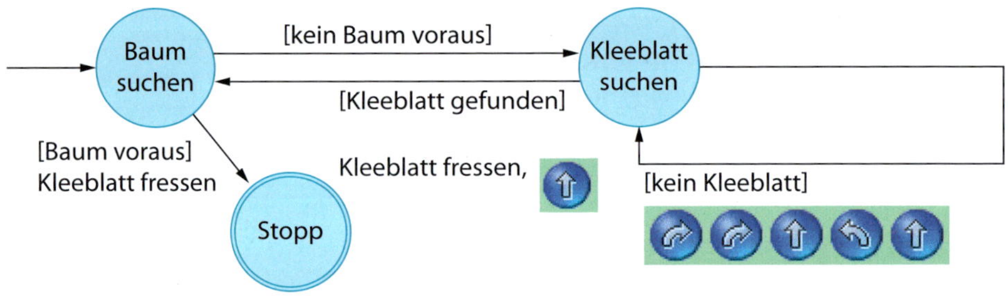

Ausführen-Schalter von links nach rechts:
- Programm Schritt für Schritt ausführen
- Programm laufen lassen
- Programmausführung pausieren
- Programmausführung abbrechen

5. Lade die Welt „Welt01.word“ neu und dazu auch das Programm „Suchen.kara“.
Führe das Programm schrittweise aus und beobachte, was Kara durchführt und in welchem Zustand er gerade ist.

6. Erstelle eine eigene, neue Welt, die den Bedingungen der Aufgabe (► Seite 123 Mitte) entspricht.
Speichere sie unter dem Namen „Welt02“, ergänzt durch deinen Vornamen, ab.
Probiere das Programm „Suchen.kara“ mit dieser Welt aus.

7. Ändere das Programm „Suchen.kara“ so ab, dass im Zustand „Kleeblatt suchen“ bei „no“ folgende Aktionen ausgeführt werden:

Speichere das Programm unter „Suchen2.kara“.
Prüfe das Programm. Ist es korrekt?
Erkläre die Unterschiede zwischen „Suchen.kara“ und „Suchen2.kara“.

2 Künstliche Intelligenz

Werden Computer und Roboter einmal die Erde beherrschen?

In etlichen Filmen werden Welten heraufbeschworen, in denen Maschinen den Menschen beherrschen oder beherrschen wollen.

1. Kennt ihr solche Filme? Diskutiert über sie.

Es gibt z. B. den Film „I, Robot". Dieser Film basiert auf einer Erzählung von ISAAC ASIMOV von 1950. Interessant an der Handlung ist, dass gerade „Roboter-Gesetze", die Schaden für den Menschen abwenden sollen (siehe Randspalte), sich ins Gegenteil verkehren: V. I. K. I., die zentrale intelligente Recheneinheit, plant, die gesamte Menschheit entmündigen zu lassen, da sie nur so die Menschen perfekt schützen könne.

Wie realistisch ist das alles? Dazu im Folgenden einige Gedanken:
Das Gehirn eines jeden Lebewesens verarbeitet vor allem Informationen, die den eigenen Körper betreffen. Ein Gegenstand fällt vom Tisch und könnte die Pfote unseres Hundes treffen. Der zieht sie zurück, weil er wahrnimmt, dass das *seine* Pfote ist. Delfine, Wale und Menschenaffen sind sogar imstande, in einem Spiegel sich selbst zu erkennen. Und der Mensch ist darüber hinaus in der Lage, über sich selbst nachzudenken.

Der Mensch kann zwar Naturgesetze entdecken, neue mathematische Theorien entwickeln oder einen Computer entwerfen, dennoch beschäftigen wir uns in unserer Gedankenwelt vorrangig mit dem eigenen Körper: Wir entwickeln viel Phantasie bei der Zubereitung von Speisen und freuen uns auf unser Lieblingsessen. Der neueste Titel unserer Lieblingsgruppe, den wir am Morgen gehört haben, geht uns nicht aus dem Kopf, wir singen ihn in Gedanken immer wieder nach. Wir sind glücklich nach einem überstandenen Ausdauerlauf, fühlen, wie schlaff unsere Muskeln sind, und warten auf den Muskelkater.
Damit wir uns solche Gedanken überhaupt machen können, benötigen wir *Sinnesorgane*, die der menschliche Körper reichlich besitzt.

Die Robotergesetze in „I, Robot" lauten sinngemäß:
1. Ein Roboter darf keinem Menschen schaden oder durch Untätigkeit einen Schaden am Menschen zulassen.
2. Ein Roboter muss jeden von einem Menschen gegebenen Befehl ausführen, aber nur, wenn dabei das erste Gesetz nicht gebrochen wird.
3. Ein Roboter muss sich selbst beschützen, es sei denn, dies spricht gegen das erste oder zweite Gesetz.

Bei ASIMOV gibt es in einer späteren Erzählung noch ein nulltes Gesetz:
0. Ein Roboter darf die Menschheit nicht verletzen oder durch Passivität zulassen, dass die Menschheit zu Schaden kommt. Die nachfolgenden Gesetze dürfen nicht gegen das nullte Gesetz verstoßen.

2. Nennt die Sinnesorgane des menschlichen Körpers.
Erklärt, wozu wir die einzelnen Sinnesorgane benötigen.

Welche Körperlichkeit fühlt ein Computer? Der Mensch hat sich bemüht, ihn mit **Sensoren** auszustatten, damit er auf Umweltreize reagieren kann. Doch bei allen ersten Erfolgen – verglichen mit unseren Sinnesorganen und Wahrnehmungen der Umwelt ist das alles äußerst bescheiden.

> Höhere Lebewesen besitzen ein **Bewusstsein**, welches sich auf den eigenen Körper bezieht. Computer besitzen kein Bewusstsein.

3. Diskutiert, ob ein Computer Interesse daran haben kann, Menschen zu beherrschen.

Der Mensch entscheidet, mit welchen Sinnesorganen (Sensoren) er einen Computer ausrüstet.

4. Beschreibe, mit welchen Sensoren du einen Roboter ausrüsten würdest, der Speisen zubereiten soll.

Was ist künstliche Intelligenz?

1. Nenne Personen, die du als „intelligent“ bezeichnest. Begründe das jeweils, indem du Eigenschaften dieser Personen notierst.

Intelligenztests beziehen sich meist nur das Lösen mathematischer oder logischer Probleme. Das können Computer besser als Menschen, wobei man bedenken muss, dass Computer durch Menschen programmiert werden.
Den Begriff „intelligent“ kann man aber auch anwenden
- auf Personen, die bei anderen Gefühle erkennen können und ihr Handeln auf diese Gefühle einstellen,
- auf Sportler, die äußerst komplexe Bewegungsabläufe beherrschen,
- auf Dolmetscher oder Übersetzer literarischer Werke.

Intelligente Maschinen soll man nach ALAN TURING daran erkennen können, dass bei einer „Unterhaltung“ zwischen Mensch und Maschine der Mensch glaubt, mit einer Maschine zu sprechen. (▶ auch das Projekt „Der Turing-Test“, S. 146)

Künstliche Intelligenz (KI) ist die Nachbildung menschlicher Intelligenz mit Hilfe technischer Systeme wie Computer oder Roboter.

2. Tragt Anwendungsgebiete künstlicher Intelligenz zusammen.

Die Entwicklung künstlicher Intelligenz wurde historisch in zwei Richtungen vorangetrieben:

Zum einen wurde versucht, Programme zu entwickeln, die professionelle Brettspieler schlagen können. Das gelang auch auf spektakuläre Weise:
- 1996 besiegte der Supercomputer Deep Blue den amtierenden Schachweltmeister GARRI KASPAROW.
- 2016 schlug das Programm AlphaGo den Go-Profi LEE SEDOL.

Go ist ein strategisches Brettspiel für zwei Spieler, das ursprünglich aus China stammt und heute vor allem auch in Japan und Korea eine große Fan-Gemeinde hat. Go ist weitaus komplexer als Schach.

Zum anderen rückte die Robotik mehr in den Mittelpunkt, da man erkannt hatte, dass Intelligenz eben auch Körperbeherrschung und Wahrnehmung der Umwelt verlangt. So wurde ab 1995 Roboterfußball zum Standardproblem für die KI. Seit 1997 findet jährlich der RoboCup statt. Dort treffen sich ca. 2000 Fachleute und ihre Roboter-Teams zur Austragung ihrer Weltmeisterschaft. Man hat sich das Ziel gesetzt, im Jahr 2050 den menschlichen Fußball-Weltmeister zu schlagen.

Die Erfolge der KI der letzten Zeit konnten vor allem dadurch erzielt werden, dass die Informatik Algorithmen gefunden hat, die informationsverarbeitende Technik so programmieren, dass die Maschine aus eigenen Fehlern lernt und das Programm selbst verbessert.
Dieses **maschinelle Lernen** wollen wir in den folgenden Abschnitten genauer betrachten.

3 Maschinelles Lernen mit Entscheidungsbäumen

Menschliches und maschinelles Lernen

1. Beschreibe, wie du gelernt hast, natürliche Zahlen schriftlich zu multiplizieren.

Mutter oder Vater schauen mit ihrem Kleinkind ein Bilderbuch an und zeigen zum Beispiel auf einen Vogel, sagen „Vogel“ und das Kind wiederholt „Vogel“. Es gibt viele unterschiedliche Vögel, aber allen ist gemeinsam, dass sie zwei Beine und Flügel haben. Hat das Kind hinreichend viele Vögel gesehen und wurde ihm immer wieder bestätigt, dass das, worauf er zeigt, ein Vogel ist, hat es eine Vorstellung von der Klasse VOGEL und kann einzelne Objekte dieser Klasse zuordnen.

Dieses Lernen ist auf Maschinen übertragen worden. Dabei legt der Mensch allerdings erst einmal selbst die Klassen fest und stellt z.B. Bilder von Vögeln (zwei Beine, Federn, Flügel) und (Land-)Säugetieren (vier Beine, Fell) zusammen. Der Computer erhält also **Trainingsdaten**, mit denen er die Bilder den Klassen VOGEL bzw. SÄUGETIER zuordnet. Dabei wird der Algorithmus vom Computer selbst verbessert, damit die Trainingsdaten in die vorgegeben Klassen sortiert werden können.
Die Maschine lernt also das **Klassifizieren von Objekten durch Beispiele**.
Da die Trainingsdaten und auch Testdaten vom Programmierer bereitgestellt werden, nennt man diese Form des Lernens auch **überwachtes Lernen**.

Beim **unüberwachten Lernen** muss der Algorithmus vorgegebene Objekte selbst klassifizieren. Der Algorithmus könnte z. B. vorgelegte Objekte nach der Form sortieren oder nach der Farbe:

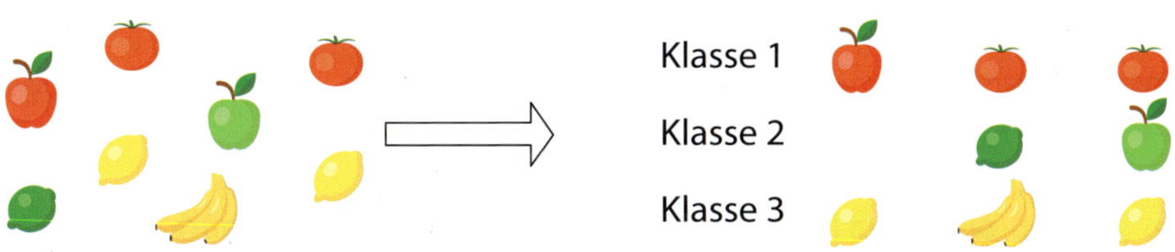

2. Im Beispiel hat der Algorithmus als Attribut zur Festlegung der Klassen Farben ausgewählt. Nenne ein weiteres Attribut, damit die Früchte korrekt eingeordnet werden können.

3. Erkläre, wie erreicht werden kann, dass der Algorithmus die Früchte richtig einordnet.

Entscheidungsbäume

Beim maschinellen Lernen werden Entscheidungsbäume zur Klassifizierung von Objekten genutzt.
Da der Computer mit dem Binärcode arbeitet, der nur zwei Zustände zulässt, werden die Entscheidungen immer nur „Ja“ und „Nein“ sein.

Tipp: Lies noch einmal den Abschnitt „Der Binärcode“, Seite 76 bis 78.

Vögel kann man u. a. untergliedern in
- Sperlingsvögel,
- Spechtvögel,
- Papageien,
- Eulen usw.

Dabei sind die Sperlingsvögel die artenreichste Gruppe. Sperlingsvögel wiederum kann man untergliedern in
- Singvögel und
- Schreivögel.

Anschaulicher wäre es, wenn nicht nur Ja/Nein-Entscheidungen möglich sind, sondern von einem Attribut mehrere Abzweigungen möglich wären. Das geht aber mit binärer Rechentechnik nicht.

Beispielsweise könnte man selbst oder mit einem Programm Vögel bestimmen:

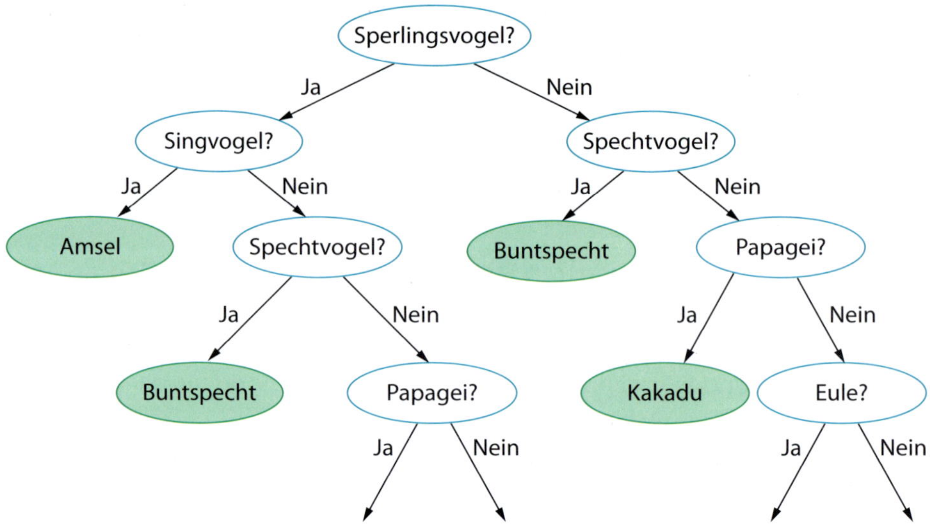

Dabei werden Fragen als **Attribute** in sogenannte **Knoten** eingetragen. Der erste Knoten eines Entscheidungsbaumes steht oben und wird als **Wurzelknoten** bezeichnet. Von jedem Knoten gehen **Zweige** zum nächsten Knoten. Gehen keine Zweige mehr von einem Knoten ab, hat man ein **Blatt** mit einer Klasse erreicht. In unserem Beispiel haben wir über den Pfad
„Sperlingsvogel?" → Ja → „Singvogel" → Ja → „Amsel"
ein Objekt der Klasse AMSEL bestimmt.
Nicht jeder Singvogel ist eine Amsel. Um tatsächlich jeden Singvogel bestimmen zu können, müssten weitere Attributfragen gefunden und Knoten hinzugefügt werden. Der Entscheidungsbaum zur Vogelbestimmung ist so komplex, dass wir hier die Arbeit am besten der Maschine überlassen.

1. Erläutere, warum man die Abbildung oben „Entscheidungs**baum**" nennt.

Entscheidungsbäume kann man **optimieren**. Dabei werden überflüssige Knoten entfernt.

2. Optimiere den Entscheidungsbaum zur Vogelbestimmung.

Wir werden im Folgenden einen Entscheidungsbaum für die Bestimmung weniger Tiere erstellen: Hirsch, Fuchs, Kaninchen und Igel.

3. Überlege dir Attributfragen zur Unterscheidung der einzelnen Tiere und notiere sie.

4. Zeichne einen Entscheidungsbaum.

5. Tausche den Entscheidungsbaum mit deinem Banknachbarn bzw. deiner Banknachbarin.
   Vergleicht eure Entscheidungsbäume. Sind sie gleich? Sind sie korrekt?

6. Diskutiert in der Klasse, warum unterschiedliche Entscheidungsbäume zum Ziel führen.

4 Für Profis: Maschinelles Lernen mit neuronalen Netzen

Wirbeltier-**Gehirne** verarbeiten Sinneswahrnehmungen (▶ auch Aufgabe 2, Seite 129) und speichern Informationen.
Die Informationsübertragung findet über Nervenzellen (**Neuronen**) statt, die über **Synapsen** miteinander verknüpft sind. Das menschliche Gehirn besteht aus ungefähr 100 Milliarden Neuronen. Jedes Neuron besitzt mindestens 1000 Synapsen, ist also mit 1000 anderen Neuronen verbunden.
Wenn wir lernen, werden bestimmte Informationswege häufig gebraucht. Diese dabei genutzten Synapsen werden verstärkt oder es bilden sich neue, zusätzliche Synapsen.
Synapsen, die nicht gebraucht werden, können aber auch zurückgebildet werden.

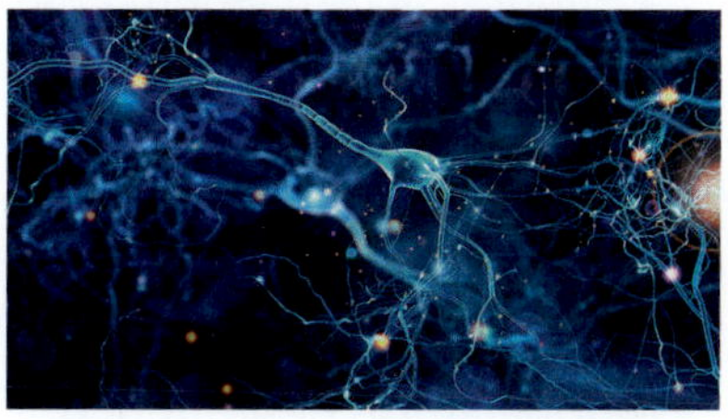

Neuronen und Synapsen im Gehirn

1. Berechne, wie viel Synapsen ein menschliches Gehirn besitzt.

2. Wie unterscheiden sich das Gehirn einer Turnerin und einer Klavierspielerin?

Die Informatik hat **künstliche neuronale Netze** entwickelt, die dem menschlichen Gehirn nachempfunden sind und für maschinelles Lernen eingesetzt werden. Sie bestehen aus drei Schichten:

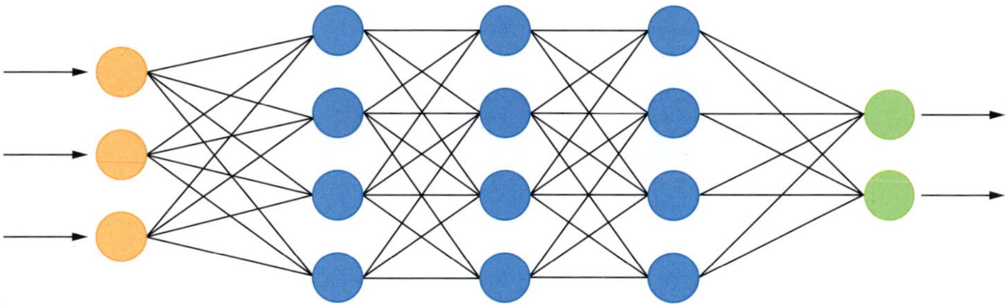

Die künstlichen Neuronen (im Bild Kreise) sind Informationseinheiten, die Rechnungen ausführen können.
Zwischen den Neuronen gibt es Verbindungen zum Nachrichtenaustausch. Mit Hilfe mathematischer Funktionen wird jeder Verbindung eine Zahl zugeordnet, die ausdrückt, wie wichtig die Verbindung für die Lösung eines Problems ist. Mit Hilfe von Lernregeln kann die Verbindungswichtigkeit verändert werden.
In einer Trainingsphase werden Beispiele in die Neuronen der Eingabeschicht eingegeben. In der verborgenen Schicht wird mit Hilfe der Lernregeln die Verbindungswichtigkeit so lange verändert, bis die gewünschte Ausgabe erfolgt.

3. Vergleiche natürliche und künstliche neuronale Netze, indem du Begriffe gegenüberstellst, die Ähnliches bedeuten.

Künstliche neuronale Netze sind Algorithmen, die ähnlich funktionieren wie das menschliche Gehirn. Sie bestehen aus einer **Eingabeschicht**, einer **verborgenen Schicht** und einer **Ausgabeschicht**.

Die Lösung des Problems wird nicht durch den Menschen programmiert. Der Algorithmus lernt und ändert die Wichtigkeit der Verbindungen selbst. Der Programmierer kann nicht erkennen, wie der Algorithmus (das Programm) sich selbst ändert. Daher heißt die Schicht, in der das passiert, auch **verborgene Schicht (hidden layer)**.

Je mehr Ebenen die verborgene Schicht besitzt, umso größer ist der Lerneffekt.

Grundwissen

- Ein **Automat** ist eine Maschine, die vorbestimmte Abläufe selbsttätig („automatisch") ausführt. Automaten befinden sich zu jedem Zeitpunkt in einem festgelegten **Zustand**. Nach einer **gültigen Eingabe** findet ein **Übergang** in einen anderen Zustand statt. Jeder (endliche) Automat besitzt einen **Startzustand** und einen **Endzustand**.

- **Zustandsdiagramm:**
Jeder mögliche **Zustand** eines Automaten wird durch einen **Kreis** dargestellt. **Endzustände** werden durch Doppelkreise beschrieben.
Übergänge zwischen Zuständen werden durch **Pfeile** gekennzeichnet, der **Startzustand** erhält einen **Extrapfeil**.
An die Pfeile werden **Eingaben** und, wenn notwendig, Übergangsbedingungen und **Ausgaben** geschrieben.

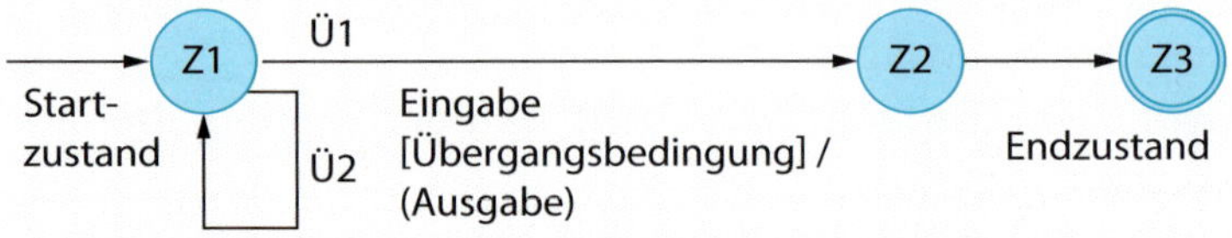

- **Künstliche Intelligenz (KI)** bezeichnet die technische Nachbildung menschlicher Intelligenz.
Komplexe Probleme werden dabei vor allem durch maschinelles Lernen gelöst.
KI-Systeme (Programme, Computer, Roboter) besitzen (noch) kein Selbstbewusstsein und damit auch keine Motivation, eigene Interessen zu verfolgen.
Über ihre Anwendung entscheiden Menschen.

- **Anwendungsgebiete der KI:**
  - Spracherkennung und maschinelle Übersetzung
  - Gesichtserkennung
  - Bilderkennung und Bildverstehen
  - Computerspiele
  - Optimierung von Verkehrsrouten und autonomes Fahren
  - humanoide (menschenähnliche) Roboter
  - autonome Waffen

- **Maschinelles Lernen** erfolgt durch Algorithmen, die aus eigenen Fehlern lernen und sich selbst verbessern. Die Maschine lernt also das Klassifizieren von Objekten durch Beispiele (**Trainingsdaten**).
Werden die Trainingsdaten von einem Menschen klassifiziert und bereitgestellt, nennt man diese Form des Lernens **überwachtes Lernen**.
Beim **unüberwachten Lernen** muss der Algorithmus vorgegebene Objekte selbst klassifizieren.

- **Entscheidungsbäume** dienen der Klassifizierung von Objekten. Dabei werden Fragen als **Attribute** in sogenannte Knoten eingetragen. Der erste **Knoten** eines Entscheidungsbaumes steht oben und wird als **Wurzelknoten** bezeichnet. Von jedem Knoten gehen **Zweige** zum nächsten Knoten. Am Ende eines Pfades steht ein **Blatt** mit einer **Klasse**.

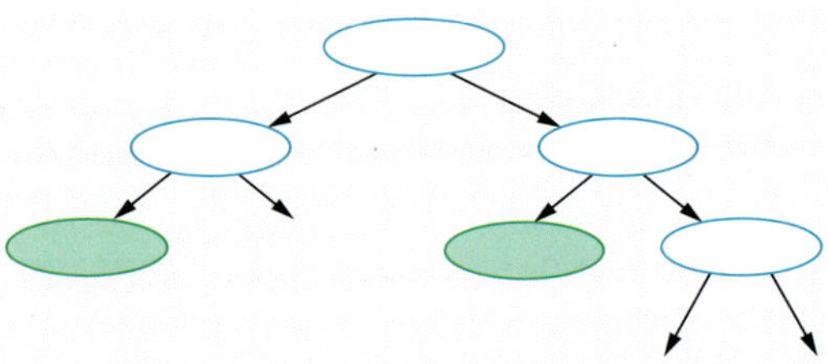

- **Künstliche neuronale Netze** sind Algorithmen, die ähnlich funktionieren wie das menschliche Gehirn.
In einer Eingabeschicht werden Zahlen eingegeben, die mit Hilfe künstlicher Neuronen einer verborgenen Schicht verarbeitet werden. Zwischen den Neuronen gibt es Verbindungen, denen beim Lernen eine Zahl zugeordnet wird, die die Wichtigkeit der Verbindung beim Lösen eines Problems ausdrückt.

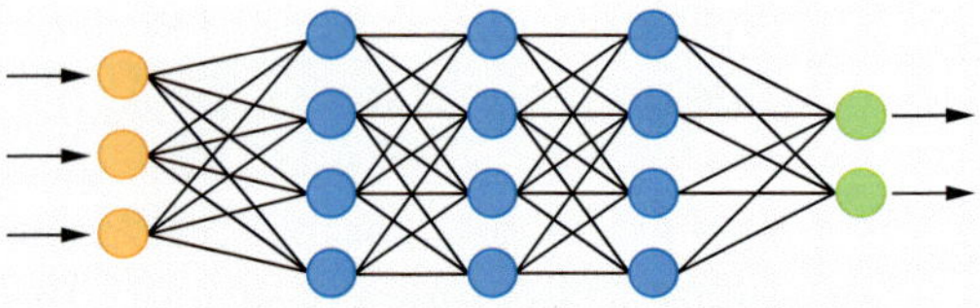

Zeig was du kannst

1. Ein Getränkeautomat akzeptiert ausschließlich 50-Cent-Münzen und 1-Euro-Münzen. Im Display wird der eingeworfene Betrag angezeigt. Nachdem genau 1,00 € eingeworfen wurden, kann man sich über Auswahltasten für die Getränke Cola oder Apfelsaft entscheiden. Der Automat gibt das gewünschte Getränk aus und kehrt in den Startzustand „Bereit" zurück.
   a) Ein Teil des Zustandsdiagramms ist hier bereits vorgegeben: Zeichne es nach.

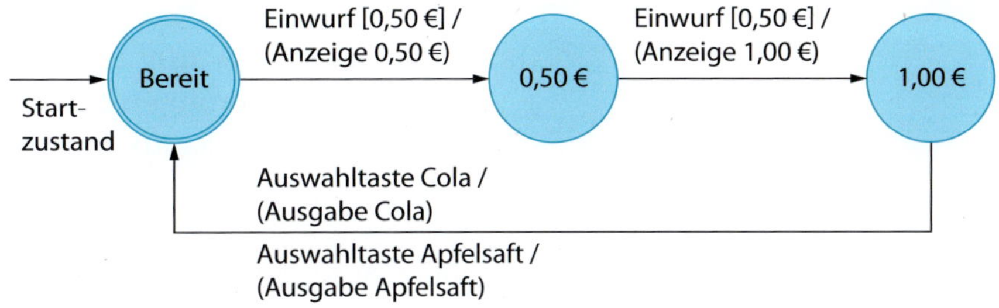

   b) Es fehlt der Übergang von „Bereit" nach „1,00 €" beim Einwurf von einer 1-Euro-Münze. Ergänze das Zustandsdiagramm.
   c) **Für Profis:** Über die Taste „C" kann man in jedem Zustand den Vorgang abbrechen. Der Automat wechselt daraufhin in den Startzustand und gibt das eingeworfene Geld zurück. Ergänze das Zustandsdiagramm.

2. Kara soll zwischen zwei Bäumen einmal hin und her laufen.

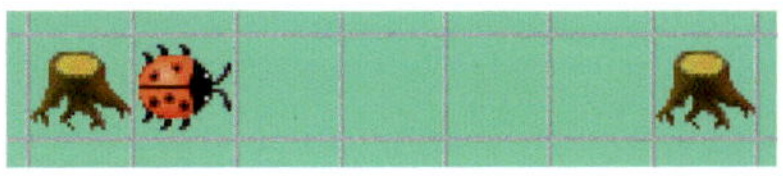

   a) Überlege, welche Zustände der Automat Kara benötigt, und vergib sinnvolle Namen. Erkläre, mit welchen Sensoren der jeweilige Zustand ausgestattet sein muss.
   b) Erstelle eine Welt, die zur Aufgabe passt, und speichere sie unter dem Namen „Hin_her.world".
   c) Programmiere einen entsprechenden Automaten. Teste ihn, bis er korrekt läuft, und speichere ihn unter „Hin_her.kara".

3. Wir wandeln Aufgabe 2 ab: Kara soll ständig zwischen zwei Bäumen hin und her laufen.
   a) Lade die Welt „Hin_her" und das Programm „Hin_her". Ändere das Programm so ab, dass Kara ununterbrochen unterwegs ist. Speichere das Programm unter „Hin_her_2.kara".
   b) Schaut euch das Zustandsdiagramm im Programmfenster an und diskutiert, was sich geändert hat.

4. Kara soll geradeaus bis zu einem Baum laufen und am Baum stehen bleiben. Wenn auf seinem Weg ein Kleeblatt liegt, dann nimmt er es auf, liegt keines da, dann legt er ein Kleeblatt hin.
   a) Erstelle eine entsprechende Welt und speichere sie unter „Kleeblatttausch.world".
   b) Es gibt in diesem Fall nur zwei Zustände: „Tauschen" und „Stop". Allerdings kommen zwei Sensoren zum Einsatz und damit 4 yes/no-Kombinationen. Programmiere den Automaten und speichere das Programm unter „Kleeblatttausch.kara".

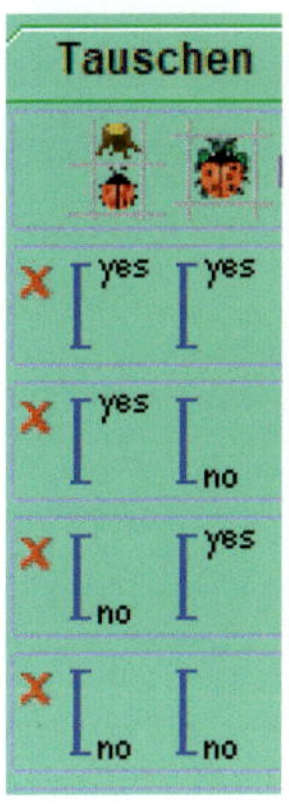

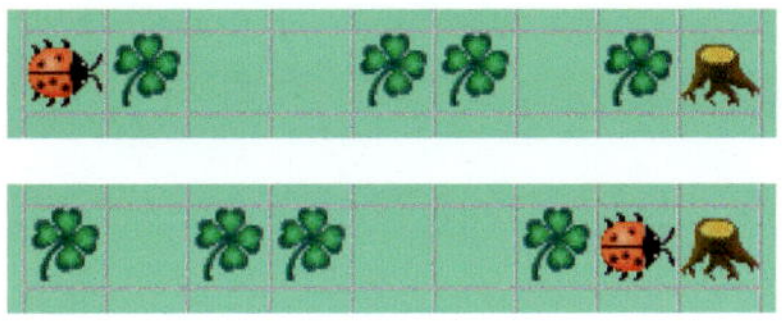

2016 schlug das Programm AlphaGo den Go-Profi LEE SEDOL. Der Südkoreaner, der von 2007 bis 2011 als stärkster Spieler der Welt galt, verkündete 2019 seinen Rücktritt vom Wettkampfsport. LEE SEDOL begründete das damit, dass ihm Go-Programme überlegen sind.

5. In einigen Computerrollenspielen wird bereits heute KI genutzt. Dabei werden Gegenspieler programmiert, die aus Fehlern lernen können. Würdest du es ablehnen, ein Computerspiel zu spielen, das dich schlagen kann? Begründe deine Entscheidung.

6. Ein Anwendungsgebiet der KI sind **autonome Waffen**. Das sind selbstständig agierende Waffen, die eigenständig Ziele auswählen können. Heutige Systeme (zum Beispiel Drohnen) handeln **teilautonom**, das heißt, die Entscheidung über die Auswahl der Ziele trifft der Mensch. **Vollautonome** Waffen gibt es aber schon, hier trifft die KI die Entscheidung über den Angriff auf ein Ziel selbständig.
   a) Würdest du Drohnen bei Kriegshandlungen einsetzen?
   b) Würdest du vollautonome Waffen einsetzen?
   Diskutiere jeweils Vor- und Nachteile.

Einparkhilfe mit Ultraschallsensoren

7. Beim **autonomen Fahren** hängen die Aktionen des Autos von der aktuellen Umgebung ab. Vollautonom wäre z. B. eine Einparkhilfe, wenn sie nicht nur die abgestellten Autos erkennen könnte, sondern auch auf ein Kind, das plötzlich in die Parklücke springt, mit einer Bremsung reagiert.
   Der Einsatz autonomer Fahrzeuge ist umstritten. Diskutiert das Thema, indem ihr gemeinsam eine Pro-Kontra-Tabelle ausfüllt:

Pro	Kontra
Unfälle durch menschliches Versagen können vermieden werden.	Es gibt bisher keine Gesetze für autonomes Fahren. Wer ist verantwortlich, wenn doch ein Mensch zu Schaden kommt?
...	...

8. Du möchtest im Freien Tischtennis spielen. Erstelle einen Entscheidungsbaum mit den Attributen *Regen*, *Wind* und *Sonne*.

9. Man kann Vögel auch anders klassifizieren, als im Beispiel auf Seite 132 dargestellt, z. B. nach der Brutpflege. So gibt es Nesthocker, Nestflüchter und Platzhocker.
   a) Recherchiere im Internet, wodurch sich Nesthocker, Nestflüchter und Platzhocker unterscheiden, und formuliere Attributfragen, mit denen man vorgegebene Vogelarten in diese Klassen einordnen kann.
   b) Gegeben sind folgende Vogelarten: Ente, Storch, Pinguin.
   Zeichne einen Entscheidungsbaum, mit dem du diese Vögel einordnen kannst.

10. **Für Profis:** Für einen Münzsortierer soll ein künstliches neuronales Netz entwickelt werden.
   a) Beschreibe die Daten, die in der Eingabeschicht bereitgestellt werden sollten.
   b) Welche Daten werden am Ende ausgegeben?
   c) Wie könnten Falschmünzen erkannt werden?

Kapitel 6

Projekte

Du hast in Informatik bereits viel gelernt. In diesem Kapitel findest du zu den verschiedenen Themen Ideen, damit du noch kreativer arbeiten kannst. Viel Spaß bei den Projekten!

Dein schönster Ferientag

Beim Szenario wird eine Ausgangssituation beschrieben: Worum geht es bei der Aufgabe?

Szenario: Was magst du am liebsten an der Schule – die Pause oder die Ferien? ☺ Bestimmt ist dir ein Tag aus den Ferien besonders in Erinnerung geblieben: ein Fußballspiel, Wandern in den Bergen, Stadtbummel mit Freundinnen oder Freunden, Sonnenbaden am Strand. Mit dem Computer kannst du diesen Tag noch einmal lebendig werden lassen.

Gestalte in Scratch eine Computeranimation über deinen Lieblingsferientag mit verschiedenen Figuren und Handlungen.

1. Erstelle eine passende Bühne für deine Animation.
   a) Entscheide dich für ein passendes Bühnenbild.
   b) Entscheide dich für eine oder mehrere Figuren. Bedenke dabei auch die Wahl des Kostüms.

Tipp: Du hast viele Möglichkeiten die Figur in Bewegung zu bringen: die Pfeiltasten oder Buchstaben, die Maus oder automatisch...

2. Bringe die Animation in Bewegung.
   a) Entscheide dich, wie du die Figuren bewegen möchtest oder ob sie sich automatisch bewegen sollen.
   b) Erinnere dich an eine einprägsame Situation: Ist etwas Lustiges passiert? Fandest du etwas besonders interessant? Stelle dies in der Animation dar.

Eine kleine Ideenbörse:

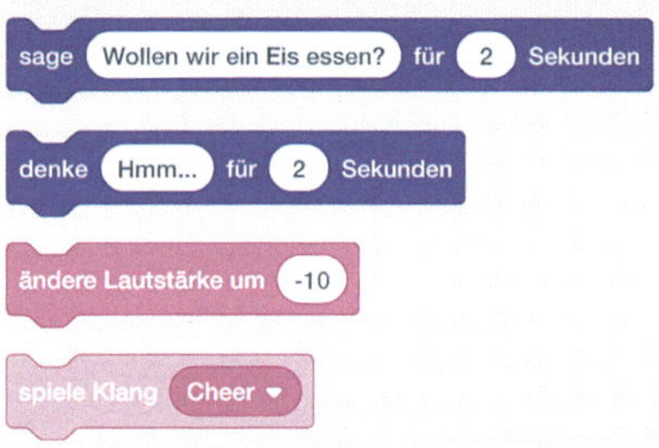

Zwei Lieblingsferientage: ein spannendes Fußballspiel und ein Stadtbummel

Du kannst auch das Internet nutzen, z. B. wenn du …
… Informationen brauchst.
… ein Bühnenbild aus dem Internet verwenden möchtest.
… eine Figur aus dem Internet verwenden möchtest.

§§ Achte darauf, dass du den rechtlichen Rahmen einhältst:
☑ Ich habe das „Recht am eigenen Bild" beachtet.
☑ Ich habe den Datenschutz beachtet.
☑ Ich habe das Urheberrecht beachtet.

Der Klassenausflug

Szenario: Ein Klassenausflug gehört zur Schule wie die Marmelade auf das Butterbrot. Beides ist untrennbar, ähnlich wie du und dein Handy.
Bei deinem letzten Schulausflug hast du sicherlich Fotos gemacht. Dabei finden sich Bilder von Sehenswürdigkeiten, aber auch von Personen. Mit dem Computer kannst du diesen Ausflug noch einmal erleben.

Gestalte in Scratch eine Computeranimation über einen Schulausflug deiner Wahl mit verschiedenen Bühnenbildern und Figuren.

Tipp: Denke daran die „Initialisierung" zu verwenden.

1. Erstelle eine passende Bühne für deine Animation.
a) Entscheide dich für verschiedene Bühnenbilder.
b) Entscheide dich für eine Figur. Bedenke dabei auch die Wahl des Kostüms.

2. Bringe die Animation in Bewegung.
a) Entscheide dich, wie du die Figur bewegen möchtest.
b) Ändere immer das Bühnenbild, wenn die Figur den Bühnenrand berührt.
c) Erinnere dich an eine einprägsame Situation: Ist etwas Lustiges passiert? Fandest du etwas besonders interessant? Stelle dies in der Animation dar.

Ein Klassenausflug ins Theater

Eine kleine Ideenbörse:

Du kannst auch das Internet nutzen, z. B. wenn du …
… Informationen zu einer Sehenswürdigkeit brauchst.
… ein Bühnenbild aus dem Internet verwenden möchtest.
… eine Figur aus dem Internet verwenden möchtest.

§§ Achte darauf, dass du den rechtlichen Rahmen einhältst:
☑ Ich habe das „Recht am eigenen Bild" beachtet.
☑ Ich habe den Datenschutz beachtet.
☑ Ich habe das Urheberrecht beachtet.

Mozart reist durch Europa

Szenario: Wolfgang Amadeus Mozart lebte im 18. Jahrhundert und war zu seiner Zeit als Wunderkind bekannt. Dies führte schnell dazu, dass er schon in jungen Jahren mit seiner Familie durch Europa reiste. Mit dem Computer kannst du diese Europareise animieren.

Gestalte in Scratch eine Computeranimation über die Europareise von Wolfgang Amadeus Mozart mit verschiedenen Bühnenbildern und Figuren.

1. Informiere dich im Internet über die Europareise von WOLFGANG AMADEUS MOZART.
   a) Wann begann die Reise?
   b) Wohin reiste die Familie Mozart?
   c) Wie reagierten die Menschen auf die Konzerte?
   d) Was findest du noch interessant?
   e) Verwende eine geeignete Suchmaschine und passende Suchbegriffe.

2. Erstelle eine passende Bühne für deine Animation.
   a) Entscheide dich für verschiedene Bühnenbilder.
   b) Entscheide dich für eine Figur, die zu der Europareise passt.

3. Bringe die Animation in Bewegung.
   a) Entscheide dich, wie du die Figur bewegen möchtest.
   b) Ändere immer das Bühnenbild, wenn die Figur den Bühnenrand berührt.
   c) Füge zu jeder Station eine Information über den jeweiligen Konzertort hinzu.

Eine kleine Ideenbörse:

Stationen der Europareise von Wolfgang Amadeus Mozart mit kurzen Informationen zum jeweiligen Konzertort

Mozart gestaltet einen Reisebericht

Szenario: Mozart denkt über seine Reisen nach und schreibt einen Reisebericht. Dabei soll eine animierte Europakarte als Deckblatt dienen.

Gestalte in Scratch eine Computeranimation über einen Reisebericht von Wolfgang Amadeus Mozart.

1. Erstelle eine passende Bühne für deine Animation.
  a) Entscheide dich für ein passendes Bühnenbild.
  b) Entscheide dich für eine Figur, die zu der Europareise passt.

2. Bringe die Animation in Bewegung.
  a) Entscheide dich, wie du die Figur bewegen möchtest.
  b) Entscheide dich, wie du die Route dokumentieren möchtest.

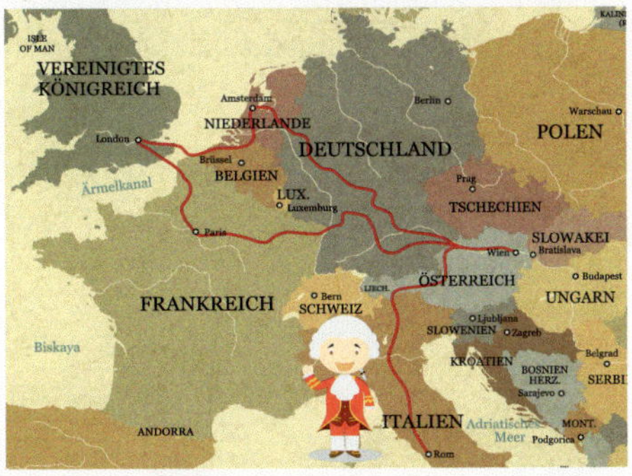

Ein Reisebericht über die Europareise von Wolfgang Amadeus Mozart

Tipp: Denke auch an die Erweiterungen in Scratch.

Eine kleine Ideenbörse:

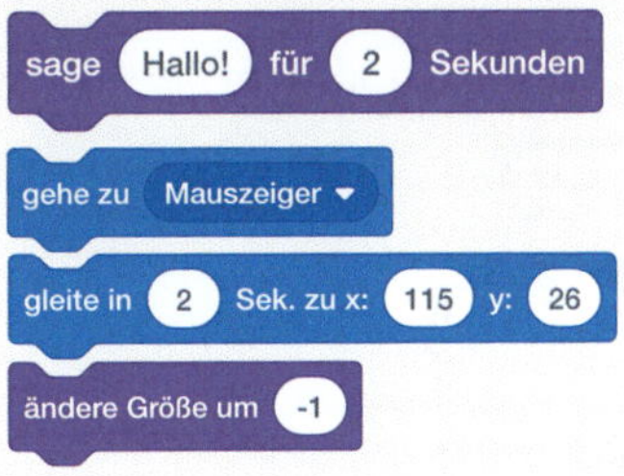

Du kannst auch das Internet nutzen, z. B. wenn du …
… ein Bühnenbild aus dem Internet verwenden möchtest.
… eine Figur aus dem Internet verwenden möchtest.

§§ Achte darauf, dass du den rechtlichen Rahmen einhältst:
☑ Ich habe das „Recht am eigenen Bild" beachtet.
☑ Ich habe den Datenschutz beachtet.
☑ Ich habe das Urheberrecht beachtet.

Tipp: Du kannst auch zu der Europakarte zusätzliche Informationen über die Konzertorte einbauen.

3. **Für Profis:** Nicht nur Mozart war auf Reisen. Auch heutige Stars reisen um die Welt.
Erstelle eine Computeranimation zu der Reiseroute ...
… deines Lieblingsmusikstars.
… deiner Lieblingssportmannschaft.
… deiner Familie in den letzten Urlaub.

Märchen, Sagen und Fabeln

Szenario: Die Fabel „Die beiden Ziegen" kennst du bestimmt aus dem Deutschunterricht. Sie handelt von zwei Ziegen, die beide über eine Brücke wollen. Aber die beiden Ziegen sind auch furchtbar stur, so dass sie sich gegenseitig behindern, bis ihnen etwas Gefährliches passiert.

Tipp: Du kannst die Animation auch vollkommen automatisch ablaufen lassen.

Erzähle mithilfe einer Computeranimation die Fabel „Die beiden Ziegen" nach. Verwende dafür geeignete Bühnenbilder und Figuren.

1. Erstelle eine passende Bühne für deine Animation.
   a) Entscheide dich für ein passendes Bühnenbild.
   b) Entscheide dich für passende Figuren.

2. Bringe die Animation in Bewegung.
   a) Entscheide dich, wie du die Figur bewegen möchtest.
   b) Baue den Dialog zwischen den Ziegen ein.

Eine kleine Ideenbörse:

Die Fabel „Die beiden Ziegen"

Du kannst auch das Internet nutzen, z. B. wenn du ...
... Informationen zu der Fabel brauchst.
... ein Bühnenbild aus dem Internet verwenden möchtest.
... eine Figur aus dem Internet verwenden möchtest.

§§ Achte darauf, dass du den rechtlichen Rahmen einhältst:
☑ Ich habe das „Recht am eigenen Bild" beachtet.
☑ Ich habe den Datenschutz beachtet.
☑ Ich habe das Urheberrecht beachtet.

Tipp: Der Dialog kann von dir auch aufgenommen und in Scratch als Tondatei eingefügt werden. Dann musst du weniger schreiben.

3. **Für Profis:** Du kennst auch andere Märchen, Sagen und Fabeln. Gestalte den Inhalt einer weiteren Geschichte mit einer Computeranimation nach.

Das Autorennen

Spielidee: Du fährst mit einem Auto auf einer Rennstrecke. Dabei musst du beachten, dass du den Streckenrand nicht berührst, da sonst das Spiel endet. In welcher Zeit schaffst du es bis ins Ziel?

Programmiere mit Scratch ein ähnliches Geschicklichkeitsspiel wie „Das Autorennen."

1. Teste das Spiel „Das Autorennen". Starte mit dem Fähnchen.
Du hast drei Schwierigkeitsgrade:
Tippe für „leicht" ein „l",
tippe für „mittel" ein „m" und
tippe für „schwer" ein „s".

2. Erstelle eine passende Bühne für dein Computerspiel.
a) Zeichne eine Route, die zurückgelegt werden muss.
b) Lege den Start- und Zielpunkt fest.
c) Zeichne eine Figur (= Auto), die die Route zurücklegt.

Tipp: Die Pfeiltasten sind eine Möglichkeit, aber wenn du mit der Maus lenkst, wird es noch spannender.

3. Bringe das Spiel in Bewegung.
a) Entscheide dich, wie du die Figur bewegen möchtest.
b) Entscheide dich für eine Aktion, falls die Figur den Streckenrand berührt.

Tipp: Baue Hindernisse ein, z. B. Ölflecken, damit das Spiel schwieriger wird.

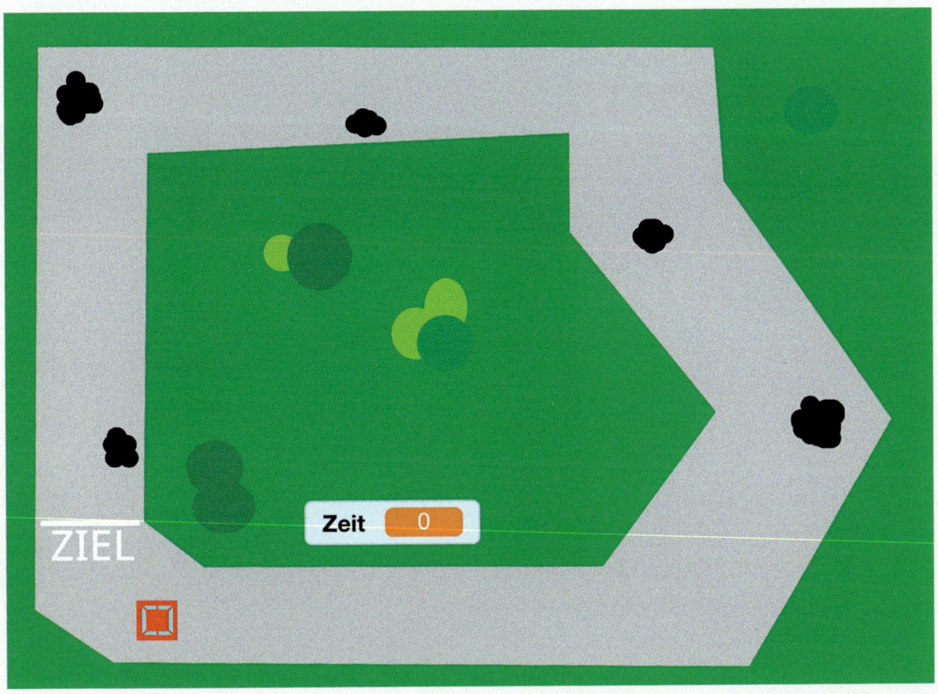

Das Spiel „Das Autorennen"

Eine kleine Ideenbörse:

Du kannst auch das Internet nutzen, z. B. wenn du …
… ein Bühnenbild aus dem Internet verwenden möchtest.
… eine Figur aus dem Internet verwenden möchtest.

§§ Achte darauf, dass du den rechtlichen Rahmen einhältst:
☑ Ich habe das „Recht am eigenen Bild" beachtet.
☑ Ich habe den Datenschutz beachtet.
☑ Ich habe das Urheberrecht beachtet.

Sterne im Haifischbecken

Spielidee: Du bist ein Taucher in einem Haifischbecken. Deine Aufgabe ist es, so viele Seesterne wie möglich zu sammeln. Achte aber darauf, dass die Haie dich nicht erwischen, da sonst das Spiel endet. Wie viele Sterne fängst du ein?

Programmiere mit Scratch ein ähnliches Geschicklichkeitsspiel wie „Sterne im Haifischbecken".

1. Teste das Spiel „Sterne im Haifischbecken". Starte mit dem Fähnchen.

2. Erstelle eine passende Bühne für dein Computerspiel.
a) Entscheide dich für ein passendes Bühnenbild.
b) Entscheide dich für mehrere Figuren: Taucher, Hai, Fische, Sterne. Bedenke dabei auch die Wahl des Kostüms.

Tipp: Überlege dir genau, welche Figuren sich automatisch bewegen sollen und welche Figuren du steuern möchtest.

3. Bringe das Spiel in Bewegung.
a) Entscheide dich, wie die Figuren bewegt werden.
b) Entscheide dich für eine Aktion, falls du den Hai berührst.

Tipp: Baue weitere Gegner ein, z. B. eine gefährliche Krabbe.

Eine kleine Ideenbörse:

- spiele Klang bubbles ganz
- gehe zu Zufallsposition
- pralle vom Rand ab
- Zufallszahl von 5 bis 10
- stoppe alles
- sende GAME OVER an alle

Das Spiel „Sterne im Haifischbecken"

Du kannst auch das Internet nutzen, z. B. wenn du …
… ein Bühnenbild aus dem Internet verwenden möchtest.
… eine Figur aus dem Internet verwenden möchtest.

§§ Achte darauf, dass du den rechtlichen Rahmen einhältst:
☑ Ich habe das „Recht am eigenen Bild" beachtet.
☑ Ich habe den Datenschutz beachtet.
☑ Ich habe das Urheberrecht beachtet.

Die hungrige Schlange „Snake"

Spielidee: Du bist die Schlange Snake und sollst so lange wie möglich frei herumschleichen. Achte aber darauf, dass du den Bühnenrand nicht berührst, da sonst das Spiel endet. Ebenso darfst du deinen Schlangenkörper nicht mit der Zunge berühren. Gelingt es dir?

Programmiere mit Scratch ein ähnliches Geschicklichkeitsspiel wie „Snake".

1. Teste das Spiel „Snake". Starte mit dem Fähnchen.

2. Erstelle eine passende Bühne für dein Computerspiel.
   a) Entscheide dich für ein passendes Bühnenbild.
   b) Zeichne eine Figur (= Schlange), die die Route zurücklegt.

3. Bringe das Spiel in Bewegung.
   a) Entscheide dich, wie du die Figur bewegen möchtest.
   b) Entscheide dich für eine Aktion, falls du den Bühnenrand oder deinen Schlangenkörper berührst.

Tipp: Die Pfeiltasten sind eine Bewegungsmöglichkeit, aber wenn du möchtest, dann kannst du die Schlange auch automatisch schleichen lassen.

Das Spiel „Snake"

Eine kleine Ideenbörse:

Du kannst auch das Internet nutzen, z. B. wenn du …
… ein Bühnenbild aus dem Internet verwenden möchtest.
… eine Figur aus dem Internet verwenden möchtest.

§§ Achte darauf, dass du den rechtlichen Rahmen einhältst:
☑ Ich habe das „Recht am eigenen Bild" beachtet.
☑ Ich habe den Datenschutz beachtet.
☑ Ich habe das Urheberrecht beachtet.

Der Turing-Test

Um festzustellen, ob eine Maschine das Denken eines Menschen nachahmen kann, formulierte ALAN TURING 1950 den folgenden Test:
In einem Raum sitzt ein Mensch vor einem PC. Er chattet. Dann muss er entscheiden, ob er mit einem Menschen oder mit einem Computerprogramm gechattet hat.

chatten = plaudern

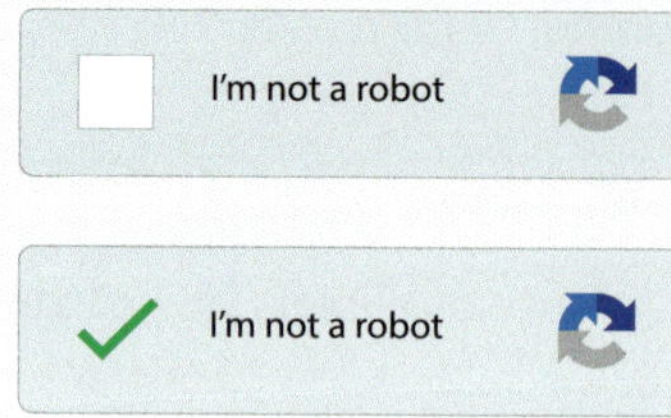

1. Unterhaltet euch doch mal mit einem Chatbot:
   https://www.cleverbot.com/
   Überlegt euch drei Fragen, die ihr dem Chatbot stellen wollt. Sammelt sie gemeinsam. Eure Lehrkraft kann sie dann dem Chatbot stellen.
   a) Wie hat er auf Fragen zum Wetter geantwortet?
   b) Kann er gut rechnen?
   c) Kennt er Gefühle?
   d) Hattest du diese Antworten so erwartet?

2. Ist das Handy schlauer als der Chatbot?
   Spiel:
   Gespielt wird mit einem Erwachsenen und einem Handy/Sprachassistenzsystem.
   Bittet einen Erwachsenen, sich 10 knifflige Fragen auszudenken, deren Antwort er kennt. Du notierst sie in der Tabelle.
   Dann wird gespielt: Stelle dem Sprachassistenzsystem die Fragen. Wenn die Antwort korrekt ist, bekommt es den Punkt, sonst geht der Punkt an den Menschen.

Frage	Punkte Mensch	Punkte KI
Endstand		

   Wer gewinnt?

3. Spielt den Turing Test:
   Eine Person sitzt mit einem Computer mit Internetzugang in einem Raum (z. B. Computerraum). Die anderen sitzen im Klassenraum. Eine Person wird zum Läufer bestimmt. Die Schüler und Schülerinnen im Klassenraum notieren eine Frage auf dem Papier. Der Läufer bringt es zu der anderen Person. Sie entscheidet sich, entweder eine kurze eigene Antwort aufzuschreiben oder die Frage einem Chatbot online zu stellen und dann aufzuschreiben. Nach einigen Fragerunden müsst ihr euch entscheiden: Bot oder Mensch?

4. Oben auf dieser Seite siehst du die Abbildung eines CAPTCHA. Vielleicht ist dir eine solche Abfrage bereits im Internet begegnet. Informiere dich im Internet, welche Arten von CAPTCHA es gibt und wie sie funktionieren.

Die Buchstaben **CAPTCHA** sind ein Akronym, d. h. die Anfangsbuchstaben von „completely automated public Turing test to tell computers and humans apart". Aus dem Englischen übersetzt bedeutet das „vollautomatischer öffentlicher Turing-Test zur Unterscheidung von Computern und Menschen".

Bildquellenverzeichnis

Cover: Studio Syberg

5/Shutterstock.com/NicoElNino; 6/Dateiordner/Shutterstock.com/Maksim M; 6/Laptop/Shutterstock.com/zentilia; 6/Globus/Shutterstock.com/pingebat; 7/oben/Shutterstock.com/Syda Productions; 7/Mitte/Shutterstock.com/Maksim M; 7/unten/Shutterstock.com/CCCATCHA; 8/oben/Cornelsen/zweiband.media, Berlin/Adobe.com/fad82/EmBaSy/ Shutterstock.com/Jaromond/Vladimir Sukhachev; 8/unten, 39/oben/Cornelsen/zweiband.media, Berlin/Adobe.com/fad82/ EmBaSy/ Shutterstock.com/Jaromond; 9/Arbeitsspeicher/Shutterstock.com/Timothy Hodgkinson; 9/Speicherkarte/ Shutterstock.com/ffolas; 9/Prozessor/Shutterstock.com/ShadeDesign; 10/Platine/Shutterstock.com/Leo Shoot; 10/SSD/ Shutterstock.com/tuulijumala; 10/VR-Brille/Shutterstock.com/DENIS ESAULOV 1987; 10/Controller/Shutterstock.com/ Vladimir Sukhachev; 10/Arbeitsspeicher /Shutterstock.com/Dan74; 10/blau/Shutterstock.com/ubonwanu; 10/Platine/ Shutterstock.com/Olexandr Panchenko; 10/Kopfhörer/Shutterstock.com/likekightcm; 10/Micro CPU/Shutterstock.com/ ShadeDesign; 10/Controller/Shutterstock.com/Volodymyr Krasyuk; 11/Shutterstock.com/Mix and Match Studio; 12/Shutterstock.com/Ratu N Ratu; 13/Smartphone/Shutterstock.com/vectorlight; 13/SIM-Karte/Shutterstock.com/MimaCZ; 13/Paar/Shutterstock.com/tynyuk; 14/Shutterstock.com/Vjom; 15/Tablet/Shutterstock.com/Syda Productions; 15/Laptop/Shutterstock.com/BAZA Production; 16/Edge/Shutterstock.com/Emil Mammadov; 16/Firefox/Shutterstock.com/Rose Carson; 17/Shutterstock.com/cigdem; 18/Cornelsen/Inhouse; 19/Shutterstock.com/cigdem; 20/Handyfoto/Shutterstock. com/vvoe; 20/Cornelsen/Inhouse; 20/Diagramm/Shutterstock.com/MicroOne; 22/Cornelsen/Uwe Geuder/Apple Inc.; 23/Shutterstock.com/vectorlight; 24/Leuchtturm/Shutterstock.com/Ruediger Jahnke; 24/Eichhörnchen/Shutterstock. com/Estuary Pig; 24/Lagerfeuer/Shutterstock.com/Sergey Novikov; 24/Gruppe im Doppelkreis/Shutterstock.com/tynyuk; 25/Klingelschild/Shutterstock.com/Mile Atanasov; 25/Haus/Shutterstock.com/Imagenet; 32/Bücher/Shutterstock/studiovin ; 32/DVDs/Shutterstock.com/Shanvood; 32/Baum/Shutterstock.com/varuna; 33/oben rechts/Cornelsen/Uwe Geuder/ Shutterstock.com/dgbomb/NicoElNino; 33/Mitte/Cornelsen/Zweiband.media/shutterstock/ShaunWilkinson; 33/unten/ Shutterstock.com/IgorZh; 34/Shutterstock.com/oneinchpunch; 35/oben rechts/Shutterstock.com/wellphoto; 35/oben Mitte/Shutterstock.com/Svetlana Turchenick; 35/oben links/dpa Picture-Alliance/abaca/John MACDOUGALL; 35/Laptop/ Shutterstock.com/Rido; 35/Buchladen/Shutterstock.com/Robert Kneschke; 35/Ausweis/Shutterstock.com/stocktr; 36/Shutterstock.com/Igdeeva Alena; 37/Shutterstock.com/Viktoria Kazakova; 38/Shutterstock.com/karetniy; 43/Boxen/ Shutterstock.com/La Gorda; 43/Zubehör/Shutterstock.com/Zelimir Zarkovic; 43/Kopfhörer/Shutterstock.com/maximmmmum; 43/Controller/Shutterstock.com/Cheers Group; 43/Taschenrechner/Shutterstock.com/Duda Vasilii; 43/Navigation/Shutterstock.com/beboy; 43/Smart TV/Shutterstock.com/naum; 44/Frau/Shutterstock.com/aslysun; 44/Tastatur/Shutterstock.com/Novarter; 44/VR-Brille/Shutterstock.com/Mark Nazh; 44/Bildschirm/Shutterstock.com/Den Rozhnovsky; 48/Kühlschrank/Shutterstock.com/Athenaeum creations; 48/Smart Home/Shutterstock.com/VLADGRIN; 49/Shutterstock.com/whiteMocca; 50/Föhn/Shutterstock.com/namtipStudio; 50/Monitor/Shutterstock.com/belushi; 50/Kaffeemaschine/Shutterstock.com/topseller; 50/Verkaufsautomat/Shutterstock.com/Sergio Monti Photography; 50/Waschmaschine/Shutterstock.com/TanyaRozhnovskaya; 51/Herd/Shutterstock.com/wavebreakmedia; 51/Code/Shutterstock.com/BEST-BACKGROUNDS; 51/Mikrowelle/Shutterstock.com/Oleksandr_Delyk; 51/Waschmaschine/Shutterstock.com/Maxx-Studio; 52/Shutterstock.com/Aquarius Studio; 56/Shutterstock.com/Roger Jegg - Fotodesign-Jegg.de; 59/Shutterstock.com/P-WON; 63/Shutterstock.com/300 librarians; 69, 70/Shutterstock.com/ex_artist; 70/Plakat/bpk/ Kunstbibliothek, SMB/Dietmar Katz; 70/Ägypten/Shutterstock.com/Hoika Mikhail; 71/Shutterstock.com/Polly Grimm; 72/Shutterstock.com/Dmitry Galaganov; 73/Cornelsen/Peter Gabriel; 73/Cornelsen/Peter Gabriel; 74/Imago Stock & People GmbH/imago images/KHARBINE-TAPABOR; 78/Cornelsen/Peter Gabriel; 79/Shutterstock.com/Nicoleta Ionescu; 81/Fahrradschloss/Shutterstock.com/Brian A Jackson; 81/Schlüssel/Shutterstock.com/evkaz; 84/Shutterstock.com/ Nicoleta Ionescu; 85/Junge/Shutterstock.com/MicroOne; 85/Liebesbrief/Shutterstock.com/ShadeDesign; 87/Shutterstock.com/Gaidamashchuk; 88/Fahnenalphabet/Cornelsen/Peter Gabriel; 88/Männer/Shutterstock.com/vectorlab2D; 89/Shutterstock.com/Johan Teodorsson; 90/Kinderbild/Cornelsen/Erique und Stefanie Schnorbus; 90/Dach/Cornelsen/ Stefanie Schnorbus; 91/Shutterstock.com/Sasin Paraksa; 92/Cornelsen/zweiband.media, Berlin/Shutterstock.com/Sasin Paraksa; 95/Shutterstock.com/Billion Photos; 96/Mädchen/Shutterstock.com/Natalia Lebedinskaia; 96/Eisbär/Shutterstock.com/volkova natalia; 96/Tomaten/Shutterstock.com/PixaHub; 96/Igel Foto/Shutterstock.com/Viorel Sima; 96/Ohr/ Shutterstock.com/schankz; 96/Schüssel/Shutterstock.com/Dewin ID; 96/Igel Illustration/Shutterstock.com/Unicornspedia; 96/Hase/Shutterstock.com/Alsu Art; 96/Maus/Shutterstock.com/Light-Dew; 96/Esel/Shutterstock.com/Teguh Mujiono; 96/Huhn/Shutterstock.com/SunshineVector; 96/Sonne/Shutterstock.com/Mitar Vidakovic; 96/Mund/Shutterstock.com/ober-art; 96/Giraffe/Shutterstock.com/Sketch Master; 96/Klaviertasten/Shutterstock.com/DUYGU YALCIN; 96/Alge/Shutterstock.com/HappyPictures;97/Shutterstock.com/BEST-BACKGROUNDS; 108/Shutterstock.com/Volodymyr Krasyuk; 112/Shutterstock.com/Tartila; 122/Shutterstock.com/vanillaechoes; 123/Shutterstock.com/LightField Studios; 124/E-Sports/Shutterstock.com/REDPIXEL.PL; 124/Frau/Shutterstock.com/aslysun; 124/Brettspiel/Shutterstock.com/Mopic; 124/Straße/Shutterstock.com/vchal; 124/Gesichtserkennung/Shutterstock.com/Andrey_Popov; 124/Schachcomputer/Shutterstock.com/Mike_shots; 124/Mähroboter/Shutterstock.com/OrthsMedienGmbH; 124/Verkaufsautomat/Shutterstock.com/Zigres; 125/oben/stock.adobe.com/Michael Eichhammer; 125/Mitte/stock.adobe.com/Ronald Rampsch; 125/unten/stock.adobe.com/Bjoern Wylezich/Björn Wylezich; 126, 127, 128, 135/Cornelsen/Lutz Engelmann/www.swisseduc.ch/informatik; 129/Shutterstock.com/Photodiem; 130/Shutterstock.com/Miriam Doerr Martin Frommherz; 131/Vögel/Shutterstock.com/tn-prints; 131/Säugetiere/Shutterstock.com/Artur Balytskyi; 131/Früchte/Shutterstock.com/Inspiring; 132/Hirsch, Igel, Fuchs, Hase/Shutterstock.com/Eric Isselee; 132/Baum/Shutterstock.com/rolandtopor; 133/Turnerin/Shutterstock.com/Jiang Dao Hua; 133/Klavierspielerin/Shutterstock.com/Alenavlad; 133/Neuronen/Shutterstock.com/whitehoune; 136/Münzen/Shutterstock.com/Wirestock Creators; 136/Tischtennis/Shutterstock.com/Sergey Novikov; 136/Auto/Shutterstock.com/Akarat Phasura; 137, 140/München/Shutterstock.com/BAHDANOVICH ALENA; 140/Mozart/Shutterstock.com/3pstudio; 140/Salzburg/Shutterstock.com/saiko3p; 140/Wien/Shutterstock.com/aaron choi; 140/Paris/Shutterstock.com/MarinaD_37; 141/Karten/stock.adobe.com/Jipé; 141/Mozart/Shutterstock.com/asantosg; 146/Rand/Cornelsen/inhouse; 146/oben/Shutterstock.com/Noart

Urheber der Bildschirmschüsse sind die Autoren.

Scratch is developed by the Lifelong Kindergarten Group at the MIT Media Lab.See http://scratch.mit.edu.

Kara – Programmieren mit endlichen Automaten
Verfasst von Jürg Nievergelt, Werner Hartmann, Raimond Reichert, Markus Brändle, Tobias Schlatter,
mit Beiträgen von Philipp Boksberger, Horst Gierhardt, Reto Lamprecht, Remo Meier, Horst Müller, Nicole Völki, Samuel Zürcher.